"十三五"江苏省高等学校重点教材（编号：2018—1—083）

应用写作与范例评析

Ying Yong Xie Zuo Yu Fan Li Ping Xi

编 著 邵志华 丁富生

 南京大学出版社

图书在版编目(CIP)数据

应用写作与范例评析/邵志华,丁富生编著. —南京:南京大学出版社,2020.8(2023.2重印)

ISBN 978-7-305-23615-0

Ⅰ.①应… Ⅱ.①邵… ②丁… Ⅲ.①汉语—应用文—写作 Ⅳ.①H152.3

中国版本图书馆 CIP 数据核字(2020)第 132587 号

出版发行	南京大学出版社
社　　址	南京市汉口路 22 号　　邮编　210093
出 版 人	金鑫荣
书　　名	应用写作与范例评析
编　著	邵志华　丁富生
责任编辑	刁晓静　　　　　编辑热线 025-83592123
照　　排	南京开卷文化传媒有限公司
印　　刷	南京鸿图印务有限公司
开　　本	787×1092　1/16　印张 17.75　字数 580 千
版　　次	2020 年 8 月第 1 版　2023 年 2 月第 2 次印刷
ISBN	978-7-305-23615-0
定　　价	46.00 元
网　　址	http://www.njupco.com
官方微博	http://weibo.com/njupco
微信服务号	njuyuexue
销售咨询热线	(025)83594756

扫码可见本书拓展资源及参考答案

* 版权所有,侵权必究
* 凡购买南大版图书,如有印装质量问题,请与所购图书销售部门联系调换

前　言

随着我国社会主义市场经济体制的不断发展,国家对应用型人才的需求日益迫切,社会发展对人才的基本素质和技能提出了更高要求。适应现代社会转型及应用的要求,应用写作课程在高校应用型人才培养方面起着非常重要的作用。通过应用写作的学习,可使学生系统掌握应用文的写作要领,掌握必备的文章写作能力,提升写作水平,以适应当前和今后学习、工作的写作需要;可以培养学生的逻辑思维、语言表达、人际交往等多种能力,提升学生的职业素质与就业竞争力,为学生学好其他专业课程和将来从事实际工作奠定良好基础。

在多年的教学实践中,我们在应用写作的教学内容、教学方法等方面进行了一些研究和探索。根据高等教育教学目标的要求,结合学生专业与时代的发展,编写了《应用写作与范例评析》,旨在更好地适应新形势下应用写作教学的需要,不断提高教学质量。教材以现代职场常用应用文种为载体,本着"必须—适用"的原则,以"范例"为特色,以"实训"为导向,力求有效构建基于文体范例的"理论—实践"一体化教学体系。我们的努力主要体现在以下几个方面:

一是注重体例创新。各章设"本章导读"、"知识精讲"、"范例评析"、"实训设计"四大模块。"本章导读"用以提示全章内容要点,以及对学习者的学习要求;"知识精讲"概述文种基本知识,介绍写作要领;"范例评析"呈现经典例文,并通过对范例的解剖评析来印证知识;"实训设计"编制配套习题,让学生进行综合实践训练。体例的模块设计旨在引导学生有效实现"知识—实验—实践"的理论到能力的转化。

二是凸显时代特色。教材以中共中央办公厅2012年颁布的《党政机关公文处理工作条例》(中办发〔2012〕14号)为依据,运用最新成果,对党政公文写作进行了比较全面、规范的阐析,并结合时代发展与文书工作实际,介绍了其他常用应用文体的写作。在理论阐述上,注重汲取最新的应用写作教学和研究成果,力求与当前的公文实践活动紧密联系,体现时代气息。

三是强化范例选择。具体做到以下几点:一是时新。尽量选取最新例文,注重与当下社会生活现象合拍。二是经典。注重例文的规范性与典型性,具有鲜明亮点和特色,切实让学习者有所悟、有所鉴。三是亲近。所选例文尽量为基层组织所写,让学习者感到"接地气",易于接受和借鉴。四是全面。选例尽可能兼顾同一文种的不同种类,以让学习者获得深入的学习感悟。

四是突出能力实训。应用写作的学习最终是要将知识转化为技能,实践训练是落脚点。鉴于此,我们把各章重点放在写作能力的培养与提高上。教材精心设计实训习题,供学习者实训演练。"实训设计"分设"选择"、"判断"、"简答"、"阅读评析"、"情景写作"五大

版块,从知识与能力、单一与综合、正面和反面等多角度进行编制,以提升实训的有效性。

教材出版后,受到很多同仁的关注,学生的反响也比较好。2018年,该书被确定为江苏省重点教材予以立项建设,这是对我们多年探索和努力的充分肯定,也更增添了我们修订此书的信心和动力。在本次修订过程中,我们在保持教材既有特色、组织结构和内容体系不变的前提下,重点做了以下几方面工作:一是调整了党政公文的文体分类,增设"沟通性公文"一章,使党政公文的文体分类更为科学。二是对各章例文进行了大幅更换,所选例文原则上为近5年,力求达到个案全新。共更换例文51篇,达本书总例文的44%。三是对有关章节的教材内容进行调整、充实、更改甚至重写,力求更为科学严谨和追踪前沿。四是完善了"实训设计",对部分内容进行了调整、更换或增删,并对除"情景写作"外的所有习题附上参考答案,以二维码链接展示,方便师生参考。

考虑到本书适用面广,不仅适合于普通高校秘书学专业,也适合行政管理、工商管理、公共事业管理等专业以及公选课教学使用,亦可作为应用文自学者或机关、企事业单位文书工作者写作应用文的参考用书,我们将教材名称更改为《应用写作与范例评析》,以体现其对于非文秘专业学生的普适意义。

在本书修订过程中,我们选用了多种媒体刊载的最新例文,并对有些例文作了适当修改,在此对这些例文的作者致以诚挚谢意!

尽管我们尽力将本教材编写得完善一些,但是由于能力所限,书中的疏漏舛错在所难免,敬请专家和读者批评指正。

邵志华　丁富生
2020 年 2 月 22 日

目　录

绪　论　应用写作概述 ·· 1

　第一节　应用写作的含义与特性 ·· 1
　第二节　应用写作的范围与功用 ·· 3
　第三节　应用写作的趋势与方法 ·· 5

第一章　应用写作要素 ·· 9

　第一节　主旨确立 ··· 9
　第二节　材料摄取 ··· 11
　第三节　结构安排 ··· 13
　第四节　表达方式 ··· 15
　第五节　语言运用 ··· 17

第二章　党政公文知识 ·· 21

　第一节　党政公文的文体述要 ··· 21
　第二节　党政公文的体式规范 ··· 23
　第三节　党政公文的行文规则 ··· 28
　第四节　党政公文的行文流程 ··· 31

第三章　知照性公文 ··· 36

　第一节　公　告 ·· 36
　第二节　公　报 ·· 40
　第三节　通　告 ·· 46
　第四节　通　知 ·· 50
　第五节　通　报 ·· 56

第四章　报请性公文 ··· 65

　第一节　报　告 ·· 65
　第二节　请　示 ·· 69
　第三节　议　案 ·· 73

第五章　指挥性公文 ... 80

第一节　命令(令) ... 80
第二节　决　定 ... 84
第三节　决　议 ... 89
第四节　批　复 ... 92

第六章　沟通性公文 ... 99

第一节　函 ... 99
第二节　意　见 ... 103
第三节　纪　要 ... 108

第七章　社交文书 ... 116

第一节　邀请信　感谢信 ... 116
第二节　慰问信　贺　信 ... 122
第三节　介绍信　证明信 ... 128
第四节　申请书　倡议书 ... 131
第五节　推荐信　求职信 ... 136

第八章　事务文书 ... 147

第一节　计　划 ... 147
第二节　总　结 ... 152
第三节　调查报告 ... 158
第四节　述职报告 ... 165
第五节　简　报 ... 171

第九章　法律文书 ... 181

第一节　起诉状 ... 181
第二节　上诉状 ... 186
第三节　答辩状 ... 191
第四节　辩护词 ... 195
第五节　代理词 ... 199

第十章　商务文书 ... 207

第一节　招标书 ... 207
第二节　投标书 ... 211
第三节　经济合同 ... 215

第四节 意向书 222
  第五节 广告文案 226

第十一章 讲话类文书 239
  第一节 讲话稿 239
  第二节 开幕词 闭幕词 247
  第三节 欢迎词 欢送词 253
  第四节 答谢词 祝贺词 260
  第五节 主持词 265

参考文献 274

绪论 应用写作概述

本章导读

应用写作是为了处理公务和个人事务而进行的写作活动,其写作对象是各类应用文。所谓应用文,是指机关单位和人民群众在工作、学习和生活中为处理日常公私事务所使用的一种具有直接应用价值和惯用格式的文章的总称。

在飞速发展的现代社会,应用写作在各领域发挥着重要作用。具体表现在:对机关团体、企事业单位内部管理的领导规范作用,对各级机关组织、部门之间的沟通协调作用,传载信息及对领导的决策服务作用,对党和国家方针政策的宣传教育作用,以及对工作进行监督检查的凭证依据作用等。

本章通过对应用写作的含义、特性、范围、功用、发展趋势以及学习方法的详细阐述,使学习者对应用文及应用写作的基本知识有一个整体了解,增强对应用写作重要性的认识,提高学习的主动性和积极性。

第一节 应用写作的含义与特性

一、应用写作的含义

写作作为人类特有的一种精神活动与实践活动,总体可分两大类:一是文学写作,二是应用写作。文学写作以抒情言志为主要目的,是为让人们欣赏而进行的艺术创作,如诗歌、小说、戏剧、散文等。应用写作是为处理公务和个人事务而写,用于解决实际问题。人们通常把应用型文章的写作称为应用写作。

这里有必要对应用文的概念做一界定。所谓应用文,一般认为是指机关单位和人民群众在工作、学习和生活中,为处理日常公私事务所使用的一种具有直接应用价值和惯用格式的文章的总称。应用文同人们的日常生活关系十分密切。自有文字开始,可以说就有了应用文。应用文在我国已存在 3 500 多年了,可谓历史悠久,源远流长。由于社会的不断进步和科学文化的迅速发展,应用文的使用范围越来越广泛。今天,它已成为一种用途最广而又最大众化的一种文体。无论是党政机关、企事业单位、社会团体或是个人,在传递信息、交流思想、介绍经验、联系工作时均离不开应用文。

应用写作与文学写作一样,都需要经过摄取材料、确定主旨、谋篇布局、遣用语言等过程,运用叙述、议论、说明等方式表达观点和内容。但是,应用写作与文学写作也有明显的区别,应用写作有自己的规律和特点。我们只有通过不断的练习,深刻认识它的特点,掌握它的规律,熟悉各类应用文的文体格式和写作要领,才能写出适应工作需要的有质量的应用文来。

二、应用写作的特性

应用写作与文学写作相比,既有共性,也有个性。我们学习应用写作,更重要的是认识和把握其个性,以更好地提高应用写作的能力。应用写作的个性特征,主要表现在以下几方面。

(一) 因事而作,注重应用

文学作品作为审美意识形态,它用形象来反映社会现实生活,具有审美认识、审美教育、审美娱乐等综合审美功能。而应用写作则不同,它是要处理公私事务的,具有很强的应用性。它宣传政策,是为了让人们去实践;它负载信息,是为了让人们有所行动;它传播知识,是为了让人们对事物有所了解。无论是党政机关、企事业单位、社会团体撰写的公务文书,还是人们在日常生活、学习、工作中撰写的事务文书,其根本目的都是为了处理或解决实际问题,都有明确的目的性和针对性。因此,应用写作有其特殊的应用价值。应用性也是应用文体区别于文学文体的本质特征。

(二) 内容真实,客观确凿

真实性是应用写作的生命。凡文章都讲究真实性,然而应用写作的真实性与文学写作的真实性有所不同。文学作品反映生活,讲究的是艺术真实,作家可以运用形象思维,通过虚构和想象塑造艺术形象,对生活素材进行再创作。而应用写作则不允许虚构和想象,它要求依据事实的真实,即现实生活中真实存在的事实,包括时间、地点、人物、事件、数字、数据等都必须有根有据,确凿可靠。很多应用文是为交流思想、传达信息的,只有建立在真实内容基础上的思想和信息才会使人相信,否则会成为无稽之谈;还有很多应用文,如公文是提供决策时用的,如果内容不真实,直接影响着决策的正确性,会给工作带来极大的负面作用。

(三) 格式固定,遵循常规

文学作品要求构思巧妙,形式新颖,各方面都要求具有独创性。而应用写作则不同,大多数文体都具有相对固定的格式。这种固定格式是在长期使用的过程中形成的。有的是"约定俗成",即在民间代代相传,互相仿效,习惯成自然,从而得到社会的公认。例如书信,一般包括称谓、问候语、正文、祝语、署名、日期六个部分,缺少了某个部分,就会显得不得体。有的则是"法定使成",特别是党政公文、司法文书等,是由行政或权力机关以法规形式对文种格式加以认定,并在其管辖范围内普遍执行的。有些应用文,如计划、总结、调查报告,虽然无绝对固定的格式,但都有大致的章法。这些都是由其应用性的特点所决定的。格式固定,规范统一,便于使用与处理,有利于提高办事质量和效率。

(四) 语言精约,朴实严谨

文学作品的语言,讲究形象性、生动性、蕴藉性,大量运用比喻、夸张、拟人等各类修辞手法。而应用写作的语言,则讲究精约,它只要把情况讲清楚,把问题说明白即可,任何拖泥带水的修饰都不要。具体说来,应用写作的语言必须做到准确、精练、朴实、庄重、严谨。准确,即表情达意时,语言真实确切,语意明确,不能模棱两可,含糊不清;精练,即语言简明扼要,精当不繁,切忌长篇大论,言不及义;朴实,即语言平直自然,通俗易懂,不能卖弄文藻,浮华不实;庄重,即语言端庄得体,格调郑重严肃;严谨,即表达文从字顺,文句细致周密。配合这些要求,应用写作的表达方式主要运用叙述、议论、说明,一般不运用文学写作惯用的描写和抒情手法进行表达。

(五)拟稿迅速,讲究时效

文学写作大都是缘情而作,是兴之所至,反映生活不受时间限制。而应用写作则不然,它是因事而作,受命而作,其主导目的是为了解决实际问题,而问题的解决又必须限定在一定时间内方才有效,故而特别讲究时效性。例如,工作开始要订计划,工作完成要做总结,传达贯彻上级指示要发通知,反映情况要写报告,请求上级机关批准要写请示,调查市场情况要写市场预测报告,生意往来要订经济合同……许多要写的应用文,有的是迫在眉睫、亟待成文的,也有的是工作进展或形势变化要求做出相应部署和反应的,都有很强的时间性。这就要求我们平时加强工作的预见性,注意积累资料,写作时能迅速领会领导意图,做到及时拟稿,以免造成不良影响和严重后果。在时间就是金钱、效率就是生命的高度信息化的现代社会里,为提高办事效率,更强调应用写作的时效性。

第二节 应用写作的范围与功用

一、应用写作的范围

应用写作的范围非常广泛,它涵盖党政公文和其他各类应用文体的写作。为了正确识别各类应用文体的异同,了解和掌握它们的文体属性和写作要领,使应用写作更加规范化、科学化,以充分发挥其社会作用,有必要对应用文体加以分类。应用文体种类繁多,而且在不断发展,关于应用文体的分类目前众说纷纭,尚难统一。这里根据其不同的工作性质、内容要求以及使用范围,将应用文体分为以下几个部类。

(一)党政公文

根据中共中央办公厅和国务院办公厅2012年4月联合印发的《党政机关公文处理工作条例》(中办发〔2012〕14号)规定,党政公文共有15种:决议、决定、命令(令)、公报、公告、通告、意见、通知、通报、报告、请示、批复、议案、函、纪要。

(二)社交文书

主要包括请柬、邀请信、感谢信、慰问信、介绍信、证明信、申请书、倡议书、推荐信、求职信、简历、贺信、贺电、唁函等。

(三)事务文书

主要包括计划、总结、调查报告、简报、会议记录、规章制度、述职报告、大事记等。

（四）法律文书

主要包括公安机关使用的文书，如检举书、立案报告、通缉令；人民检察院使用的文书，如起诉书、起诉决定等；人民法院使用的文书，如判决书、裁定书；当事人或法定代表使用的文书，如起诉状、上诉状、申诉状、答辩状、辩护词、代理词、仲裁书、公证书等。

（五）商务文书

主要包括产品说明书、招标书、投标书、经济合同、协议书、意向书、商业广告、经济活动分析报告、可行性研究报告、审计报告、海报、启事等。

（六）讲话类文书

主要包括讲话稿、开幕词、闭幕词、欢迎词、欢送词、答谢词、祝词、主持词、解说词等。

二、应用写作的功用

应用写作具有很强的应用性，在政治、经济、军事、文化等各个领域发挥着不可替代的作用。曹丕在《典论》中说："经国之大业，不朽之盛事。"刘勰在《文心雕龙》中也曾说："文艺之末流，政务之首要。"可见应用写作的重要性。在现代社会里，人们的活动范围更加广泛，信息交流和事务处理更加频繁，应用写作越来越显示出其重要意义。具体说来，其作用主要表现在以下几个方面。

（一）约束规范，指挥领导

凡经国家最高权力机关或最高管理机关颁发的法规文件，均具有严肃性和法制约束力，不发则已，既发必行。在党政机关、企事业单位、群众团体的公务活动中，上级机关对下级机关发布的公文，如决定、决议、批复等，也在相应范围内具有法定的权威性和不可逾越的约束力，下级机关必须"遵照执行"或"参照执行"。这样，各具体单位的各项工作，才能步调统一，开展有序。应用写作中的许多文体，就是规范人们的思想与行为的，它具有法纪、政纪、党纪的威力，又具有领导、疏导、指导的力量，能够起到准绳和规范作用。

（二）商洽交流，组织协调

当今社会是一个充满活力的有机系统，在这个系统中，存在着各种公共关系。社会各级机关组织之间，各部门单位之间，需要经常保持联系，互相配合，彼此沟通，协调行动。应用文就是联系协调的工具之一。上级机关制定的方针政策和指示意见等需要尽快向下级传达，下级机关的工作情况、各种动态等需要及时向上级汇报，同级或不同部门之间商洽工作、交流情况、联络感情、协作共事都离不开应用文，部门内部各业务环节也需要应用文来沟通协调。不仅是机关组织，个人与个人、个人与群体之间也需要交流联系、协调行动，书信与礼仪性的应用文在这方面起着重要作用。

（三）传载信息，辅佐决策

当今社会是信息时代，信息的表达、贮存、传递、处理等，无不有赖于书面语言。而应用文体就是信息的载体，并以法定的渠道保证信息的传递，以法定的职责保证信息的质量。由于其传载的信息具有真实可靠性，故在为领导决策服务方面起到了不容忽视的辅佐作用。如一些调查报告常深入、全面地调查和剖析某一社会基本情况，为领导或上级机关制定某项方针政策，采取某项措施提供意见、建议和方案。经济领域的市场调查报告、市场预测报告、可行性研究报告等综合报告文书,在企业经营决策方面的辅佐作用则体现得更为鲜明。

(四) 宣传教育,统一思想

一个国家要政治稳定、经济发展,离不开对广大人民群众进行政治思想和科学技术等方面的宣传教育。文当理切的应用文,在指导工作的同时,实际上也起了统一思想、宣传教育、动员群众的作用。党政公文的发布,是在传达党的路线、方针、政策,而人们在学习理解、贯彻执行的过程中,也受到深刻的教育。还有一些应用文驳斥谬论、批评错误、褒扬先进,本身就是一种直接的宣传教育。在当今市场经济条件下,众多企事业单位广泛运用应用文这一宣传工具,宣传组织形象,传播组织信息,扩大自身影响,如近年来的广告大战与公益广告的勃兴就是很好的证明。

(五) 行为凭证,文献史料

应用文体在贯彻政策、指导工作、联系事务的同时,还具有凭证依据作用。如党政公文,其反映着制发机关的意图,就是收文机关处理工作、解决问题的依据。合同、协议、公约等契约类文书,介绍信、证明信、会议记录以及司法文书中各种笔录等,其凭证作用则更为明显。另外,不少应用文不仅是处理当前事务的依据和凭证,在时过境迁,成为文书档案资料后,由于其记载着某个时期、某一阶段的情况,故还具有重要的史料价值,是研究、考据某个历史时期的政治、军事、经济、文化、教育的重要文献凭证。

第三节　应用写作的趋势与方法

一、应用写作的发展趋势

信息科技的突飞猛进使人类社会正发生深刻变化,应用写作同样面临着深刻和与时俱进的变革。现代社会市场经济发展的国际化,管理工作的现代化,以及知识经济时代的到来,都对应用写作提出了新的要求。应用写作的发展趋势主要体现在以下几个方面。

(一) 文体分工精细化

随着社会实践生活的丰富发展,国际交往的日趋频繁,市场经济的不断拓深,社会公共关系、人际交往的日益多样,应用文的文体分工更加精细,而且在不断出现新品种,应用文体的专业性、专门化趋势不断加强。例如,现在的涉外经济文书、股份制企业文书、投标招标书、房地产文书、资产评估抵押文书、专利申请等,都是过去没有或很少用到的。再如,各种各样的法律文书、契约文书的划分都越来越细。

(二) 文本操作数字化

当今互联网应用技术的飞速发展,促使各企事业单位积极运用电子信息技术和互联网来传递信息,处理各项活动,提高管理效率,这极大推进了应用写作的数字化发展。应用写作的数字化,使得常用文体形成电子模本,可以直接套用,不仅提高了工作效率,而且

加强了应用文的规范和统一,文件的修改、加工工作也变得更加简便;文本在互联网的发送传输,极大地加快了信息的传播速度,也使应用写作进一步走向社会化和国际化。

(三)价值功能大众化

大众化主要表现为社会大众对应用写作的参与。应用文的功能涉及社会全员的生活、生产和发展,随着知识经济社会的到来,人人都需要学会应用写作,而且要熟练掌握数字操作技术。在互联网条件下,写作者与受众之间有时不再是"写"与"读"的简单对应关系,不少应用文的产生就是作者与读者交互作用的结果,比如"网上购物合同"等。可见,应用写作已渗透到社会各行各业,正在日益走向普及。

二、应用写作的学习方法

应用写作作为一种应用性很强的写作活动,既有系统的理论性,又有很强的实践性。在学习应用写作的过程中,必须理论和实践相结合,采取合适的方法提高质量和效率。具体方法主要有以下几点。

(一)认真学习理论,掌握基本范式

学习应用写作的目的就在于实用,即用来解决学习、工作和生活中的问题。但如果缺乏理论指导,就不会取得良好效果。应用写作有其特殊的写作方法和写作规律,这种基本理论知识,是无数前辈知识的积累,经验的精华。为了少走弯路,多受启迪,必须掌握其理论知识。同时,由于应用写作自身的特殊性,使得应用文体具有一种法定或约定俗成的基本模式。这些模式经过人们的反复实践使用,日趋规范和稳定。因此,我们在学习应用写作基本理论的同时,还要准确掌握相关文体的基本范式。

(二)广泛研读范文,积累感性认识

研读和借鉴范文是提高应用写作能力的又一重要途径。诗歌创作中有"熟读唐诗三百首,不会作诗也会吟"之说,其实,学习应用写作,阅读和借鉴的价值比诗歌创作更直接、更明显。多研读相关范文,可从中受到启迪,悟出一些写作方法和要求,在必要时可作模仿之用。在阅读和借鉴范文的同时,还要善于总结,不能走马观花,而要勤于思考,范文为何要这么写,这么写的优点是什么,等等。这样,读得多了,思考多了,相关文体的文本印象就会镌刻于脑海。积累到一定阶段,就会从量变转入质变,从而真正掌握这种文体的写作方法。

(三)坚持勤写苦练,提高写作能力

提高写作能力,最根本的途径就是要坚持勤写苦练。要将理论知识转化为一种现实能力,必须加强实践训练,在写作实践中熟悉理论体系,在写作实践中探索理论的最佳运用。清人唐彪在《读书作文谱》中说:"学人只喜多读文章,不喜多做文章;不知多读乃藉人之功夫,多做乃切实求己功夫,其益相去远也。"多读是借鉴别人的经验,多写、勤写才能切实提高写作的功力。应用写作也是如此,仅仅学好基本理论,仅仅研读一些范文,这还远远不够,在做到这两点的基础上,要持之以恒地进行写作实践训练,才会熟能生巧,切实提高应用写作的实际能力。

(四)注重反复修改,提升写作水平

反复修改文稿是应用写作过程中一个重要而不可或缺的环节。古人云:"文章不能一

做便佳,须频改之方入妙耳。"文章是写出来的,更是改出来的。这是因为人们对客观事物的认识,常常需要经历一个反复研究、逐步深入的过程。由于主观认识的局限,或业务知识、文字能力的不足,难以使文稿一步得到完美,需要经过反复思考、推敲,发现文稿中的问题,进行针对性的修改。从某种意义上说,应用写作是"三分写、七分改"。修改的内容包括标题的定夺、主旨的斟酌、材料的取舍、结构的调整、语言的润饰等。只有针对上述内容不厌其烦地反复修改,才能不断提高文稿的质量,提升自身的写作水平。

实训设计

一、选择题(单选或多选)

1. 应用写作的本质特点是(　　)
   A. 规范性　　　B. 时效性　　　C. 应用性　　　D. 真实性
2. 应用写作的生命是(　　)
   A. 规范性　　　B. 时效性　　　C. 应用性　　　D. 真实性
3. 应用写作的真实性指的是(　　)
   A. 艺术的真实　B. 想象的真实　C. 事实的真实　D. 假定的真实
4. 应用写作的作用有(　　)
   A. 约束规范　　B. 宣传教育　　C. 凭证依据　　D. 陶冶情操
5. 下列属于事务文书的有(　　)
   A. 计划　　　　B. 总结　　　　C. 调查报告　　D. 规章制度

二、判断题

1. 文秘写作的本质属性是真实性。(　　)
2. 应用文体的格式都是约定俗成的。(　　)
3. 应用写作是因事而作,特别讲究时效性。(　　)
4. 应用写作的语言要求做到准确、精练、形象、庄重。(　　)
5. 现代社会,应用文体呈现出精细化、专业化发展趋势。(　　)
6. "文艺之末流,政务之首要"说明了应用文体的作用。(　　)
7. 应用文具有文献史料价值。(　　)
8. 要提高自己的应用写作能力,应少读多写。(　　)

三、简答题

1. 应用写作的特性有哪些?
2. 应用写作的功用有哪些?
3. 结合实际谈谈应用写作的学习方法。

四、阅读评析题

阅读下面一则故事,根据应用文的文体性质,分析"博士"寻驴启事失败的原因。

"博士"寻驴

从前,有一位老先生,号称学富五车、才高八斗,方圆百十里地享有很高的声望,人称"博士",他也因此得意扬扬、自视很高。一天，家人来向他报告：家里一头最精壮的黑驴莫名其妙地丢失了，而眼下正是家里活儿最多、最需要牲口的时候，请老爷赶紧想办法，或者找回这头黑驴，或者重买头新驴。当时，一头正值壮年的驴也还算比较值钱，于是有好事者提醒博士说，还是先写个寻驴启事，也许还能找回来呢！博士连连点头称是。于是磨墨铺纸，提笔运腕，一张寻驴启事一气呵成，墨迹未干就赶紧让家人拿出去，张贴在闹市口了。

可是，转眼几天过去了，一点黑驴的消息也没有，博士决定亲自到街头去看一看、听一听，了解了解关于黑驴的消息。来到闹市口，自己写的启事还在，还真有不少人在围观，博士混入人群，心下得意，想听听大家的说法。只听得有人正摇头晃脑地给大家念着："……，我中华古国历史悠久、文化灿烂、民风淳朴、文明教化……盘古开天……唐宗……宋祖……""什么嘛！什么嘛！""什么意思！瞎耽误工夫！"围观的人没等念完，就已连连唾弃地四下散去。"博士"真不愧为博士，一个寻驴启事洋洋洒洒上万字出来，还没提到一个驴字，难怪他等了好几天也没有任何消息呢！原来大家还没等他讲到驴就早已不耐烦再读下去了。

五、情景写作题

仿照下列参考资料，试分别用美文和应用语体各写一篇个人介绍。

资料1：老舍自传

舒舍予，字老舍，现年40岁，面黄无须。生于北京。3岁失怙，可谓无父；志学之年，帝王不存，可谓无君。无父无君，特别孝爱老母，布尔乔亚之仁未能一扫空也。幼读三百篇，不求甚解。继学师范，遂奠教书匠之基。及壮，糊口四方，教书为业，甚难发财，每购奖券，以待末彩为荣，示甘于寒贱也。27岁发愤著书，科学哲学无所懂，故写小说，博大家一笑没什么了不得。34岁结婚，今已有一男一女，均狡猾可喜。闲时喜养花，不得其法，每每有叶无花，亦不忍弃。书无所不读，全无所获并不着急，教书做事均甚认真，往往吃亏，亦不后悔。如此而已，再活40年也许能有点出息。

资料2：老舍简介

老舍(1899—1966)，现、当代作家。原名舒庆春，字舍予，另有笔名絮青、鸿来、非我等。满族，北京人。

老舍出生于一个贫民家庭。父亲是一名满族护军，阵亡在八国联军攻打北京城的炮火中。母亲也是旗人，靠替人洗衣裳做活计维持一家人生活。1918年夏天，他以优秀的成绩由北京师范学校毕业，被派到北京第十七小学去当校长。1924年夏应聘到英国伦敦大学东方学院当中文讲师。在英期间阅读了大量英文作品，并开始文学创作。长篇小说《老张的哲学》是第一部作品，从1926年7月起在《小说月报》杂志连载，立刻震动文坛。1926年加入文学研究会。以后陆续发表了长篇小说《赵子曰》和《二马》，奠定了老舍作为新文学开拓者之一的地位。1930年老舍回国后，先后在齐鲁大学和山东大学任教授。这个时期创作了《猫城记》《离婚》《骆驼祥子》等长篇小说，《月牙儿》《我这一辈子》等中篇小说，《微神》等短篇小说。抗日战争爆发后南下赴汉口和重庆。1938年中华全国文艺界抗敌协会成立，他被选为理事兼总务部主任，主持文协日常工作。在创作上，以抗战救国为主题，写了各种形式的文艺作品。1944年开始，创作近百万字的长篇巨著《四世同堂》。1946年应邀赴美国讲学1年，期满后旅居美国从事创作。中华人民共和国成立后不久应召回国，曾担任全国文联和全国作协副主席兼北京文联主席及全国人大代表和全国政协常委等职。参加政治、社会、文化和对外友好交流等活动，注意对青年文学工作者的培养和辅导，曾因创作优秀话剧《龙须沟》而被授予"人民艺术家"称号。"文化大革命"初期因被迫害而弃世。

（来源：老舍纪念馆）

第一章 应用写作要素

本章导读

应用写作的构成要素包括主旨、材料、结构、表达、语言五个方面。任何一篇文章都需要这些要素有机地组织起来,才能成为优秀篇章。

主旨是行文的主要意图或基本观点,它是文章内容的核心要素;材料是构成文章的一系列事实现象或理论根据;结构是文章各部分按照一定的组合关系联结而成的序列形式;表达是运用语言文字对客观事物、事理、情感进行的表述,包括叙述、议论、说明、描写和抒情;应用写作的语言除了具有准确、精练、朴实、庄重、严谨的一般特点外,在外部形式上还具有程式化、稳定性、专业化等鲜明特征。

本章对应用写作构成要素的含义、作用、特点、使用要求等进行系统阐述,旨在为学习者以后各章的深入学习打下基础。

第一节 主旨确立

一、主旨的含义和作用

主旨,通常又称之为"主题",它是作者通过文章的全部内容表达的主要意图或基本观点。我国古代文论中没有"主题"这个概念,那时所使用的与主题含义相同或相近的术语是"意""义""旨""主脑"等。庄子在《天道》篇中说:"语之所贵者,意也";陆机在《文赋》中指出:"或文繁理富,而意不指适。"他们说的"意"就是"主题"的意思。

历代文章大家都十分强调文章的立意,强调"作文一篇,定有一篇之主脑"(李渔《闲情偶寄》)。无论什么文章"俱以意为主"(王夫之《姜斋诗话》)。这里所言的立主脑、立意,实际上就是指确立主旨。各类文章都有明确的写作主旨,但不同文体在主旨的表现上则不尽相同。议论文要通过概念、判断、推理表明作者赞成什么,反对什么;文艺作品要通过形象的塑造、情节的建构,间接地反映作者的目的;而应用文体则是指作者在传达政策、告知事项、汇报工作、总结经验或交流思想时,通过全文来表达基本意图或意见目的。

主旨是文章内容的重要核心因素,在一篇文章中具有主导作用。

首先,主旨是文章的灵魂和生命。一篇应用文,有材料,有结构,也就是说有血有肉,

体格健壮,当然十分好。但是,如果没有主旨,也就等于没有了思想,没有了灵魂,剩下的就只不过是一个躯壳。唐代刘禹锡在《陋室铭》中写道:"山不在高,有仙则名;水不在深,有龙则灵。"主旨就是应用文中的"仙"和"龙",它决定着文章的质量高低,价值大小,作用强弱和影响好坏。衡量一篇文章的质量,首先看主旨是否明确、正确。主旨不明确,文章则平庸浅薄;主旨不正确,文章就会产生不良后果。

其次,主旨是文章的核心和统帅。清代王夫之做了一个生动比喻,他说:"意犹帅也,无帅之兵,谓之乌合。"(《夕堂永日绪论》)主旨是贯穿于文章始终的一条主线,处于统摄全局的关键地位。材料的详略取舍须按主旨的需要来确定;结构的安排须从表现主旨出发;语言的运用,也得为表现主旨服务。可以说,主旨对文章全局具有战略性指导意义。有了明确的主旨,作者就能在丰富复杂的材料中抓住重点环节和中心,起到表情达意、交流思想的作用。

二、主旨确立的方法

应用写作的目的是为工作服务,具有明显的针对性和客观性,其写作主旨的确立应从以下几个方面去考虑。

(一)方针政策是主旨确立的直接依据

机关工作本质上是创造性地贯彻执行党和国家的方针政策和上级指示精神,各类公务文书是各级机关组织贯彻执行党和国家方针政策、上级指示的工具。鉴于此,应用文主旨的确立往往直接依据中央和上级的有关精神,按照党的政策和国家的规定考虑。有时甚至要在文稿中直接具体地写上根据中央或上级的哪份文件,本着什么精神,按照什么规定,要解决的是什么问题。所以,认真学习、深刻领会和全面把握中央和上级文件精神,对于应用文主旨的确立十分重要。

(二)领导意图是主旨确立的具体要求

所谓领导意图,实际上就是党和国家有关方针政策、上级指示在本单位的具体化。党政机关和企事业单位所撰写的文书,其作者是法定的某一机关、团体或某一企事业单位,或者是法定的某一级组织的领导人。所以,一篇机关文书是某一领导集体在工作活动中的产物,它是代机关立言,也是代领导立言。拟稿者在接受文书起草任务后,必须主动听取领导意见,准确领会领导意图,这是写作主旨确立必不可少的重要条件。

(三)工作实践是主旨确立的直接因由

机关文书要解决具体问题,其依据一是有关方针政策和指示精神,二是本单位的实际情况。我们在具体工作进程中,必然随时遇到一些实际问题要立即回答、解决。或者要求制定政策、布置执行;或者要求反映情况、提供参考;或者要求进行商洽、研究方法等。这就是说,应用文主旨的确立,是有一个实际工作中的直接因由的。这就要求我们将理论思想原则与本单位的实际相结合,占有大量材料,进行全面分析研究,提出解决问题的正确见解。

三、应用写作的主旨要求

在把握应用文的主旨时,要特别注意以下几点。

（一）主旨要客观

写作作为精神活动，不可能不打上作者的主观烙印。但应用文作者的写作意图是因客观的现实需要而形成的，是生活的某种需要促使作者表明某种态度。机关应用文则体现出机关、集体的意志。因此，应用文主旨的提炼应该依材取义，从纯客观的材料中提取，力求尊重事实，不用主观感情强加于客观。

（二）主旨要集中

文学文体可以一文多义，不同的欣赏者可以从中领略到不同的主题意义，而应用文则要求主旨集中单一，即一文一意，每篇文章只能表达一个主题。倘若在一篇应用文中，一题多意，主旨分散，就会使人难以把握。要使文章主旨集中，必须在动笔前明确写作意图，在行文中就题论事，删除多余的信息和材料。

（三）主旨要明晰

文学作品包含着丰富的意义生成的可能性，"含不尽之意于言外"，应用文则强调主旨的明晰性。写应用文时，主旨不仅在撰稿前就应确定，而且在文本中要用简洁的语言加以概括，并在显要的位置直接明白地表达出来。如在标题中概括主旨，或者用主旨句在文章的段首或文末加以揭示等。主旨要清晰明白，使读者一看就明，不会产生歧义。

第二节　材料摄取

一、材料的含义与作用

清代学者章学诚在《文史通义》里说："夫立言之要，在于有物。"这里的"物"，指的是思想内容，包括主旨和材料，更偏重于指材料。所谓材料，就是写作者为着某一写作目的，从生活中搜集而来的以及为表现主旨而写入文章的一系列事实现象或理论根据。它包括两方面的含义：一是指写入文章中的事实或理论根据；二是指那些没有被写入文章中而事前搜集的事实或理论依据。

应用文的材料主要来自上层、自我、外层三个不同层级的社会空间。上层空间信息包括党和国家的路线、方针、政策、法律、法规以及上级机关、领导的决策意见；自我空间信息包括机关内部制订的各种规范性文件、意见看法和工作实际；外层空间信息包括相同、相关行业经验教训以及舆论媒体播发的相关信息等。这些信息材料均不以作者自我情感为核心内容，具有明确的指向性和广泛性特征。要做好应用文材料积累，要对社会信息具备职业的眼光和理性思考力。

材料在应用文的写作中具有十分重要的意义，其作用具体表现在以下两个方面。

首先，材料是形成和提炼主旨的基础。主旨是应用文中最重要的东西，但没有材料，主旨就成了无源之水，无本之木，就失去了依据。任何文章的主旨都不是苦思冥想出来的，而是写作者对已经占有的丰富材料进行分析、提炼、概括而产生或逐步形成的。没有

事实材料,就不能产生思想。所以说材料是第一性的,是形成观念形态的思想、主旨的基础。

其次,材料是表现和深化主旨的支柱。构思酝酿阶段,文章的主旨靠材料形成;在写作过程中,文章的主旨又靠材料来表现和深化。材料是"情之所寄,理之所寓",是表现和深化主旨的手段、载体,缺乏必要、充分的材料做支柱,主旨就会成为"空中楼阁",失去牢固基础,从而削弱主旨的说服力,影响文章的表达效果。

二、应用写作的材料种类

应用写作的材料十分广泛,根据不同的划分标准,可划分为不同的种类。在写作过程中,全面周到地搜集材料,将不同种类的材料适当地配合使用,对于主旨的表现和深化有重要作用。

(一)事实材料和观念材料

事实材料是指客观存在或现存的事和物,观念材料主要指各种事理、对事物内在联系和发展规律的认识等。对通报、调查报告、总结等一类应用文来说,事实材料的重要性极为突出,事实占据了主要篇幅。而司法文书之类除了准确恰当地陈述真实案情外,还要援引适用的法律条文即事理来支持诉讼理由或刑事、民事判决。

(二)直接材料和间接材料

直接材料又称第一手材料,为写作者亲自观察、调查和亲身体验获取。应用写作非常重视直接材料,如问题调查报告,若作者不在现场仔细勘察,反映情况的真实度便大打折扣。间接材料指的是阅读书报、检索资料,或由他人提供的第二手材料,可作为直接材料的补充。间接材料在写作中不可缺,使用时要认真查对,辨别真伪。

(三)具体材料和概括材料

具体材料就是"点"上材料,概括材料就是"面"上材料。两者的有机结合,对于加强应用写作的针对性和指导性具有重要意义。点面结合在汇报性、论说性文件中尤为重要。没有"点"上的材料,就往往导致文件的一般化,缺乏足够的说服力;没有"面"上的材料,就往往说不清问题,不能给人以宏观、全局的概念,同样会影响文件的社会效果。

(四)现实材料和历史材料

应用写作的任务在于解决现实生活中的各种问题,因此,搜集和掌握现实生活实际情况的材料非常重要。但对于任何一个事物,仅看到其现在还不够,还要看到它的发生、发展以及过去、将来,即不能忽略其历史材料。历史材料和现实材料的比照使用,才能使人们对事物的性质特点、差异优劣有更深入的认识。

(五)正面材料和反面材料

正面材料就是指应当肯定和褒扬的材料,反面材料就是指应当否定和贬斥的材料。有比较才能鉴别,有鉴别才能决定取舍。掌握这两方面的材料,便于进行比较研究,揭示事物本质,有力表现主旨。有的应用文体主要以正面材料作为事实根据,有的则主要以反面材料作为依据。特别是在规范人们行为而提出限定要求时,往往要借助反面材料。

三、应用写作的材料选择

在广泛搜集材料的基础上,还要根据主旨表达的需要进行比较、筛选,决定材料的取舍。鲁迅说:"选材要严,开掘要深。"选择材料一般要遵循下列原则。

(一)聚焦主旨

这是选择材料的首要一条,是决定材料取舍的主要标准。选择材料要围绕主旨的需要,去选用那些和主旨有关的、最能说明、表现和突出主旨的材料。就整篇文章来说,选用的材料必须从不同侧面紧扣主旨,针对性极强地说明主旨。就一个观点来说,选用的材料必须针对观点加以准确说明,决不能材料和观点相互脱节而成为"两张皮"。

(二)强调真实

应用文的生命在于真实。所谓真实,就是说材料要符合客观实际的情况,也就是指材料不能虚假,必须是实有的事物。材料准确无误,确凿可靠,文章才有说服力。为确保材料的真实,必须坚持科学的态度,切忌凭空编造,移花接木,以偏概全,引证失实,数据失真。能否使用真实的材料,是衡量应用文写作者有无基本知识和素养的表现。

(三)捕捉典型

文章中的材料不是以量来表现,而是以质取胜的。前述选材要聚焦主旨,主要是要求材料和主旨应有有机联系,捕捉典型则更进一层,它要求作者以百里挑一的严格态度去搞优化组合,选取最能表现主旨的材料。典型材料有两大突出特点:一是代表性,能以一当十,以少总多;二是深刻性,可以充分揭示事物的本质。因此,典型材料有很强的说服力。

(四)凸显新颖

应用文时效性强,要及时反映现实生活的新情况、新信息。新颖就是指材料能反映客观事物的发展变化趋势,说明客观事物的最新面貌,回答现实生活中人们最关心的、最迫切需要了解的新问题、新动态、新成果、新数据、新经验、新思想等。要善于选择新颖的材料,作者就要有敏锐的观察力和较强的采集力,见微知著地发现新事物、新苗头。

第三节　结构安排

一、结构的含义和作用

结构一词原是建筑学术语,指建筑物的内部构造。借用到文章写作中,指文章各部分按照一定的组合关系联结而成的序列形式。结构的核心是指如何、恰当地安排材料的问题,也就是常说的谋篇布局。具体而言就是,要使主旨清晰而有条理地贯穿全文,材料取舍得当,各部分衔接自然,全篇文章完整严密。从一篇文章来说,主旨解决"言之有理",材料解决"言之有物",结构则解决"言之有序"。

结构是文章主旨和材料的依托。任何文章总是要借助于一定的结构形式来组织安排

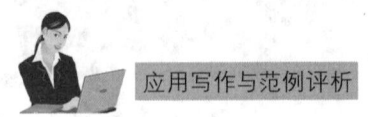

材料,体现主旨的思想。因此,文章的主旨、材料、结构三方面有密切联系。如果把文章比作人的生命体,那么主旨犹如人的"灵魂",材料犹如人的"血肉",而结构则如人的"骨架",三者缺一不可。有了明确的主旨,选择了适当的材料,不一定能写成好文章,还需要谋篇布局。结构是文章形成过程中的关键,关系到文章的主旨、全部内容能否得到充分表现,直接关系文章的成败得失。

二、应用写作的结构方式

应用写作的结构安排具有相对固定性,概括地说,常见的结构形式有以下几种。

(一)总分式

这种结构方式是按事物的从属关系来组织材料。有的采用"总—分—总"形式,即先有一段"总说",如在前言部分总体概括基本情况或中心观点;接着进行"分列",如在主体部分提出解决问题的意见、方法、措施等;最后一个"总"是指内容的归纳总结,或提出希望要求等。另外,也有的采用"总—分"形式,或采用"分—总"形式。

(二)并列式

这种结构方式是指将文章中所有的材料或观点按照不同的标准划分成不同类别,再逐一列举。这些被列举的材料和观点或者是一个问题的几个方面,或者是一个事物的几种存在形式,或者是一个部门的几种典型……但不管哪种情况,材料与材料之间的关系必须是并列的。

(三)直叙式

这是按时间先后为序,或以事情的发生、发展变化过程为序组织材料的结构方式。这种结构比较单一,事情的来龙去脉十分清楚。常用于内容单纯、叙事性强的文种。采用这种方式时,要按照发展顺序,把事件恰当地纵剖成几个阶段,使层次清晰明了。且要注意突出重点,切忌平均使用气力,平铺直叙。

(四)递进式

这是按事物事理的逐层深入关系来组织材料的结构方式。这种结构方式往往以提出问题、分析问题、解决问题为主要表现形式。其中分析问题是关键,可以是由表及里、由点到面的层层剖析,也可以是由浅入深、由感性到理性的步步升华。但不管采用哪种形式,材料和材料之间必须围绕结论逐步深入,以自然引出令人信服的结论。

在上述四种结构方式中,总分式和并列式可以合称为横式结构,它们的共同特点是文章的内在思路是横向展开的;直叙式和递进式可以合称为纵式结构,它们的共同特点是文章的内在思路是纵向展开的;而在多层次、复杂结构的应用文中,常会在不同的行文层次里分别运用横式和纵式结构方式,这时,可以称之为纵横交叉式结构方式。

三、应用写作的结构原则

在谋划应用文的结构时,要注意以下几点。

(一)根据文种选择结构

在长期的写作实践中,应用文基本形成了各体文种的外在格式和内在要素的规范模式。比如党政公文的外在格式由眉首、主体和版记组成,内在模式是"凭—事—断",即发文缘由、发文事项、发文要求。作者不能随心所欲,自行一套,而要根据某种文体的规范选择结构。这既是正确规范表达的需要,也是快速写作的诀窍。

(二)力求排列的顺序化

应用文本结构的排列要依循人们顺畅的思维逻辑展开,一般不宜用倒叙和插叙结构,而要按照事物通常的过程进行叙述,或者按照事项来安排结构。外在结构上要一目了然,内在模式上各要素应排列有序。顺序化的结构让读者在一个轻松省力的阅读状态下接受,不存在任何阅读障碍和阻隔,使读者能迅速领会作者的意图。

(三)注重结构的外在衔接

应用文本各段落之间靠内在的逻辑勾连和外在的形式衔接形成有机整体。在外在形态上,一般要用序码标示内容的序列,用上位序码衔接层次,下位序码衔接段落,还可以用小标题和过渡词来衔接,使其在结构上形成一种外在连接的有机性与条理性,在层次上一目了然,从而便于读者阅读和领会。

第四节　表达方式

表达是应用写作过程的重要一环,主要体现在如何恰当地运用表达方式。表达方式是运用语言介绍情况、陈述事实、阐述观点、表达情感的具体方法。表达方式有五种:叙述、描写、抒情、议论和说明。应用写作一般很少或不使用描写和抒情,而主要运用叙述、议论和说明的表达方式。

一、叙述

叙述是记叙人物、事件、管理的动态和发展过程来表述思想的一种表达方式。在应用写作中,叙述是表彰或批评通报、情况报告、调查报告等文种的主要表达方式,主要用于交代背景,介绍文章涉及的人、事、单位的概况,记叙事件的发生、发展、结局,以及为议论提供事实依据等。

叙述的方法有顺叙、倒叙、插叙、补叙和平叙。应用写作一般采用顺叙的方法,注重事件的过程性特点,以符合人们的认识规律,能让读者尽快了解所叙内容。另外,叙述常与其他表达方式结合运用,如夹叙夹议、叙事论理、叙述说明等。

应用写作的叙述要求主要有:

第一,交代清楚叙述要素。叙述要素包括时间、地点、人物、事件(事项)、原因和结果等。这些要素是把事实说清楚的最起码条件,是读者认识事物、掌握内容的基本要点与线索,因此在写作中要交代清楚,做到脉络明晰。

第二,注重运用概括叙述。应用写作的叙述要求概括准、线条粗,整体勾画,不要求具体、详尽。采用概括叙述,既可以交代清楚情况事件,使读者对其有总的清晰印象,又可以

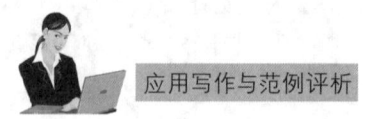

保证语言精练,篇幅短小,使之便于批阅和处理。

第三,正确安排主次详略。对于大量的素材要做取舍、定详略,使全文层次清晰,主旨明确、突出。凡与主旨密切相关的部分是叙述的重点,应写深说透,使重点突出;与主旨关系不大的部分,则概括叙述;无关的部分则予省略。总之,以有利于说明主旨为宗旨。

二、议论

议论即议事论理,也就是作者对所述情况或事件进行分析阐述,或者加以评论,以阐明自己的观点,表明态度。应用文中的议论,一般建立在叙事的基础之上,是对问题的分析和判断,主要作用是用来揭示层次的意义,证明文章的观点,引导人们阅读时理解的方向。

完整的议论由论点、论据和论证三部分构成。应用文议论的特点主要有:一是常常采用不完整论证,以简化论证过程,直接表明论证的结果、立场、主张等。二是多以正面论证为主,旗帜鲜明地表明观点。三是往往与其他表达方式结合使用,夹叙夹议是最常见的方式。

应用写作的议论要求主要有:

第一,观点正确鲜明。应用文的议论建立在"事"的基础之上,说理是对问题的分析。所有提出的办法、意见或措施、要求等,都必须从叙事中合乎逻辑地引出,具有科学性。同时要明确阐明作者的观点,即提倡什么,反对什么,肯定什么,否定什么,绝不含糊其词。

第二,论证直截了当。应用文中的议论往往都是针对特定的事实、事件,阐明对某一问题的看法,属于就事论事式的议论。因而不需像议论文那样追求完整的论证过程,而只需三言两语,把问题的性质、结论性的意见等直接点明就可以了。

第三,重视引据论说。对于党政公文而言,为了使各项工作的原则、措施及方案符合党和国家的方针政策,让事项的贯彻更加权威化,要注重从政策、理论中寻找依据来引用论说。

三、说明

说明是对客观事物的介绍和解说,目的是使人们了解事物的情况、性质、特征以及内在的规律等。说明是应用写作中使用最为广泛的表达方式,命令、决定、决议中的办法、指示、请示中的缘由、事项,通知、通报中的情况介绍等,都是说明的具体运用。调查报告、工作计划、工作总结、广告文案、经济合同等,更是说明大显身手的地方。

应用写作中说明的特点主要有:一是常与叙述、议论结合使用,只用说明一种表达方式的情况很少。二是注意运用具体的数据资料,便于直观化地、概要地说明问题。三是自然语言和书面辅助语言交替使用。应用文经常运用文表结合、图文结合的方式来说明问题,两种语言的交替使用,使应用文的语言表述更为直观、简明。

应用写作的说明要求主要有:

第一,冷静客观。即实事求是地进行说明,对说明对象做出公正的、实际的介绍和解说,其间不夹杂个人的情感,使文章得以反映客观事物的本来面目及本质规律。

第二,简而得要。这是指说明的语言要求,要简练而道出本质,有明确的规定性。不论是情况说明,还是法规性、条例性说明,都要在分寸上、界限上体现出解释的单一性和规定的确定性。

第三,言之有序。即说明要有条不紊,要根据事物各自的特征及本身的条理采取合适的说明顺序。说明顺序通常有时间顺序、空间顺序和逻辑顺序三种。应用写作中,说明多用逻辑顺序,同时与其他顺序结合使用。

第五节　语言运用

语言是人类最重要的信息交流工具,是思想与意图的直接表现,是构成文章的第一要素。离开了语言,再好的内容也无法表达。熟练地掌握语言这一工具,认真锤炼语言,正确、规范地运用语言是写好文章的基本前提。

应用写作的语言运用,应具备准确、精练、朴实、庄重、严谨的一般要求,在外部形式上,则体现出以下几个鲜明特点。

一、事务用语程式化

多数应用文少不了事务处理,在长期的反复实践中,形成了一种惯用的、程式化的事务用语。应用写作中常见的程式性词语主要有:

开端用语,如"为了"、"根据"、"由于"、"兹因"、"关于"等。

引叙用语,如"欣悉"、"惊悉"、"顷接"、"近接"、"据查"等。

谦敬用语,如"敬请"、"恭请"、"承蒙"、"不胜荣幸"、"不胜感激"、"谨致谢忱"等。

经办用语,如"经"、"业经"、"现经"、"拟"、"现拟"、"暂行"等。

过渡用语,如"为此"、"据此"、"现通知如下"、"现函复如下"等。

商洽用语,如"可否"、"妥否"、"当否"、"是否可行"等。

时态用语,如"兹"、"行将"、"届时"、"值此"、"亟待"、"方"等。

令知用语,如"着令"、"特令"、"勒令"、"责令"、"务须"、"切勿"等。

综合用语,如"如上所述"、"综上所述"、"总之"、"有鉴于此"等。

结尾用语,如"特此通知"、"特此函达"、"此复"、"为盼"等。

二、文言词汇保留多

应用文的语言虽然也随着时代的变化而发展和变革,但与文学语言相比较,它的变化速度相对缓慢,呈稳定发展态势。主要体现在:为了体现应用文庄重典雅的语言风格,应用文中仍然保留了一些文言词汇,如:"兹因"、"顷接"、"承蒙"、"奉"、"悉"、"经查"、"届期"、"兹就"、"如期"、"谢忱"、"此复"等。这些词汇不仅不会被淘汰,而且在语词的使用、位置的排放上基本固定,仍然显示出语言的生命力。

三、惯常运用专业术语

应用写作最大的特征就是应用性,故无法回避各行各业大量的业务用语。专业术语多是应用文语言区别于其他文章的重要特征,这就要求写作者熟悉业务,准确使用专业术语。如,仅就经济领域而言,就有资金、市场、投资、融资、信贷、利率、汇率、证券、债券、期货、权证、利润、税收、仓储、物流等。在应用文服务于不同行业时,不同行业的专业用语也就转化为应用文专用语。

四、频繁使用介宾结构

应用写作中,介宾词组运用的频率很高。例如,表示目的、手段的介词:"为了"、"为"、"按照";表示对象、范围的介词:"对"、"对于"、"关于";表示依据、方式的介词:"在"、"根据"、"遵照",等等。介宾词组在应用文的语言运用中,一般都充当状语或定语,并且连续运用,起限制、修饰作用,从目的、范围、对象、依据等各个方面对表述对象和内容进行限定,从而使其更加明确、严密。

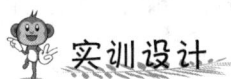

一、选择题(单选或多选)

1. 应用写作的主旨要求( )
   A. 客观、集中、明晰　　　　　B. 集中、明晰、多元
   C. 明晰、多元、深刻　　　　　D. 多元、新颖、深刻
2. 提出问题的依据,并对主旨加以表现和深化的是( )
   A. 分析　　　B. 归纳　　　C. 材料　　　D. 语言
3. 规定应用写作方向,构成文章内容核心的是( )
   A. 结构　　　B. 语言　　　C. 材料　　　D. 主旨
4. 应用写作主要运用( )的表达方式。
   A. 叙述、描写　　　　　　　　B. 抒情、议论
   C. 叙述、议论　　　　　　　　D. 议论、说明
5. 完整的叙述应包括( )
   A. 时间、地点　　　　　　　　B. 原因、结果
   C. 过程、引言　　　　　　　　D. 人物、事件
6. 应用写作在选择材料时应( )
   A. 围绕主旨选择材料　　　　　B. 选择典型、新颖的材料
   C. 选择客观、真实的材料　　　D. 选择符合写作者思想的材料

二、判断题

1. 方针政策是应用写作主旨确立的直接依据。( )
2. 应用文可以多事一文,多事一议。( )

3. 间接材料指的是阅读书报、检索资料,或由他人提供的第二手材料。(　　)
4. 应用文的材料是提出问题的依据和形成主旨的基础。(　　)
5. 典型材料就是具有代表性,能充分揭示事物本质的材料,可"以十当一"。(　　)
6. 应用文结构的安排,要围绕应用文的主旨去考虑。(　　)
7. 应用文即使缺少内在联系,只要注意外在衔接,上下文就不会断裂。(　　)
8. 应用写作的叙述方式主要是顺叙,注重事件的过程性特点。(　　)
9. 应用文语言使用现代汉语,不使用文言词语。(　　)
10. 专业术语多是应用文语言区别于其他文章的重要特征。(　　)

三、简答题

1. 应用写作主旨确立的方法有哪些?
2. 应用写作的材料选择要遵循哪些原则?
3. 谋划应用文的结构要注意哪些方面?
4. 应用写作的叙述要求有哪些?
5. 应用写作中说明的特点有哪些?
6. 应用写作的语言运用在外部形式上体现出哪些特征?

四、阅读评析题

1. 下面是一份《关于暑假安全保卫工作的安排》主体部分的 4 个段旨,请从应用文主旨确立的角度分析其存在的问题。
(1) 放假前,深入进行一次以防盗、防火为主要内容的安全宣传教育。
(2) 开展安全防范大检查,发现隐患,堵塞漏洞。
(3) 加强值班工作。
(4) 加强保卫干部的业务训练,不断提高队伍素质。
2. 阅读下列文字,从材料的选择方面分析其存在的问题。

××市 17 名党外人士担任区县政府领导职务

新当选的××市××区副区长今天对记者说:"我作为民主党派成员当选为副区长,感到责任十分重大。民主党派成员进入政府领导班子,是社会主义民主政治的新发展,也是对我们民主党派的一次考验。在今后任职的 3 年中,我要紧紧依靠党的领导,认真深入实际,听取群众呼声,扎扎实实把工作做好。"

王××,现年 53 岁,民盟××市委委员、民盟区工委主任,原××教育学院××分院高级教师。今年 3 月,当选为××市××区副区长,主管文化、卫生、体育、老龄委、计划生育等工作。

××区现有 1 位正区长,6 位副区长。其中 6 名中共党员,1 名民主党派成员。

据了解,××市自去年 10 月开始的 18 个区人大换届选举工作截至今年 3 月 6 日已全部结束。在 18 个区县中有 17 个区县政府选出了 17 名非中共人士担任副区县长职务,占 18 个区县正副区县长总数的 13.6%。在新当选的 17 名非中共人士副区县长中,民主党派成员 5 人,占 29.4%;无党派人士 12 人,占 70.6%;女同志 5 人,占 29.4%;平均年龄 50 岁。

据悉,××市十分重视举荐党外干部担任政府领导职务,市委组织部和统战部曾下发文件,提出了举荐非中共人士干部的条件。市委领导要求,对担任各级政府部门领导职务的党外干部要政治上信任、

工作上支持、生活上关怀,保证他们有职有责有权,并为他们创造学习、锻炼、提高的条件。

1987年××市各区、县政府换届时,党外区长只有5人。目前,全市共有党外局级以上干部23名,处级以上干部865人。其中,政府系统现有党外处级干部355人,比1988年的88人增长了近3倍。

3. 下面是一组关于我国大学生网络借贷消费行为调查的综述文字,请按正确的逻辑顺序排列成文。

(1) 由于入不敷出,大学生的消费欲望得不到满足,较有可能通过网络平台借贷消费。

(2) "会使用借贷消费"的大学生中,62.4%生活费"收不抵支",22.7%生活费"稍有盈余"(盈余金额在300元以内)。

(3) 月均可支配收入低于1 000元的大学生,生活费只能满足基本需要,还款能力较弱,通常会慎重借贷消费。

(4) 使用网络借贷消费的大学生多数为收支不平衡类型。

(5) 而月均可支配收入超过2 000元的大学生,大部分能够满足自身消费需求,通过网络借贷消费的必要性不高。

(6) 我们进一步分析发现,"会使用借贷消费"的大学生中,月均可支配收入在1 000~2 000元之间的占73.3%,高于2 000元的占17.9%。

(7) 卡方检验分析结果显示,不同收支情况的大学生在借贷消费上存在显著差异($p<0.05$)。

五、情景写作题

1. 下面这个材料是对一件打架事件的叙述,节选自一篇处分决定。在处分决定中,对被处理事件采用了烦琐叙述,显然不恰当,请将其压缩至150字左右。

20××年8月21日,蒋未经领导同意,从工地拿回材料,在陈的宿舍的窗子附近搭起煮小锅、小灶的棚子,烧火时烟进入陈屋内,陈趁蒋不在时,就用钳子把捆棚子的铁线剪了,铁线剪后,棚子就垮了。当晚蒋见棚子被人拆垮就破口大骂,在骂的同时就往陈的窗口走去。这时陈也把窗子推开搭腔说:"是我剪的!"蒋问:"你为啥子给我剪了,你有劲为啥子做活时装死,劳动不积极,扛石头只扛二两重,你拆我明天还搭起。"陈说:"你明天搭起我还要给你拆了。"蒋说:"你敢!"说的同时,就用拳头砸陈的箱子,这时陈就用力推蒋一下,蒋顺手把挂在墙上的筷筒向陈砸去,当即打在陈的手上,并把陈的蚊帐砸破了。就这样两人就扭抱在一起厮打了。在吵闹扭打过程中,在场的罗××等人给予劝阻,两人都不听。罗××怕事态扩大,产生严重后果,便上前劝阻拉架。陈不但不听反而用拳头狠狠打罗××的头部、胸部等处,当即就打得罗××出血不止,还呕吐,经卫生所急救止血处理后,基本脱离了危险。

2. 恰当使用应用文专业词语和文言词语,改写下列语段,使之更简练、庄重。

(1) 刚才接到你公司发来的传真,要求我工厂把本月生产的全部产品火速发运到广州。对于这个要求,我们厂有以下一些困难,实在难以按照你们的要求办理。

(2) 我们以上报告的事情和处理意见,如果没有什么不妥当的地方,就请领导批示后,转发给各个市、县人民政府,各地区行政公署以及同这件事有关的各个部门,按照报告中所提出的处理意见执行。

(3) 通过8月5日的来信,我们已经知道考察团将要到我们市访问的消息,你们要求的各项工作已经全部准备好了,殷切希望你们告诉我们考察团到我们市的具体时间。

第二章 党政公文知识

本章导读

党政公文是指党政机关实施领导、履行职能、处理公务的具有特定效力和规范体式的文书。共有15种：决议、决定、命令(令)、公报、公告、通告、意见、通知、通报、报告、请示、批复、议案、函、纪要。

本章根据中共中央办公厅最新发布的《党政机关公文处理工作条例》(中办发〔2012〕14号)撰写，主要介绍党政公文的文体概况、体式规范、行文规则、行文流程等知识。

对学习者来说，正确认识党政公文的性质与特点，娴熟把握党政公文的体式规范，准确运用党政公文的行文规则，全面了解党政公文的行文流程，对今后的职业活动至关重要，它是撰写规范公文的基础。

第一节 党政公文的文体述要

一、党政公文的性质

根据中共中央办公厅和国务院办公厅2012年联合印发、自2012年7月1日起施行的《党政机关公文处理工作条例》(中办发〔2012〕14号)(以下简称《条例》)的第三条，党政公文就是指党政机关实施领导、履行职能、处理公务的具有特定效力和规范体式的文书。它是传达贯彻党和国家方针政策，公布法规和规章，指导、布置和商洽工作，请示和答复问题，报告、通报和交流情况等的重要工具。这里科学地阐明了党政公文的本质属性与主要作用。

由于各级党政机关使用公文时的权威性、规范化、制度化和科学化，党政公文在社会实践中自然成为公务文书的标准范式，党政公文的写作规范与运转流程实际上已被各类社会组织、人民团体、企事业单位在普通公文的写作和使用中参照执行。党政公文是党和国家管理党政公务的一种工具，也是各机关、各单位和社会团体之间进行公务交往的重要工具。

二、党政公文的特点

党政公文与其他文体相比，有其独特之处，主要表现如下。

（一）作者的法定性

党政公文是由法定的作者制作和发布的。所谓"法定作者"，主要是指依法成立并能以自己的名义行使权力和承担义务的组织。党政公文的作者一般来说有两种：一种是指合法存在的党政机关、社会团体和企事业单位。它们都是依据法律、条例、章程、决定等建立和合法存在的，都是法定作者。另一种是指法定机关的法定领导人。如命令（令）等也以机关领导人的名义发布，但这不是领导人的个人行为，而是其所代表的机关的行为。至于按照单位内部分工从事公文撰拟的人员，不能视为公文的法定作者，只是单位或单位领导的代笔人。

（二）功能的权威性

党政公文是国家的管理工具，是机关单位的"喉舌"，代表机关单位立言，传达制发机关的决策意图，具有制发机关的法定权威。它在法定的时间和空间范围内，能对受文对象的行为产生强制性影响。公文要求"令行禁止"，一经正式发布，就对其适用范围内的机关、团体和个人起规范和约束作用。如不予贯彻执行，违背公文规定的法规、政策、办法、措施等，就意味着不服从国家的管理，轻者将受批评处分，重者甚至会受法律制裁。

（三）体式的规范性

党政公文体式的规范性，是指文体格式的规范和要求。这种规范和要求，是为了适应现代管理工作的需要，提高党政公文的处理效率而建立健全的党政机关公文格式系统。新《条例》列有"公文格式"专章，对公文的格式要素及其写作要求做了明确规定，国家质量监督检验检疫总局发布的《党政机关公文格式》颁布了党政公文的国家标准。这些规定和要求，在撰写和办理党政公文时必须严格遵守，不能自行其是。党政公文具有法定的统一体式，是其区别于其他文体的一个显著标志。

三、党政公文的分类

根据《条例》第八条之规定，党政公文有以下15种：决议、决定、命令（令）、公报、公告、通告、意见、通知、通报、报告、请示、批复、议案、函、纪要。

根据不同的标准，党政公文可以有不同的分类方法。其中最主要的是按行文关系和性质作用划分。

（一）按行文关系划分

可分为上行文、下行文和平行文。

上行文是指下级机关向所属上级机关发送的公文，如请示、报告、议案等。

下行文是指上级机关向所属下级机关所发的公文，如命令、决定、批复等。

平行文是指不相隶属机关之间往来的公文，如函。

（二）按性质作用划分

可分为知照性公文、报请性公文、指挥性公文和沟通性公文。

知照性公文是向有关对象告知某些事项、传递某种信息或应当遵守的事项使用的公文。如公告、公报、通告等。

报请性公文是下级机关向上级机关汇报工作、反映情况或请示问题的公文。如报告、请示等。

指挥性公文是上级机关表明决策意图,以领导或指挥下级机关和有关人员行动的公文。如命令、决定等。

沟通性公文是与有关单位或在单位内部沟通情况、交流信息或交换意见的公文。如函、意见等。

第二节 党政公文的体式规范

公文的体式,是公文的整体布局、外观形式,具体包括公文各个组成部分的排列顺序、位置和标注等程式。严格按照规范体式拟制公文,是保证公文质量,提高办事效率,便于处理和存档的需要。党政公文的体式一般包括公文的文面格式和公文的排版形式两个方面。

一、公文的文面格式

公文的文面格式,是指构成公文的结构要素及其在文面上所处的位置和书写要求。根据《党政机关公文处理工作条例》规定,党政公文一般由份号、密级和保密期限、紧急程度、发文机关标志、发文字号、签发人、标题、主送机关、正文、附件说明、发文机关署名、成文日期、印章、附注、附件、抄送机关、印发机关和印发日期、页码等组成。

公文文面格式的各要素可划分为版头、主体、版记三大部分。公文首页红色分隔线以上的部分称为版头;公文首页红色分隔线以下(不含)至公文末页首条分隔线(不含)以上的部分称为主体;公文末页首条分隔线以下的部分称为版记。页码位于版心之外。

(一)版头

版头由公文份号、密级和保密期限、紧急程度、发文机关标志、发文字号、签发人六个要素构成。位于公文首页上方,占三分之一的位置。

1. 份号

这是指公文印制的份数序号,即将同一公文印制若干份时每份公文的顺序编号。涉密公文应当标注份号,一般用6位阿拉伯数字顶格标志在版心左上角第一行。

2. 密级和保密期限

密级是公文保密程度的一种标志。国家规定,保密文件分为秘密、机密、绝密三级。密级不同,文件发放、传达、阅读的范围也就不同。涉密公文应当在版头左上角第二行顶格标注密级和保密期限,二者之间用"★"隔开,保密期限用阿拉伯数字标注。

3. 紧急程度

这是对公文送达和办理的时限要求。党政公文的紧急程度分为"特急"、"急件"两种。如需标注紧急程度,应顶格编排在版心左上角、密级和保密期限下方位置。

4. 发文机关标志

这是表明公文的作者,由发文机关全称或规范化简称后加"文件"组成,特定格式可不

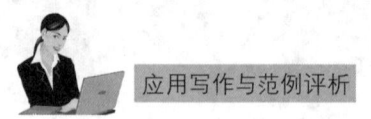

用"文件"二字。居中排布,套红印刷。联合行文时一般应遵循党、政、军、团的顺序;如是同一系统内的平级机关,则主办机关排列在前,"文件"置于发文机关右侧,上下居中排布。

5. 发文字号

这是发文机关按照发文顺序编排的顺序号。公文拟定发文字号的作用有两点:一是统计发文数量,便于文书管理;二是在查找和引用文件时可以作为文件的代号使用。发文字号由机关代字、年份和序号组成。机关代字应是该机关名称中最具特征、最精练、最集中的概括。年份、序号用阿拉伯数字标注;年份标全称,用六角括号"〔〕"括入,序号不加"第"字,不编虚位(即1不编为01)。发文字号居中编排在发文机关标志下方空一行位置。如是联合行文,只标明主办机关的发文字号。发文字号之下4 mm处印一条与版心等宽的红色分隔线。

6. 签发人

这是指代表机关最后审核并批准公文向外发出的领导人姓名,其作用在于对公文的制发和内容负责。签发人只适用于上行文,其书写位置平行排列于发文字号右侧。发文字号左移,居左空一字,签发人姓名居右空一字。如有多个签发人,签发人姓名按照发文机关的排列顺序自上而下依次均匀编排,一般每行排两个姓名,回行时与上一行第一个签发人对齐。

(二) 主体

主体是公文的主要写作部分,由标题、主送机关、正文、附件说明、发文机关署名、成文日期、印章、附注组成。

1. 标题

标题是公文的眉目,在红色分隔线下空二行位置,分一行或多行居中排列。公文标题一般由发文机关、事由和文种三要素构成。事由必须简明扼要地概括公文的主要内容,用介词结构"关于……的"进行表述。文种要根据行文目的、行文关系和内容需要准确选择。标题中除法规、规章名称加书名号外,一般不用标点符号。在具体写作中,根据实际情况的需要,公文标题的组成内容还可用省略式,即除文种外,可根据行文情况省略其中一两项。

2. 主送机关

指公文的主要受理机关,即要求主办或答复事项的单位。要求使用全称、规范化简称或同类型机关统称。位于标题之下居左顶格位置,最后一个机关名称后加冒号。上行文一般只有一个主送机关,不可多头主送,如需同时报送另一上级机关,可用抄送形式。

3. 正文

这是公文的核心部分,反映公文的具体内容,传达发文机关的行文意图。不同文种的正文写法、要求不同,总的要求是:符合党和国家的法规、政策,有的放矢,逻辑严密,文字简练。

4. 附件说明

包括公文附件的顺序号和名称。公文如有附件,在正文下空一行左空二字标注"附件",后标全角冒号和附件名称。如有多个附件,使用阿拉伯数字标注附件顺序号;附件名称后不加标点符号;附件名称较长需回行时,应与上一行附件名称的首字对齐。

5. 发文机关署名

公文要署发文机关全称或规范化简称。单一机关行文时,一般在成文日期之上,以成文日期为准居中编排;联合行文时,应当先编排主办机关署名,其余发文机关署名依次向后编排。

6. 成文日期

署会议通过或者发文机关负责人签发的日期。联合行文时,署最后签发机关负责人签发的日期。成文日期一般标注在发文机关署名之下,用阿拉伯数字标全年、月、日,月、日不编虚位。有些正式会议通过的文件(如决议),成文日期则写在标题之下。成文日期一般右空四字编排,如成文日期长于发文机关署名,则右空二字编排。

7. 印章

印章是机关职权的象征,是公文生效的标志。印章应端正、居中下压发文机关署名和成文日期,使其位于印章中心偏下位置,印章顶端应距正文(或附件说明)一行之内。印章与正文必须同处一页,不得采取标志"此页无正文"的方式处理。

8. 附注

附注一般是对公文的印发传达范围、使用时需要注意的事项等情况的说明。例如"此件发至县团级"、"此件可登报"等。公文如有附注,居左空两字并加圆括号编排于成文日期下一行。

9. 附件

附件是指公文正文的说明、补充或者参考资料。附件应当另面编排,并在版记之前,与公文正文一起装订。"附件"二字及附件顺序号顶格编排在版心左上角第一行。附件标题居中编排在版心第三行。附件顺序号和附件标题应当与附件说明的表述一致。附件一般应与正文一起装订,如附件与正文不能一起装订,应当在附件左上角第一行顶格编排公文的发文字号并在其后标注"附件"二字及附件顺序号。

(三) 版记

版记包括抄送机关、印发机关和印发日期。

1. 抄送机关

这是指除主送机关外需要执行或知晓公文内容的其他机关。应当使用机关全称或规范化简称,位置在印发机关和印发日期上一行,左空一字标注"抄送",后标冒号和抄送机关名称,回行时与冒号后的首字对齐,最后一个抄送机关名称后加句号。

2. 印发机关和印发日期

印发机关指负责制发公文的办公部门,印发日期指公文印制的时间。位置在抄送机关之下,印发机关左空一字,印发日期右空一字,用阿拉伯数字标全年、月、日,后加"印发"二字。

版记部分各要素要加印与版心等宽的分隔线,首条分隔线和末条分隔线用粗线,中间的分隔线用细线。首条分隔线位于版记中第一个要素之上,末条分隔线与公文最后一面的版心下边缘重合。

(四)页码

页码是指公文页数顺序号。用阿拉伯数字编排在公文版心下边缘之下,数字左右各放一条一字线,单页码居右空一字,双页码居左空一字。公文的附件与正文一起装订时,页码应当连续编排。

二、公文版式示意图

公文版式,是指公文的结构要素在公文版面上的标印格式,即公文的外观形式,包括版头设计、版面安排、字体字号、字行字距、天地页边、用纸规格等。

国家质量监督检验检疫总局2012年6月发布的《党政机关公文格式》对公文用纸幅面及版面要求、公文格式各要素编排规则等进行了具体规定,现将公文用纸页边及版心尺寸以及党政公文的版式予以图示。

如无特殊说明,公文格式各要素一般用3号仿宋体字。特定情况可以作适当调整。

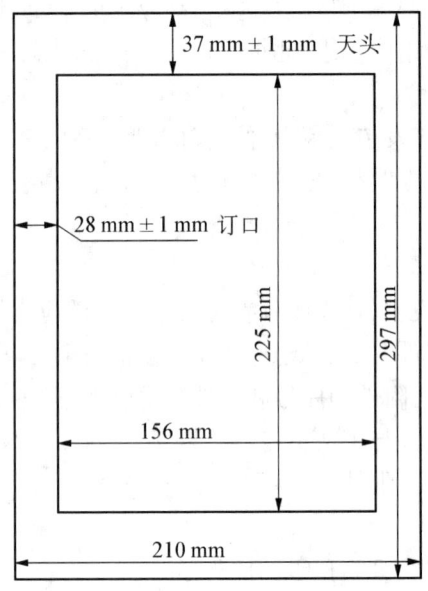

图1　A4型公文用纸页边及版心尺寸

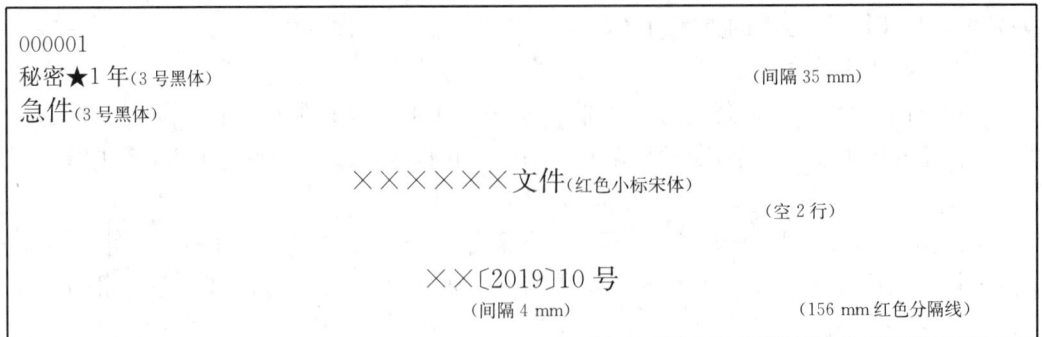

```
                                        （空 2 行）
         ××××关于××××的通知  （2 号小标宋体）
                                        （空 1 行）
××××：
  □□××××××××××××××××××××××××××××
×××××。（正文，每行最多 28 个字，下同）
  □□一、××××（一级小标题，3 号黑体）
  □□（一）××××（二级小标题，3 号楷体）
  □□1.××××（三级小标题）
  □□（1）××××（四级小标题）
  □□……（正文）
                                        （空 1 行）
  □□附件：1.×××××××制度
         2.×××××××名单


                                        （空 1 行）
                              （印章）
                              ×××××
                            2019 年 9 月 1 日□□□□

□□（此件发至县团级）
                                          － 1 －□
```

图 2　公文首页版式

```
附件 2（3 号黑体）
                                        （空 3 行）
         ×××××××名单（2 号小标宋体）
                                        （空 1 行）
□□××××××××××××××××××××××××××××
××××××××××××××××××××××××××××××。（正文，
每行最多 28 个字）



                                  （156 mm 黑色分隔线，下同）
□抄送：×××，×××，×××。（4 号仿宋体，下同）
□×××××办公室            2019 年 9 月 1 日印发□
□－ 4 －
```

图 3　公文末页版式

三、公文的特定格式

公文的特定格式指文件标准格式以外的公文格式，包括信函格式、命令格式、纪要格

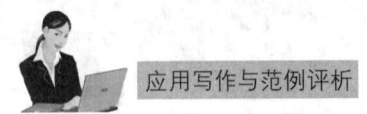

式三种,它们在公文处理实践中普遍使用,有其特定的作用。采用这种特定格式印制的公文与通常文件格式印制的公文其作用与效力是相同的,只是表现形式有所不同。

(一)信函格式

发文机关标志使用发文机关全称或者规范化简称,居中排布,上边缘至上页边为30 mm,推荐使用红色小标宋体字。联合行文时,使用主办机关标志。

发文机关标志下 4 mm 处印一条红色双线(上粗下细),距下页边 20 mm 处印一条红色双线(上细下粗),线长均为 170 mm,居中排布。

如需标注份号、密级和保密期限、紧急程度,应当顶格居版心左边缘编排在第一条红色双线下,按照份号、密级和保密期限、紧急程度的顺序自上而下分行排列,第一个要素与该线的距离为 3 号汉字高度的 7/8。

发文字号顶格居版心右边缘编排在第一条红色双线下,与该线的距离为 3 号汉字高度的 7/8。

标题居中编排,与其上最后一个要素相距二行。

第二条红色双线上一行如有文字,与该线的距离为 3 号汉字高度的 7/8。

首页不显示页码。

版记不加印发机关和印发日期、分隔线,位于公文最后一面版心内最下方。

(二)命令(令)格式

发文机关标志由发文机关全称加"命令"或"令"字组成,居中排布,上边缘至版心上边缘为 20 mm,推荐使用红色小标宋体字。

发文机关标志下空二行居中编排令号,令号下空二行编排正文。

(三)纪要格式

纪要标志由"××××纪要"组成,居中排布,上边缘至版心上边缘为 35 mm,推荐使用红色小标宋体字。

标注出席人员名单,一般用 3 号黑体字,在正文或附件说明下空一行左空二字编排"出席"二字,后标全角冒号,冒号后用 3 号仿宋体字标注出席人单位、姓名,回行时与冒号后的首字对齐。

标注请假和列席人员名单,除依次另起一行并将"出席"二字改为"请假"或"列席"外,编排方法同出席人员名单。

纪要格式可以根据实际制定。

第三节 党政公文的行文规则

行文规则是指公文撰制过程中必须遵循的规定和准则,涉及行文依据、行文对象、行文方式等方面。行文规则规范着各机关单位的行文行为,旨在确保公文有序、准确、高效地运行,顺利实现公文的效用。

一、行文依据

公文写作是围绕着组织职能活动而进行的,是组织行为的规范表达和真实记录,因此,制发公文必须始终服务于公务活动的需要,围绕行文主体的职责权限以及组织间的工作关系正确行文。

(一)依据公务需求行文

公文写作具有极强的现实应用性和目的性,必须依据各项管理活动的需求来进行写作。因此,公文制发必须坚持"确有必要、讲求实效"的原则。首先,制发公文必须根据公务活动的现实需求,坚持行文的必要性,可发可不发的公文坚决不发,要适度控制公文数量,树立良好文风,避免事事行文、滥发公文。其次,制发公文必须注重实效,切实解决实际问题。要注重针对性、指导性和可操作性,分析问题要切中要害,所提建议要切实可行,尽量减少对重要性或意义的一般性论述。要文风简练,意尽文止。

(二)依据职责权限行文

行文主体在自身的职权范围内要依职行文,即制发公文必须符合自身的职权、地位和身份,不得超越权限发布公文。一个组织的内设机构,除了办公厅(室)外不得对外正式行文。以党政系统为例。党委、政府的办公厅(室)根据本级党委、政府授权,可以向下级党委、政府行文,其他部门和单位不得向下级党委、政府发布指令性公文或者在公文中向下级党委、政府提出指令性要求。需经政府审批的具体事项,经政府同意可由政府职能部门行文,文中需注明已经政府同意。党委、政府的部门依据职权可以相互行文。涉及多个部门职权范围内的事务,部门之间未协商一致的,不得向下行文。

(三)依据工作关系行文

任何组织在社会环境中存在和发展,都离不开与其他各类组织的相互交往和联系,相互之间便产生了一定的工作关系。工作关系不同,行文关系和行文方向便不同。现实社会中,不同组织之间的工作关系概括起来有四种类型:一是领导与被领导关系,即处于同一组织系统的上级单位与下级单位之间的工作关系;二是指导与被指导关系,即处于同一专业系统的上级业务主管单位与下级业务主管单位之间的工作关系;三是平级关系,即处于同一组织系统或同一专业系统中的同级单位之间的工作关系;四是不相隶属关系,即不处于同一组织系统或同一专业系统的组织之间的工作关系。以上这四种情况的组织之间,根据工作需要往来公文,就构成了一定的行文关系。前两种情况的组织之间相互行文必须使用上行文或下行文;后两种情况的组织之间相互行文则应使用平行文。

二、行文对象

公文的行文对象可分为主送机关和抄送机关。为了避免公文传递的主观随意性和非程序性,要求发文机关必须结合组织的隶属关系、职权范围以及公文的性质和内容等多方面因素,严格确定公文主送对象和抄送对象,以保证公文有条不紊地高效运转。

（一）主送机关

公文写作中选择主送机关应遵循下列规则：一是公文应主送主办机关，一般不主送单位负责人个人。除上级组织的领导人直接交办的事项外，不得以本机关名义向上级机关负责人报送公文。二是请示、报告等上行公文应避免"多头主送"，只能向一个上级机关行文。三是党政组织互不主送公文。选择主送机关时，应坚持党政分开行文的原则，避免党政部门之间直接主送报请类、指挥类公文，以保证各类组织行文的有序性与规范性。

（二）抄送机关

抄送机关应根据公文发送范围和实际需要来确定，不得随意选择和扩大抄送对象的范围。通常，可以作为抄送对象的有下列机关：除主送机关外，需要知悉或执行公文内容的其他机关；需要协助主办单位办理公文的相关机关；向下级机关发布的重要公文，应同时抄送其直接的上级机关；特殊情况下的越级请示，应当抄送被越过的上级机关；受双重领导的下级机关向其中一个领导机关主送公文时，应将另一个领导机关作为抄送机关。确定抄送机关时应注意抄送机关与发文机关的级别、职权相适应，凡与公文办理无关的机关不应作为抄送机关。向上级机关行文时，不得抄送下级机关。

三、行文方式

行文方式是指公文传递、运行的方式。为了保证公文迅速、准确、安全地传递并尽快发挥效用，应当根据工作需要、工作关系，选择恰当的行文方式。

（一）逐级行文

逐级行文是指按组织结构层次逐级上传、下达公文。为了维护组织系统运行的层级结构，维护组织管理的总体效能，同一系统的上下层级间行文应以逐级行文为主。同一系统中的上行文、下行文都以此为主要行文方式。

（二）多级行文

多级行文是指将公文同时发送给上几级或下几级机关，甚至直达基层组织与人民群众。这种行文方式可迅速传递公文信息，减少逐级转发公文的时耗和信息失真的机会，多用于不容许做任何变通和发挥的下行文。如国务院为了将有关文件的精神迅速传递到各级政府，可以同时将公文下发至县级以上各级地方政府。

（三）越级行文

越级行文是指越过自己的直接上一级或直接下一级机关直接向其他上级或下级机关行文。实际工作中，党政机关、企事业单位等机构一般情况下应当坚持逐级行文。但是，如遇特殊情况，也可越级行文。如：情况特殊紧急，逐级上报下达会延误时机造成重大损失的；经多次请示直接上级，问题长期未得到解决的；上级交办并指定越级上报某些事项的等。

（四）联合行文

联合行文是指处于同等地位的两个或两个以上机关共同发布公文。联合行文必须满足两个条件：其一，联合行文的组织应是"同级"组织，即行政层级相同或相当的平级机构或者不相隶属机构。其二，联合行文应遵循协商一致的原则，即联合行文前，应明确主办部门，各部门须就有关行文内容协商一致后方可行文。

第四节 党政公文的行文流程

公文的行文流程是指以本机关名义制发公文的整个运行过程。具体包括以下几个环节：拟稿、审核与签发；核发、缮印与校对；用印、登记与分发。

一、拟稿、审核与签发

（一）拟稿

拟稿是公文承办人员根据领导交拟或批办的意见草拟文稿的过程。公文拟稿要符合国家的法律法规和党的路线方针政策，完整准确体现发文机关意图，并同现行有关公文相衔接；要深入调查研究，充分进行论证，广泛听取意见；一切从实际出发，分析问题实事求是，所提政策措施和办法切实可行；内容简洁，主旨突出，观点鲜明，结构严谨，表述准确，文字精练，文种正确，格式规范。公文涉及其他部门职权范围事项的，必须征求相关部门意见，力求达成一致。

（二）审核

审核是指公文的草稿在送交机关领导人审批签发以前，对公文的内容、体式进行的全面核查。在机关日常工作中，公文的审核一般由机关秘书部门负责人或者指定富有经验的、具有较高水平的秘书人员负责进行，这是一项确保公文质量的把关工作。同时，通过核稿，又可以节省机关领导人在审阅和修改公文时所花费的时间和精力。公文的审核应按公文撰拟的要求进行，审核的重点是：是否需要行文，公文内容、文字表述、文种使用、文面格式等是否符合有关规定。

（三）签发

签发是指机关负责人对文稿的最后审批。公文的草稿经签发后即为公文的定稿，公文就可据以生效。在公文的签发环节，凡属一般业务、事务性工作的公文，可由机关分管该项工作的负责人或授权办公部门负责人签发，重要性质的公文和上行文应当由本机关主要负责人签发。联合发文由所有联署机关的负责人会签。

二、核发、缮印与校对

（一）核发

核发是指在公文正式印发之前，对经领导人签发的文稿进行复核并确定发文字号、分送单位和印制份数的一项工作。公文的核发由办公室分管公文工作的负责人进行。核发的内容与要求是：文稿是否按规定程序报请有关领导人审批；编排发文字号；对需要标明密级、紧急程度的公文进行标注；确定分送单位和印制份数。经核发的文稿即可印制发出，如需作涉及内容的实质性修改，须报请原审批领导人复审后印发。

（二）缮印

缮印是指对已经核发的公文定稿进行排版印制。缮印公文要注意以下几个问题：忠于原稿,不允许随意改动原稿的文字、标点、符号、文面格式以及调换层次、段落;文字准确无误,设计美观大方,页面整洁清晰,字体大小得当,标题居中醒目,排列疏密相宜,符合格式要求,便于阅读办理;不要出现末页无正文的现象。保密公文要有专人负责并在符合保密要求的场所印制。对印制公文的底版、废页、清样要及时监销,防止发生失密现象。

(三)校对

校对是指将公文的誊写稿、打印稿清样与经领导签发的原稿核对校正,以修改和消除书写、排字上的错误。校对是对文件质量的最后一次检查,是一件非常细致的工作。要求杜绝差错,切实保证文字准确,格式规范,切忌一目十行,粗枝大叶。所有缮印的公文都必须经过严格的校对才能付印。

三、用印、登记与分发

(一)用印

用印是指在印制好的文件上加盖机关印章。机关印章是机关行使职权的凭证,是公文有效性的重要标志,也是公文格式的组成部分。公文用印要端正、清晰,不得模糊、歪倒。盖印的位置要正确,要端正地盖在成文日期上方,做到上不压正文,下骑年盖月,以显得洁净、庄严。如是联合发文,各机关部门都要加印。公文用印要核实份数,超过份数的不能盖印。

(二)登记

一切发出的文件,均应进行登记。发文登记的作用主要是为了便于对文件的管理和查找等。发文登记一般采用簿册式登记的形式,每年一本,便于保存,也便于查找。

(三)分发

分发是指对准备发出的文件进行分装和发送。文件装封后应及时发送,发送的方式可按文件的性质分别采用专人传递、邮寄和机要交通传递。其中涉密公文应当通过机要交通、邮政机要通信、城市机要文件交换站或者收发件机关机要收发人员进行传递,通过密码电报或者符合国家保密规定的计算机信息系统进行传输。邮寄重要的文件应有回执单,通讯员送递的应有收件人签收。

一、选择题(单选或多选)

1. 我国现行法定的党政公文种类有( )
   A. 13 种   B. 14 种
   C. 15 种   D. 18 种

2. 下列公文发文字号中正确的标识是( )
   A. 通政发〔2016〕第 5 号   B. 通政发〔2016〕5 号
   C. 通政发〔2016〕05 号   D. 通政发(2016)5 号

3. 公文附件的标注位置是（　　）
   A. 正文之后，发文机关之前　　B. 成文时间后，抄送机关前
   C. 印发机关和印发日期之后　　D. 随文叙述时标注
4. 给不相隶属的机关发文，从行文方向上说，（　　）
   A. 只能够是上行文　　B. 只能够是下行文
   C. 只能够是平行文　　D. 是上行文或平行文
5. 可为检索和引用该文件提供专指性代号，为统计和管理公文提供方便的是（　　）
   A. 公文份号　　B. 发文字号
   C. 公文主题　　D. 公文标题
6. 公文的成文日期通常指（　　）
   A. 草拟公文文稿的日期　　B. 办公室的审核日期
   C. 公文印制完毕的日期　　D. 领导人签发文稿的日期
7. 公文用纸采用（　　）型。
   A. A3　　B. A4　　C. B5　　D. 16开
8. 应标识签发人姓名的文件一般是（　　）
   A. 重要的请示　　B. 重要的通报
   C. 重要的会议文件　　D. 重要的决定
9. 行文规则是（　　）
   A. 公文管理的规则　　B. 公文传递运行的规则
   C. 公文撰制的规则　　D. 公文发文的规则
10. 公文版头的所有要素中，属于必备要素的是（　　）
    A. 份号　　B. 发文机关标志
    C. 签发人　　D. 发文字号
11. 写主送机关应当使用（　　）
    A. 主送机关的全称　　B. 主送机关的规范化简称
    C. 同类机关的统称　　D. 约定俗成的称谓
12. 根据《党政机关公文处理工作条例》的规定，成文日期（　　）
    A. 必须写年月日全称　　B. 必须用小写汉字书写
    C. 必须用阿拉伯数字书写　　D. 可灵活使用
13. 联合行文时，应当遵循的原则是（　　）
    A. 机关级别相同　　B. 主办机关放在首位
    C. 标注主办机关发文字号　　D. 隶属关系
14. 越级行文必须是（　　）
    A. 遇有重大突发事件，主要是为了抢时间
    B. 同时抄送被越过的机关
    C. 直接上级机关乱作为或者违法违纪的
    D. 对处分决定不服的

二、判断题

1. 具有法定的统一体式是党政公文区别于其他文体的一个显著标志。（　　）
2. 公文标题中除法规、规章名称加书名号外，一般不用标点符号。（　　）

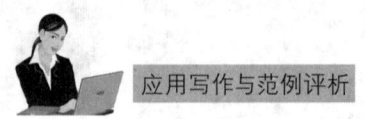

3. 附件属于公文的主体部分,附注属于公文的版记部分。( )
4. 公文的生效日期就是公文的印发日期。( )
5. 各级机关一般不得越级请示,特殊情况须越级请示时,可不抄送被越过的机关。( )
6. 联合行文的发文字号应该并排写在一起。( )
7. 单位的内设机构包括办公厅(室)不得对外正式行文。( )
8. 向下级机关发布的重要公文,应同时抄送其直接的上级机关。( )
9. 联合发文由所有联署机关的负责人会签。( )
10. 上行文就是下级机关向其所属的上级机关发送的公文。( )
11. 无论是上行文还是下行文都必须标识签发人姓名。( )
12. 核发是指机关负责人对文稿的最后审批。( )

三、简答题

1. 《党政机关公文处理工作条例》规定的公文种类有哪些?
2. 党政公文的特点有哪些?
3. 公文格式的版头部分有哪些要素?
4. 公文格式主体部分有哪些要素?
5. 公文的行文依据有哪些?
6. 不同组织之间的工作关系有哪几种类型?

四、阅读评析题

根据党政机关公文的格式要求,指出下列公文存在的问题。

××市水利局文件

×市水发(2019)08 号　　　　　　　　　　　　　　　　签发人:×××

××市水利局转发省水利厅《关于开展××省水土保持规划工作的通知》

各县(市)、区水利局:

　　现将××省水利厅《关于开展××省水土保持规划工作的通知》转发给你们,请按文件及"大纲"的要求认真落实。现将具体事宜通知如下:

　　一、规划一律按"大纲"要求统一布置,以县(市)、区为单位按侵蚀类型区分别调查、统计、分析、汇总,同步完成各县(市)、区规划。

　　二、……(略)

　　附件:(1)××市水土保持规划领导小组成员名单。
　　　　　(2)××市水土保持规划技术工作组成员名单。

　　　　　　　　　　　　　　　　　　　　　　　　　　　　××市水利局(印)
　　　　　　　　　　　　　　　　　　　　　　　　　　　　二○一九年七月十三日

××市水利局　　　　　　　　　　　　　　　　　　　　　2019 年 7 月 13 日

五、情景写作题

1. 按照公文标题的写法,分别为下面几篇公文补写一个标题。

标题:＿＿＿＿＿＿＿＿＿＿＿＿＿＿＿＿＿＿＿＿＿＿＿＿＿＿＿＿＿＿＿＿

各地、市卫生局,四所医学院及附属分院,厅直属有关单位:

　　为了贯彻《中共中央关于科技体制改革的决定》的精神和省委、省政府及卫计委关于贯彻《决定》的意见,结合我省医学科技工作的特点,进一步落实改革意见,定于3月20日在××市召开全省卫生科技工作会议,现将会议有关事项通知如下:(略)

××省卫生厅

20××年×月×日

标题:＿＿＿＿＿＿＿＿＿＿＿＿＿＿＿＿＿＿＿＿＿＿＿＿＿＿＿＿＿＿＿＿

××经管会:

　　根据计量管理及统计要求,热量的法定计量单位为"焦",为了使用上的规范并且使之能够真正反映热量值,建议计价时采用"百万千焦"作为蒸汽计价单位。

　　妥否,请批示。

××公司

××××年×月×日

2. 根据下列内容,制作一份格式规范的公文。

　　为了认真总结过去一年的宣传工作,部署2019年全院宣传思想工作,学院决定在2019年4月8日上午9:00在院第一会议室召开会议。学院领导及各院(系)、部门负责人参加。

第三章　知照性公文

本章导读

知照性公文是向有关对象告知某些事项、传递某种信息或应当遵守的事项使用的公文。公告、公报、通告、通知、通报属于此类。

这类公文的共同特点是知照性,以发布、宣传、告知有关信息为主要目的,有时也要求遵照执行。其中,公告、公报、通告具有周知性质。不同的是,公告、公报由高层机关发布,所涉及的内容都是党内外、国内外普遍关注的重要事项;而通告的制发机关不受级别高低的限制,而且多就某一地区或某一事项而发布。相较于通告,公告、公报内容的重要性更强,公开程度更高。通知、通报一般用于下行传达事项,通知侧重于安排部署工作,通报侧重于传达重要精神和情况。

通过本章学习,学习者要熟悉这5种公文的文体属性,分清公告与公报、公告与通告、通知与通报的区别,掌握此类公文(重点是通知、通报、通告)的写作方法,能写出合乎规范的知照性公文。

第一节　公　告

一、文种述要

(一)概念

公告适用于向国内外宣布重要事项或者法定事项。

所谓"重要事项",是指国内外普遍关注的重大决策、重要事件、重要活动,以及需要国内外周知的其他事项;所谓"法定事项",是指依照法律、法规规定的程序、内容和方式等向国内外公开宣布的重要事项或情况。

(二)特点

1. 发布事项重大

公告所发布的都是国内外极为关注的重要事项,或者依法必须向社会公布的法定事项,其内容重大,庄重严肃,体现着国家权力机关的威严。

2. 发文主体限定

由于公告的发布内容重大,故其发文主体有级别限制,一般限于国家机构的高层机关及其职能部门的范围内。如全国人大及其常委会,国务院及其所属职能部门,各省、自治区、直辖市行政机关,某些法定机关(如人民检察院、人民法院、人民银行、海关等),以及某些被授权的部门(如新华社等)。

3. 发布范围广泛

公告是向国内外发布重要事项和法定事项的公文,其告知范围相当广泛。它一般不用红头文件的形式下发,而往往借助报刊、广播、电视、网络等媒体公开发布。

(三)种类

根据内容性质的不同,公告可分为两大类:

1. 重要事项公告

这类公告用来宣布有关国家政治、经济、军事、科技、教育、人事、外交等方面的重要事项。如公布国家领导机构的选举结果,宣布党和国家主要领导人的出访,公布重要人士逝世的消息,公布重大的科技成果和其他重大事项等。

2. 法定事项公告

这类公告主要用于发布国家有关法律、法令和行政法规,或由司法机关依照有关规定发布一些重要事项等。

二、写作结构

(一)标题

公告的标题一般有四种组成方式:

一是发文机关+事由+文种,如《中国人民银行关于国家货币出入境限额的公告》。

二是发文机关+文种,如《中华人民共和国商务部公告》。

三是事由+文种,如《关于跨境人民币直接投资有关问题的公告》。

四是只写文种,即《公告》。

公告可在标题下进行流水编号。

(二)正文

公告的正文一般由公告缘由、公告事项、公告结语三部分组成。

公告缘由,这是正文开头,说明制发公告的依据、目的、意义等。这部分写作要开门见山,简洁明了,通常是一两句话作交代。然后用"现公告如下"、"特作如下公告"等惯用语过渡到公告事项。有时可省略发文缘由。

公告事项,这是公告的主体,写明要宣布的重要事项或法定事项。如内容较多,可采用分条列项的写法,内容简单的可篇段合一。

公告结语,一般以"特此公告"、"现予公告"等惯用语作结。如有必要,可提出希望、要求。有的公告可视情况省略结语。

(三)落款

写明发文机关名称和发文时间。有的公告签署发文机关领导人职务和姓名。

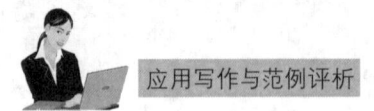

范例评析

★ 例文1

质检总局关于同意命名北京奥林匹克公园等15家园区为"全国知名品牌创建示范区"的公告
2017年第116号

为贯彻落实国务院《质量发展纲要(2011—2020年)》"开展知名品牌创建工作"的要求,根据《"全国知名品牌创建示范区"建设工作指导意见》(国质检质〔2012〕91号),经园区政府自愿申请创建,相关省(区、市)政府或"质量强省"工作领导小组审查推荐,质检总局组织进行严格的文审论证和现场验收合格,同意命名北京奥林匹克公园等15家园区为"全国知名品牌创建示范区",示范期为2017年12月至2020年12月,示范名称及示范期内创建知名品牌的骨干企业名单附后。

特此公告。

附件:1. "全国知名品牌创建示范区"名单
   2. 示范区内创建知名品牌的骨干企业名单

质检总局
2017年12月29日

【简析】 这是重要事项公告。由国家质检总局向社会各界公布所命名的"全国知名品牌创建示范区"名单信息。

例文标题采用完全式,由发文单位、事由和文种组成,标题下进行了流水编号。正文采用一段式结构,具体包括公告缘由、公告事项、公告结语三部分。公告缘由用"为……"、"根据……"等开端用语和"经……"等经办用语说明了发布事项的目的和依据,公告事项为"同意命名北京奥林匹克公园等15家园区为'全国知名品牌创建示范区',示范期为2017年12月至2020年12月"。最后用"特此公告"另行作结。

全文篇段合一,结构完整,语气庄重,干净利索。这种公告行文严谨,贵在精当。

★ 例文2

中华人民共和国国家统计局公告

根据《全国人口普查条例》的规定,国务院决定于2015年开展全国1‰人口抽样调查,以了解2010年以来我国人口在数量、素质、结构、分布以及居住等方面的变化情况,为制定国民经济和社会发展规划提供依据。现将有关事项公告如下:

一、调查对象:抽中调查小区内的全部人口(不包括港澳台居民和外国人)。调查以户为单位进行,应登记的人包括:2015年10月31日晚居住在本调查小区的人;户口在本调查小区,2015年10月31日晚未居住在本调查小区的人。

二、标准时点：2015年11月1日零时。

三、入户调查时间：2015年10月16日至11月15日。

四、调查方式：调查员入户进行登记，或被调查户通过网络自己填写调查表。调查员、调查指导员入户进行登记时应出示调查员证或调查指导员证。

五、依据《中华人民共和国统计法》的规定，公民有义务如实提供国家统计调查所需要的情况。各级统计部门及其调查人员，对被调查对象的个人信息必须予以保密。

请社会各界特别是被选中作为调查对象的住户，积极支持配合全国1％人口抽样调查工作。

中华人民共和国国家统计局
2015年10月8日

【简析】 这是重要事项公告。国务院2010年颁布的《全国人口普查条例》规定，人口普查每10年进行一次，位数逢0的年份为普查年度，在两次人口普查之间开展一次较大规模的人口调查，也就是1％人口抽样调查，又称为"小普查"。本例文是由统计局向社会各界发布的人口小普查公告。

例文标题由发文单位和文种组成，省去了发文事由。公告缘由部分简要交代了发布公告的依据和目的，然后启用"现将有关事项公告如下"承启过渡；公告事项部分依次交代了调查对象、标准时点、入户调查时间、调查方式及相关法律规定等；公告结尾对社会各界特别是被选中作为调查对象的住户提出了具体要求。

全文结构清晰，公告事项部分采用条分缕析的形式，令人一目了然。语言表述准确、到位，结构规范、严谨。

★ 例文3

市场监管总局 应急管理部关于取消部分消防产品强制性认证的公告

为贯彻落实党中央、国务院关于深化消防执法改革的决策部署，市场监管总局会同应急管理部对消防产品强制性认证目录作出调整。现将有关事项公告如下：

一、对部分消防产品（见附件）取消强制性产品认证，市场监管总局注销相关认证机构和实验室涉及的强制性产品认证指定业务范围，相关指定认证机构应当按规定注销已出具的强制性产品认证证书。

二、公共场所、住宅使用的火灾报警产品、灭火器、避难逃生产品继续实施强制性产品认证。

三、上述事项，自本公告发布之日起实施。

附件：取消强制性产品认证的消防产品清单

市场监管总局 应急管理部
2019年7月16日

【简析】 这是法定事项公告。用于发布国家有关法律、法令和行政法规。

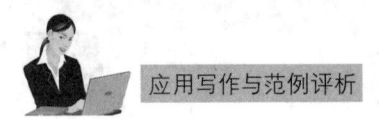

标题采用"发文机关+事由+文种"的三要素形式。发文机关是市场监管总局和应急管理部,《条例》规定:"公文标题中除法规、规章名称加书名号外,一般不用标点符号",所以在原本使用顿号处,采用了空半格的方式。正文的结构是:公告缘由+公告事项。第一段是公告缘由,用"为……"简要交代了对消防产品强制性认证目录作出调整的目的,点明主旨,然后用"现将有关事项公告如下"进行承启过渡。公告事项部分用三段文字按序说明,并自然作结。

全文结构规范,条理清晰,行文简洁。

第二节 公 报

一、文种述要

(一) 概念

公报适用于公布重要决定或者重大事项。

公报原属于党的机关公文,但随着国家对外交往的日益增多,国家政务管理的透明度增强,近年来国务院等有关职能部门也使用公报这种公文。

(二) 特点

1. 内容重大

公报主要用来发布党内发生的重大事件,召开的重要会议,重大人事、机构变动及不同时期制定的路线、方针、政策等内容。

2. 新闻性强

公报的内容多为国内外人士所关心、注目,并需要及时、迅速地与广大公众见面的事项,常借助报刊、广播、电视、互联网等新闻媒介发布,因此又具有新闻性特点。

3. 周知面宽

与党内其他文件相比,公报需公众周知的面要宽泛得多。即不仅是党内,也需要党外;不仅在国内,也需要国外了解和知晓公报内容。

(三) 种类

常见的公报有以下几种:

1. 会议公报

用以发布党的重要会议召开的情况及会议所作的决定。

2. 事项公报

用以发布社会公众普遍关注且需要了解的重要信息、数据等。如国家统计机关发布的国民经济和社会发展方面的统计公报、气象部门的气象公报、水利防汛部门的汛情公报等。

3. 外交公报

用以发布政党之间、国家之间、政府之间就某些重大问题经过会谈、协商取得的成果或共识。这类公报具有极强的新闻功能，又称新闻公报。

二、写作结构

（一）标题

会议公报：一般是"会议名称＋文种"，如《中国共产党第十九届中央委员会第一次全体会议公报》。

事项公报：一般是"发文机关＋时间＋事由＋文种"，如《××市 2019 年国民经济和社会发展统计公报》。

外交公报：一是"发文机关＋事由＋文种"，如《中华人民共和国和美利坚合众国关于建立外交关系的联合公报》；二是"发文机关＋文种"，如《中华人民共和国和哈萨克斯坦共和国联合公报》。

（二）正文

公报的正文一般由前言、主体、结尾三个部分组成。

前言：会议公报的前言概括交代会议的名称、时间、地点、参会人员及会议主要议题；事项公报的前言阐明发文的背景、依据、目的、意义等，或简述事件的核心内容，即何时、何地、发生了什么重大事件；外交公报的前言要概述会晤的基本情况，即在何时何地，谁与谁就什么问题进行了什么性质的活动。

主体：会议公报介绍会议议定事项和会议的重要精神；事项公报报道与事件相关的决定事项，或公布各方面统计数据；外交公报具体阐述各方达成的共识及各方观点。常见的写法有两种：一种是分段式，即每段说明一层意思或一项决定；二是序号式，多用于内容复杂、头绪较多的公报，以使公文层次醒目、内容清晰。

结尾：可写明会议发出的号召，或对公报会谈成果作出评价，或自然收束。具体采用哪种写法，视实际情况而定。

（三）落款

会议公报一般在标题之下正中位置注明什么时间、经什么会议讨论通过；事项公报一般在标题之下正中位置写明发布机关名称及发布时间；外交公报则需在正文之后右下方写明双方签署人的身份、姓名，签署的日期及地点。

附：公告和公报的区别

公告和公报都是由高层机关发布的、内容重要的公开周知性公文。两者的区别如下：

1. 从发布机关来说，党的领导机关多用公报，行政机关多用公告。

2. 从内容来说，宣布单独事件多用公告，发布会议情况、谈判情况、统计情况等多用公报。宣布有关人员遵守的法定事项，用公告而不用公报。

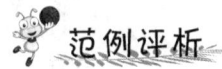

范例评析

★ 例文 1

中国共产党第十九届中央纪律检查委员会第二次全体会议公报（节选）

（2018年1月13日中国共产党第十九届中央纪律检查委员会第二次全体会议通过）

中国共产党第十九届中央纪律检查委员会第二次全体会议，于2018年1月11日至13日在北京举行。出席这次全会的有中央纪委委员133人，列席177人。

中共中央总书记、国家主席、中央军委主席习近平出席全会并发表重要讲话。栗战书、汪洋、王沪宁、赵乐际、韩正等党和国家领导人出席会议。

全会由中央纪律检查委员会常务委员会主持。全会以习近平新时代中国特色社会主义思想为指导，全面贯彻落实党的十九大精神，研究部署2018年纪检监察工作，审议通过了赵乐际同志代表中央纪委常委会所作的《以习近平新时代中国特色社会主义思想为指导 坚定不移落实党的十九大全面从严治党战略部署》工作报告。

全会认真学习、深刻领会习近平总书记重要讲话。一致认为，讲话站在新时代党和国家事业发展全局的高度，深刻阐述党的十九大关于全面从严治党的战略部署，进一步总结5年来全面从严治党的重要经验，科学分析党面临的风险和挑战，强调在中国特色社会主义新时代，完成伟大事业必须靠党的领导，党一定要有新气象新作为，要全面贯彻党的十九大精神，以永远在路上的执着把全面从严治党引向深入。讲话登高望远、居安思危，内涵丰富、切中要害，展现出坚定信仰信念、鲜明人民立场、顽强意志品质、强烈历史担当，诠释了新时代中国共产党人初心不改、矢志不渝、自我革命、砥砺奋进的政治品格和革命精神。习近平总书记对纪检监察机关和纪检监察干部寄予殷切期望，提出新的要求。学习贯彻习近平总书记重要讲话精神是全党的重要政治任务，要同学习贯彻党的十九大精神结合起来，学懂弄通做实，把握精神实质，统一思想认识，强化责任担当，把党中央的决策部署一项一项抓实抓好。

全会指出，全面贯彻落实党的十九大精神，关键在于坚决维护习近平总书记在党中央和全党的核心地位，坚决维护党中央权威和集中统一领导；关键在于自觉用习近平新时代中国特色社会主义思想武装头脑、指导实践、推动工作；关键在于坚定不移推动全面从严治党向纵深发展。各级纪检监察机关要清醒认识到，当前反腐败斗争形势依然严峻复杂，全面从严治党决不能半途而废，必须以永远在路上的韧劲和执着，把"严"字长期坚持下去，一以贯之、坚定不移。要坚持问题导向，保持战略定力，排除错误思想干扰，不松劲、不停步、再出发，在坚持中深化、在深化中发展，努力夺取全面从严治党更大战略性成果。

全会强调，2018年是贯彻党的十九大精神的开局之年，是改革开放40周年，是决胜全面建成小康社会、实施"十三五"规划承上启下的关键一年，做好纪检监察工作责任重大。要以习近平新时代中国特色社会主义思想为指导，贯彻落实党的十九大战略部署，不忘初心，牢记使命，增强"四个意识"，坚定"四个自信"，忠实履行党章和宪法赋予的职责，紧紧围绕坚持和加强党的全面领导,紧紧围绕维护习近平总书记在党中央和全党的核心地位,紧紧围绕维护党中央权威和集中统一领导,坚持党要管党、全面从严治党,坚持稳中求进工作总基调,监督检查党章执行和党的十九大精神贯彻落实情况,以党的政治建设为统领,全面推进党的各项建设,深化国家监察体制改革,持之以恒正风肃纪,深入推进反腐败斗争,营造风清气正的良好政治生态,强化自我监督、自觉接受监督,建设忠诚干净担当的纪检监察干部队伍,为决胜全面建成小康社会提供坚强保证。

第一,把党的政治建设摆在首位。(略)

第二,全面推进国家监察体制改革。(略)

第三,巩固拓展落实中央八项规定精神成果。(略)

第四,让巡视利剑作用更加彰显。(略)

第五,全面加强党的纪律建设。(略)

第六,巩固发展反腐败斗争压倒性态势。(略)

第七,坚决整治群众身边腐败问题。(略)

第八,推动全面从严治党责任落到实处。(略)

全会要求,打铁必须自身硬。各级纪检监察机关和广大纪检监察干部要始终做到忠诚坚定、担当尽责、遵纪守法、清正廉洁,始终坚持人民立场,秉持高尚情怀,始终坚持实事求是、求真务实、忠于职守、认真履职。要增强居安思危的忧患意识、许党许国的担当精神,提高履职能力,强化自我监督和自我约束,保持做好新时代纪检监察工作的定力、耐力、活力,保持工作、政策、措施的连续性稳定性前瞻性,认真履行好党和人民赋予的光荣使命,确保党和人民赋予的权力不被滥用、惩恶扬善的利剑永不蒙尘。

全会号召,要紧密团结在以习近平同志为核心的党中央周围,无私无畏、奋发有为,不断取得全面从严治党、党风廉政建设和反腐败斗争新成效,为落实党的十九大战略部署,决胜全面建成小康社会、夺取新时代中国特色社会主义伟大胜利作出新的更大贡献!

【简析】 这是一篇会议公报。这篇公报报道的是中国共产党第十九届中央纪律检查委员会第二次全体会议的情况,会议于2018年1月11日至13日在北京举行,公报发布于2018年1月13日,可谓迅速及时。

这篇公报的标题采用了"会议名称+文种"的写法,会议名称(中国共产党第十九届中央纪律检查委员会第二次全体会议)为全称,显得庄重、严肃。标题下以题注的形式标明公报通过的时间以及通过的会议,格式规范、清楚。正文包括前言和主体两部分,采用分段式写法,虽没有分层序号,但内在的逻辑性很强。前3自然段属于公报的前言,以简洁精练的语言交代了会议的名称、时间、地点、参会人员、主持者以及会议议题,类似于新闻的导语,一开始使读者对会议情况有一个总体、概括的了解。主体部分着重陈述会议的基本观点,把握住了整个会议的实质性内容,而且开头多用惯用语领起,如"全会认真学习、深刻领会"、"全会指出"、"全会强调"、"全会要求"、"全会号召"等,使文章一气呵成,符合会议公报的常用写法。

全文严谨有序,叙述重点突出,语言铿锵有力。

★ 例文 2

2015 年全国 1%人口抽样调查主要数据公报[1]

中华人民共和国国家统计局

2016 年 4 月 20 日

根据《全国人口普查条例》和《国务院办公厅关于开展 2015 年全国 1%人口抽样调查的通知》,我国以 2015 年 11 月 1 日零时为标准时点进行了全国 1%人口抽样调查[2]。这次调查以全国为总体,以各地级市(地区、盟、州)为子总体,采取分层、二阶段、概率比例、整群抽样方法,最终样本量为 2 131 万人,占全国总人口的 1.55%。在党中央、国务院的正确领导下,在地方各级人民政府的精心组织和调查对象的支持配合下,经过广大调查工作人员的艰苦努力,目前已基本完成各项调查任务。现将根据这次调查推算的人口主要数据公布如下:

一、总人口

全国大陆 31 个省、自治区、直辖市和现役军人的人口为 137 349 万人。同第六次全国人口普查 2010 年 11 月 1 日零时的 133 972 万人相比,五年共增加 3 377 万人,增长 2.52%,年平均增长率为 0.50%。

二、家庭户人口

大陆 31 个省、自治区、直辖市共有家庭户[3] 40 947 万户,家庭户人口为 126 935 万人,平均每个家庭户的人口为 3.10 人,与 2010 年第六次全国人口普查持平。

三、性别构成

大陆 31 个省、自治区、直辖市和现役军人的人口中,男性人口为 70 356 万人,占 51.22%;女性人口为 66 993 万人,占 48.78%。总人口性别比(以女性为 100,男性对女性的比例)由 2010 年第六次全国人口普查的 105.20 下降为 105.02。

四、年龄构成

大陆 31 个省、自治区、直辖市和现役军人的人口中,0—14 岁人口[4]为 22 696 万人,占 16.52%;15—59 岁人口为 92 471 万人,占 67.33%;60 岁及以上人口为 22 182 万人,占 16.15%,其中 65 岁及以上人口为 14 374 万人,占 10.47%。同 2010 年第六次全国人口普查相比,0—14 岁人口比重下降 0.08 个百分点,15—59 岁人口比重下降 2.81 个百分点,60 岁及以上人口比重上升 2.89 个百分点,65 岁及以上人口比重上升 1.60 个百分点。

五、民族构成

大陆 31 个省、自治区、直辖市和现役军人的人口中,汉族人口为 125 614 万人,占 91.46%;各少数民族人口为 11 735 万人,占 8.54%。同 2010 年第六次全国人口普查相比,汉族人口增加 3 021 万人,增长 2.46%;各少数民族人口增加 356 万人,增长 3.13%。

六、各种受教育程度人口

大陆 31 个省、自治区、直辖市和现役军人的人口中,具有大学(指大专以上)教育程度人口为 17 093 万人;具有高中(含中专)教育程度人口为 21 084 万人;具有初中教育程度人口为 48 942 万人;具有小学教育程度人口为 33 453 万人(以上各种受教育程度的人包括各类学校的毕业生、肄业生和在校生)。

同2010年第六次全国人口普查相比,每10万人中具有大学教育程度人口由8 930人上升为12 445人;具有高中教育程度人口由14 032人上升为15 350人;具有初中教育程度人口由38 788人下降为35 633人;具有小学教育程度人口由26 779人下降为24 356人。

七、城乡人口

大陆31个省、自治区、直辖市和现役军人的人口中,居住在城镇的人口[5]为76 750万人,占55.88%;居住在乡村的人口为60 599万人,占44.12%。同2010年第六次全国人口普查相比,城镇人口增加10 193万人,乡村人口减少6 816万人,城镇人口比重上升6.20个百分点。

八、人口的流动

大陆31个省、自治区、直辖市的人口中,居住地与户口登记地所在的乡镇街道不一致且离开户口登记地半年以上人口为29 247万人,其中市辖区内人户分离人口[6]为4 650万人,不包括市辖区内人户分离的人口为24 597万人。同2010年第六次全国人口普查相比,居住地与户口登记地所在的乡镇街道不一致且离开户口登记地半年以上人口增加3 108万人,增长11.89%。[7]

注释:

[1] 本公报中数据均为根据调查结果的推算数。

[2] 调查对象是指调查标准时点在中华人民共和国境内抽中调查小区内的全部人口(不包括港澳台居民和外国人)。

[3] 家庭户是指以家庭成员关系为主、居住一处共同生活的人组成的户。

[4] 2015年11月1日零时,0—15岁人口为24 146万人,16—59岁人口为91 021万人。

[5] 城乡人口是指居住在我国境内城镇、乡村地域上的人口,城镇、乡村是按2008年国家统计局《统计上划分城乡的规定》划分的。

[6] 市辖区内人户分离的人口是指一个直辖市或地级市所辖的区内和区与区之间,居住地和户口登记地不在同一乡镇街道的人口。

[7] 经事后质量抽查,总人口的净漏登率为0.54%。全国人口中已包括据此计算的漏登人口数。

【简析】 这是事项公报,用以发布2015年全国人口抽样调查数据。与第一节例文2不同,前者是国家统计局向社会各界发布人口抽样调查具体事项,并对相关调查对象提出具体要求,故用公告发文;本例文则是向社会各界发布人口抽样调查具体数据,故选用公报。

例文标题由发文事项与文种组成,标题下以题注的形式标明信息发布的机构与发布时间。正文由前言与主体两部分组成。前言部分首先阐明了发文的背景,即"根据《全国人口普查条例》和《国务院办公厅关于开展2015年全国1%人口抽样调查的通知》,我国以2015年11月1日零时为标准时点进行了全国1%人口抽样调查"。同时,交代了调查的范围、方式以及任务的完成情况等,并用"现将根据这次调查推算的人口主要数据公布如下"承启过渡。主体部分采取分项式,从八个层面分别公布相关数据内容。

全文结构合理,条理清晰,数据翔实。相关注释的运用有助于增强公文的科学准确性与可理解性。

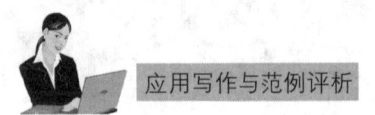

第三节 通 告

一、文种述要

(一) 概念

通告适用于在一定范围内公布应当遵守或周知的事项。

通告与公告是两个比较相近的文种,两者有一个共同特点,就是都用来广泛传播,可以通过报刊、广播、电视、网络等媒体公开发布,而一般的公文仅在机关内部使用。

(二) 特点

1. 发布事项具体

通告的内容往往直接指向某项明确、具体的事项,常用于水电、交通、金融、公安、税务、海关等主管业务部门的事务性事宜,内容带有专业性、业务性,而不像公告那样宣布国家重要事项或法定事项。

2. 发文主体广泛

通告的制发不受发文机关级别高低的限制,各级党政机关、企事业单位、社会团体都可根据其职权限定范围和开展业务的需要发布。

3. 发布范围限定

通告是在一定范围内发布的,而且多就某一地区或某一事项而发布,让一定地域或某一行业系统的相关人员知晓,其告知对象有一定的限制,而不像公告面向国内外发布。

(三) 种类

按其内容性质的不同,通告可分为两类:

1. 周知性通告

这是在一定范围内公布应当周知事项的通告。此类通告不在于作出具有约束力的要求,只需达到知晓、明白并遵守的目的即可。

2. 约束性通告

这是在一定范围内公布应当遵守事项的通告。此类通告的重点在于依照某种法规,提出让有关单位、群众必须遵守的规定。这类通告起行政法规作用,在一定范围内有较强的权威性和约束力。

二、写作结构

(一) 标题

通告的标题一般有四种组成方式:

一是发文机关＋事由＋文种,如《××市人民政府关于进一步开展禁毒斗争的通告》。
二是发文机关＋文种,如《××市税务局通告》。
三是事由＋文种,如《关于2019年春运班次安排的通告》。
四是只写文种,即《通告》,主要适用于在公共场所张贴的通告。

（二）正文

通告的正文一般由通告缘由、通告事项、通告结语三部分组成。

通告缘由,主要介绍发布通告的背景、原因、依据、目的和意义等。一般用承启语"特通告如下"或"现将有关事项通告如下"等引起下文。

通告事项,明确具体写清楚需要告知和应当遵守的事项。事项简单的,可以一气呵成,篇段合一;事项较多的,应分条列项,同时要注意条理性和严密性。

通告结语,即正文结尾,或对通告内容作强调和要求,如"以上各点,希遵照执行";或对通告执行加以说明,如"本通告自公布之日起执行";或以"特此通告"等惯用语作结。有些通告,可省去结语,自然收尾。

（三）落款

写明发文机关名称和日期。

附:通告和公告的区别

1. 发布机关不同

公告主要由党和国家最高领导机关发布,涉外部门、新华社、司法机关以及其他一些政府部门可以根据授权使用公告。而通告的发布机关可以是各级政府及其职能机关,也可以是社会团体、企事业单位。

2. 发布范围不同

公告可向国内发布,又可向国外发布,范围较广。通告只能向国内一定范围内发布,范围较窄。

3. 内容侧重不同

公告用于"向国内外宣布重要事项或者法定事项";通告的内容是"在一定范围内应当遵守或周知的事项",多是具体的业务工作。

4. 发布形式不同

公告、通告都可以在报纸上刊载,也可通过广播、电视播出,但公告一般不张贴,通告可以张贴。

范例评析

★ 例文1

关于发射火箭人工降雨的通告

为有效应对气候变化,改善水资源,保障我市工农业生产用水,根据《人工影响天气管理条例》,经市人民政府批准,将在全市范围内开展人工增雨作业。现将有关事项通告如下:

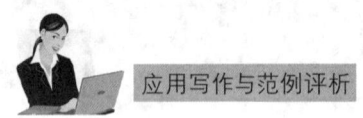

一、作业时间、地点。从登报之日起至2017年6月30日止，将在全市范围内根据天气条件适时开展人工增雨作业。具体作业时间和地点将通过手机短信、网络、农村大喇叭和电视天气预报等告知，敬请留意。

二、作业装备。WR—98型人工增雨火箭发射装置。

三、注意事项。火箭人工增雨作业具有一定的危险性，无关人员禁止进入作业区域；如发现人工增雨火箭弹残体或故障弹，不可擅自靠近、拆除、搬动或储藏，应立即报告当地派出所和市气象局，避免危险事故发生。若造成财产损失者，市气象局会联合保险公司进行相应赔偿。

请作业点内各级政府及公安部门积极配合做好安全保卫工作，禁止无关人员进入增雨火箭发射警戒区。

四、低洼地带的干部群众要注意做好预防局部洪涝工作。

××市气象局

2016年3月10日

【简析】 这是一篇周知性通告。发文机关××市气象局就在本市发射火箭人工降雨一事，向全市发布信息，以使人们知晓。

标题由发文事由与文种组成，事由概括简洁、准确。例文第一段为通告缘由，用"为"、"根据"、"经"等引出行文目的与依据，并直接点明公文主题"开展人工增雨作业"，然后用"现将有关事项通告如下"引出下文。主体部分条分缕析地交代了通告的具体事项，结尾自然收束。

全文格式规范，条理分明，行文简练，语言简明。

★例文2

××市人民政府关于整治招牌广告设置的通告

针对目前我市招牌广告缺乏统一规划，设置杂乱等现象，根据《中华人民共和国城市规划法》《××市户外广告管理办法》等有关规定，市人民政府决定对市辖区招牌广告的设置进行整治。现就有关事项通告如下：

一、本通告所称招牌广告，是指企、事业单位和个体工商户在户外设置与注册登记名称相符的标牌、匾额、指示牌。

二、凡在市辖区设置招牌广告的企、事业单位和机关、个体工商户必须遵守本通告。

三、市工商行政管理部门按××市户外招牌设置规划管理办法负责编制招牌广告的整治方案，在规划、市容环卫部门审定后，由工商行政管理部门登记、发证，并组织检查和验收。区人民政府负责本辖区内整治招牌广告的组织实施。规划、市容环卫、城市管理综合执法等部门按各自职责协助实施本通告。

四、招牌广告的设置应当安全、整齐、美观，以规范化、小型化、智能化、光亮化为标准，并符合以下规定：

（一）在商业区（街）、步行街设置招牌广告的，应当在其商铺或办公、营业场所门面上方或垂直于建筑物外墙，采用灯箱或霓虹灯等形式设置。

（二）非商业区不得在建筑物立面设置招牌广告(宾馆、酒店、商场除外)，但可在其商铺或办公场所门面上方，用灯箱或霓虹灯等形式设置招牌广告。

（三）同一座建筑物有多个单位经营或办公的，可在其经营或办公场所首层门面上方设置招牌或门侧外墙设置指示牌。

（四）招牌广告使用的文字、商标、汉语拼音应当符合国家有关规定，书写规范准确。不得单独使用外国语言文字。具体设置标准和要求，应当严格按照整治方案执行。

五、商业旅游区域、主干道边、内环路边、珠江边、机场、车站等重要地段的招牌广告应按规划整治方案要求设置。

六、建筑物楼顶不得设置招牌广告，机场、车站、码头、医院除外。

七、有下列情形之一的，应当在规定期限内自行拆除或整治。

（一）未经批准擅自设置的招牌广告，其招牌广告设置者应于 2015 年 12 月 31 日前自行拆除。

（二）下列路段经批准设置的招牌广告，不符合本通告要求的，应于 2016 年 9 月 30 日前整治完毕：××地区、火车东站……××大道、××大道。

（三）其他路段设置的招牌广告，应于 2016 年 12 月 31 日前整治完毕。

在上述规定期限内不自行拆除或不按要求进行整治的，由工商行政管理部门责令限期拆除；逾期仍不拆除的，由各区人民政府组织有关部门强制拆除，费用由招牌广告设置者承担。

八、刁难、阻挠执法人员依法执行公务或围攻、殴打执法人员的，由公安机关依法予以处理；构成犯罪的，由司法机关依法追究其事责任。

九、本通告自 2015 年 9 月 10 日起施行。

××市人民政府
2015 年 9 月 1 日

【简析】 这是一篇约束性通告。此类通告重在依照某种法规，提出让有关单位、群众必须遵守的规定。由于发文机关将要开展的工作是整治招牌广告设置，范围是××市企、事业单位和机关、个体工商户，不涉及全国，更不是国家大事，所以使用通告。

例文标题采用发文机关＋事由＋文种的模式，信息完备，事由清楚。正文由通告缘由、通告事项两部分构成，结尾是自然收束。例文在写作方面的亮点有二：一是思维严谨，各项规定全面具体。约束性通告的事项部分是写作的重点、难点，例文围绕整治招牌广告设置这一主旨，从招牌广告的定义、整治范围、整治要求、广告牌使用的语言、管理部门及工作职责、违规情况的处理方法及时间限定等方面一一做了规定，为执法部门照章办事、依法治理提供了很好的文件依据。二是实事求是，整治措施切实可行。首先是条文具政策性，例文除在缘由部分交代了行文的政策依据外，其条款内容也符合国家的各项法律法规，如"招牌广告使用的文字、商标、汉语拼音应当符合国家有关规定"，这项条款涉及商标法和语言文字法。这则通告实际上是对上述法律法规和政策条文的延伸或细化。其次是条文具求实性。例文虽然各项规定要求较多，但都比较讲求实效，简单易行。文中仅就主要问题做出原则性规定，没有做过多干预，给予了下级执行部门较大的自主空间。

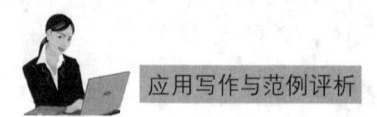

整篇通告格式规范，逻辑清晰，具体可行，驾驭复杂的内容得心应手，可谓约束性通告的优秀范例。

第四节 通 知

一、文种述要

（一）概念

通知适用于发布、传达要求下级机关执行和有关单位周知或者执行的事项，批转、转发公文。

在目前所有党政公文中，通知的适用范围最为广泛，在党政公文中的使用频率最高。

（二）特点

1. 功能多样

在党政公文中，通知的功能最为多样，可以用来发布规章、传达指示、布置工作、晓谕事项、批转和转发文件、任免干部等。在行文方向上，通知一般用于下行文，具有指挥、指导作用；也可用作平行文，主要起知照作用。

2. 使用广泛

通知是机关组织使用最频繁的公文文种，适用范围非常广泛。从发文主体来看，上至国家党政机关，下至基层企事业单位，都可以制发；从内容来看，大至国家政策与规章、重要的人士任免，小至基层单位的具体事务，都可用通知行文。

3. 讲究时效

通知常常要求收文者立即办理、执行或知晓某项事项，不容延误，因此特别强调时效性。急办事项，一般以紧急通知的形式发文。

（三）种类

根据功能的不同，通知可以分为以下几种：

1. 指示性通知

用于传达指示、布置工作，这类通知带有强制性、指挥性与决策性，需要下级机关贯彻执行。

2. 发文性通知

用于发布规章制度或批转、转发文件，具体又可分为发布性通知、转发性通知、批转性通知。发布性通知用于发布由本机关制发的各种规章性文件；转发性通知用于将上级、同级或不相隶属机关等外机关的文件转发给所属机关人员周知或执行；批转性通知用于上级机关将某一下级机关的报送文件批转给其他有关下级机关周知或执行。

3. 事务性通知

用于周知一般事务性工作，不具有要求下级机关执行的特性，如节日放假通知、机构调整通知、会议通知、任免通知等。

二、写作结构

（一）标题

标题多采用"发文机关＋事由＋文种"或"事由＋文种"两种形式。

发文性通知标题的常规写法为：发文机关＋关于印发（转发或批转）＋被发布（转发或批转）文件名＋文种。

需要注意的是，发布性通知所发布的规章名称要使用书名号，如《财政部关于印发〈农村金融机构定向费用补贴资金管理办法〉的通知》；转发、批转性通知所转发、批转的文书如非法规性质，一般不加书名号，如《国务院办公厅转发环保总局等部门关于加强重点湖泊水环境保护工作意见的通知》。另外，转发、批转性通知的标题要注意省略多余的"关于"和"通知"字样，如《××市财政局关于转发〈财政部办公厅关于疫情防控采购便利化的通知〉的通知》，应简化为《××市财政局转发财政部办公厅关于疫情防控采购便利化的通知》。

当通知的事项十分重要或紧急时，可在标题的文种前加上"重要"、"紧急"字样，如：《××市人民政府关于做好防汛工作的紧急通知》。

（二）主送机关

通知必须有主送机关，可以是一个，也可以是几个，也可以是所有下属单位。如主送机关比较多，由于各机关的级别、名称不同，在拟写时一定要注意排列的规范性。

（三）正文

通知的正文因内容不同而写法有异，现予以分述。

1. 指示性通知

这类通知的正文由通知缘由、通知事项和结尾组成。通知缘由简要写明制发通知的原因、目的或意义、根据，再用过渡语"现将有关事项通知如下"或"特通知如下"等转入下文；通知事项部分具体提出内容、措施或方法，事项单一的可篇段合一，如事项较多，则分条列项；结尾可提出贯彻执行的要求，或以"以上通知，望认真贯彻执行"等惯用语作结。

2. 发文性通知

发布性通知一般先简要说明发布规章的依据和目的，然后写明所发布文件，最后提出执行要求。有时可省略发文缘由，直接写成："现将《××××××××××××》（印发文件名）印发给你们，请遵照执行。"

转发性通知通常是直接转发，再提要求。常用写法为："现将××××（被转发文件发文机关）《××××××××××××》（被转发文件名）转发给你们，请认真贯彻执行。"

批转性通知通常是先批后转，再提要求。常用写法为："××××（被批转文件发文机关）《××××××××××××》（被批转文件名）已经××××（批准机关）同意，现转发给你们，请认真贯彻执行。"

对于被转发、批转的文件，有的在提出希望和要求时，还要结合本地区、本部门的实际提出具体的指示性意见或执行的具体办法。

需要说明的是,在发文性通知中,被发布、转发或批转的文件不应视为附件。这是因为,被发布、转发或批转的文件是公文的主体和实质,承载着公文的核心内容,并不是公文正文的说明、补充或者参考资料。实际上,发文性通知属于复合体公文,其正文在形式上由两部分构成,一部分是"通知"本身,另一部分即是被发布、转发或批转的文件,处于前面的"通知"仅仅起着"按语"的作用。发文性通知中被发布、转发或批转的文件直接附在通知下即可。

3. 事务性通知

一般事务性通知的正文基本同指示性通知。先简要交代发文缘由,再用过渡语"现将有关事项通知如下"等转入下文,主体部分写明需告知的具体事项,最后用"特此通知"收尾,或省略结语。

任免通知用于各机关组织中的干部人事任免,其正文内容包括:一是直接说明任免的有关根据和法定程序,二是交代被任免人员的姓名、职务、任职起止时间等。

会议通知的正文页包括发文缘由、事项、结语三部分,缘由部分说明召开会议的背景、目的、意义,以及由哪个机关召开什么会议;事项部分一般包括会议议程、起止时间、报到时间、会议地点、与会对象、需备材料、联系方式以及其他相关事项和要求等。这部分要写得具体明确,通常采用分条列项的写法。最后可以"特此通知"收尾。

(四)落款

写明发文机关名称和日期。

范例评析

★ 例文 1

关于扎实做好 2016 年防汛工作的通知

各村委会,镇直各单位:

当前已进入汛期,主汛期临近,防汛形势日益紧迫。为确保夺取今年防汛工作的全面胜利,结合我镇实际,经镇党委、政府研究,现就有关事项通知如下:

一、统一思想,强化认识。防汛工作直接关系到广大人民群众的生命财产安全,关系到全乡各项事业稳定、持续、健康和谐发展,各村各单位要以对人民群众高度负责的政治责任感,把防汛工作摆上重要位置,采取得力措施,切实抓紧抓好。全乡上下务必牢固树立防大汛的思想准备,万万不可麻痹大意,万万不可存在丝毫的侥幸心理。按照"宁可信其有,不可信其无,宁可信其大,不可信其小"的要求,做到思想上再重视,认识上再提高,准备上再充分,措施上再到位。

二、强化措施,狠抓落实。各村各单位要坚持以防为主、统筹兼顾方针,多措并举,全力以赴做好防汛各项工作。① 认真抓好防汛安全隐患的摸底排查和整改;② 完善各类防汛预案和工作方案;③ 重点抓好山洪地质灾害防御工作;④ 落实人口集中地区等重点部位的防范措施;⑤ 确保在建涉水工程的安全度汛;⑥ 做好抢险物资的储备和抢险队伍建设工作;⑦ 进一步提升防汛应急处置能力;⑧ 灾险情及时报送,不得迟报瞒报。

三、强化责任,严明纪律。防汛工作是关系到社会稳定和人民群众生命财产安全的一项大事,责任重大。各村各单位要切实加强领导,全面落实各类防汛责任制,要严格执行24小时值班和领导带班制度,严明纪律,服从指挥,狠抓落实。今年继续实行市县乡村四级干部包保制度,要包保到每个自然村和每个村民小组。主汛期和强降雨期间,各村各单位主要负责人未经乡党委主要领导批准,一律不得外出。对因值班值守和应急抢险执行不力造成严重后果的将严肃追究责任。

特此通知。

××镇人民政府
2016年5月3日

【简析】 这是指示性通知。由××镇人民政府布置2016年防汛工作,要求各村委会及相关单位贯彻执行。

该通知的开头即通知缘由,概括说明发文背景,简明交代下发通知的目的,并以"现将有关事项通知如下"承启用语转入主体。主体部分采用分条列项的方法,从三个方面详细写明通知事项及执行的具体要求。在这三个方面中,每一项开头都用主旨句简明概括主要内容,然后有针对性地提出执行的具体要求,这样行文不仅主旨明确、集中,内容一目了然,而且也便于下级领会、理解和贯彻执行。该通知条理清楚,指示意见及执行要求明确具体,体现了指示性通知的严肃性、权威性。

该通知在语言上体现了公文语言准确、简明、庄重、朴实的特点,并在此基础上运用熟语及修辞手法,恰当地表达其核心精神,增强语言的表现力。如用两个"万万不可"及"宁可信其有,不可信其无,宁可信其大,不可信其小"等熟语强调在思想上高度重视防汛工作,一系列整齐句式的运用增强了语言的节奏感与气势感。

★ 例文2

关于印发《××区第十九届中小学生田径运动会竞赛规程》的通知

各中小学校、民办学校:

为深入贯彻中共中央、国务院《关于加强青少年体育增强青少年体质的意见》精神,积极开展学生阳光体育活动,全面展示中小学生运动竞技水平,有效提高学生体质健康水平,选拔和培养体育后备人才,经研究,定于2019年11月举行××区第十九届中小学生田径运动会。现将《××区第十九届中小学生田径运动会竞赛规程》印发给你们,请严格组织选拔运动员,加强业余训练,积极组队参赛。

××市××区教育体育局
2019年6月25日

××区第十九届中小学生田径运动会竞赛规程(略)

【简析】 这是发布性通知,属于发文性通知的一种。

发布性通知要将本机关或与其他机关联合制订的文件,加印发语后印发给下级机关。这里的"文件"是广义的,包括党政公文、法规性文件和部分其他应用文书等,它们都是印

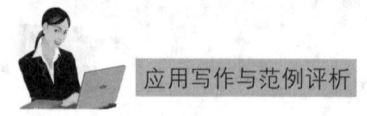

发的对象。

本例文分为两个层次。第一层次是发文缘由,交代了发布《××区第十九届中小学生田径运动会竞赛规程》的背景;第二层次加印发语写明了所发布的文件,提出了组队参赛的相关要求。这是发布性通知的惯用写法。

★ **例文 3**

××市旅游委员会关于转发《旅游安全管理办法》的通知

各区、县(市)旅游局(委),市直旅游企业:

《旅游安全管理办法》(以下简称《办法》)已于2016年12月1日实施,现将该《办法》转发各单位,请遵照执行。

各单位要高度重视《办法》的贯彻实施工作,各区、县(市)旅游局(委)要明确本部门相关责任,进一步做好辖区内旅游行业安全的指导、防范、监管、宣传培训和应急处理等工作。各单位一把手要切实负责,一是认真组织本单位从业人员开展《办法》的学习,确保各部门各岗位全面覆盖,确保学习不走过场;二是结合旅游行业及本单位实际,对照《办法》的相关条款,重点做好安全主体责任和安全责任制的落实、安全管理制度的建设和落实、从业人员安全业务培训、安全设施设备的保有和维护,以及旅游突发事件预案的制定和演练等工作;三是要进一步认清当前安全生产工作严峻形势,立即在本单位开展安全隐患的全面排查和整改工作,切实采取有效措施,确保不发生重大安全责任事故,保障行业安全稳定。

××市旅游委员会
2016年12月7日

旅游安全管理办法(略)

【简析】 这是转发性通知。转发性通知的公文来源是上级、同级或不相隶属机关。本通知的公文来源是上级机关国家旅游局,国家旅游局制定的《旅游安全管理办法》发布实施后,××市旅游委员会将该《办法》转发给各所属下级单位遵照执行。

例文第一段运用了转发性通知的常用手法;为了让《办法》的贯彻实施真正落到实处,第二段用较大篇幅提出了具体的执行要求,并从文件学习、主体责任、管理制度、业务培训、设备维护、预案制定、隐患排查与整改等方面落实单位一把手责任。

全文周密妥帖,语言严肃、有力,富于执行性。

★ **例文 4**

市政府关于批转市发改委2019年全市经济社会发展重大项目计划的通知

各区人民政府,市府各委、办、局,市各直属单位:

市政府同意市发改委拟定的《2019年××市经济社会发展重大项目计划》,现转发给你们,请认真遵照执行。要扎实推进2019年全市重大项目建设,在资金、土地、政策等资源要素配置上,对重大项目实行重点倾斜和有效保障。要继续实施重大项目分工负责、检查督办制度,严格执行节能减排的相关规定,通过各区、各有关部门和单位的共同努力,以

及相关重点企业的奋力拼搏、通力协作,确保全年投资目标任务顺利完成。

××市人民政府
2019年1月30日

2019年××市经济社会发展重大项目计划(略)

【简析】 这是批转性通知。批转性通知由上级机关下达给下级机关。

本通知为四元素标题,交代了谁是批转单位,谁的文件被批转,被批转文件以及文种,利于受文者在阅读标题时即知晓公文大致内容。由于所批转的是非法规性文书,故没有加书名号。

批转性通知正文的写作顺序是先"批"后"转",先写批语,然后是转发语。本例文遵循此写作规范,同时,提出了执行的具体办法和要求。

★ **例文5**

××市科学技术局关于召开全市科技局长工作会议的通知

各县(市、区)科技管理部门,局机关各科室、直属单位:

为切实提升科技创新能力,促进高质量发展,确保全面完成2019年科技绩效工作任务,经研究,决定召开全市科技局长工作会议。现就会议有关事项通知如下:

一、会议时间和地点

会议时间:9月10日～11日。

会议地点:××县华冠国际大酒店。

二、会议内容

1. 考察学习××县科技创新工作点。

2. 各县(市、区)科技局长及负责人汇报发言。

3. 领导讲话。

三、参会人员

市科技局领导班子成员、副调研员;局机关各科室和直属单位主要负责人;各县市区科技局局长、分管科技绩效评估指标工作负责人。

四、其他事项

1. 请各县(市、区)科技管理部门对照《2019年××市科技创新工作任务分解和绩效考评方案》梳理准备发言总结材料,并于9月5日中午12点前发电子邮件至市科技局办公室(邮箱:328807178@qq.com)。

2. 请将参会人员名单于9月4日(星期三)中午12点前反馈至市科技局办公室。

联系人:×× 电话:8843429 传真:8843429 邮箱:328807178@qq.com

3. 请参会人员于9月10日17:00前到××县华冠国际大酒店报到,食宿统一安排。

联系人:×× 电话:8845903,13973052986

附件:参会人员回执

××市科学技术局
2019年9月3日

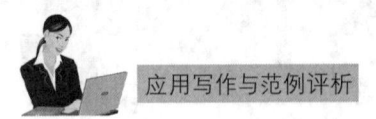

【简析】 这是会议通知,属于事务性通知的一种。

本例文开篇交代了召开会议的目的以及会议名称,并用"现就会议有关事项通知如下"承启过渡。通知事项部分共有四项内容,前三项依次交代了会议时间和地点、会议内容、参会人员,这些都是会议通知的必备要素;第四项为其他事项,主要明确了会前的相关准备工作,包括准备发言总结材料、反馈参会人员回执,并交代了报到时间以及相关联系人员和方式。各部分条分缕析,表达具体、明晰。

大型会务的会议通知常备有附件,包括交通路线图、相关文件、回执等。本例文出具了附件"参会人员回执"。"回执"是与会人员应填写并寄回发文单位的表格,通常含有姓名、性别、职务、车次/航班、抵达时间、联系电话等信息,便于主办方将组织管理工作做得更周密。

★ **例文6**

关于××等同志职务任免的通知

集团公司各部室、直属各单位、所属各公司(厂):

经××建工(集团)有限责任公司2019年8月31日党政联席会议研究决定:

聘任

××同志为××建工园林工程有限公司总经理、法人代表(试用期一年);

×××同志为××建工园林工程有限公司执行董事;

××同志为××建工园林工程有限公司监事。

免去

×××同志××建工园林公司副总经理、法人代表职务。

××建工(集团)有限责任公司
2019年11月10日

【简析】 这是任免通知,属于事务性通知的一种。

因为既有任命,又有免职,故标题选用"任免"一词。例文的第一句话为发文依据,即发文缘由,其后公布了任免事项。如果有任、免两则事项的,一般先写任命,后写免职。

现在大多数任免通知省略了希望、要求等,直接采用自然收尾的形式。

第五节　通　报

 知识精讲

一、文种述要

(一)概念

通报适用于表彰先进、批评错误、传达重要精神和告知重要情况。

各级党政机关以及其他企事业单位组织均可以使用通报。通报具有知照和教育作用，其目的是沟通情况，让具体典型（正面的或反面的）发挥其教育、告诫作用，推动工作的进一步开展。

（二）特点

1. 对象的典型性

通报往往选取工作中具有典型意义的人物和事件，或者具有普遍意义的重要情况，有针对性地总结经验教训，改进和推动各项工作。

2. 效用的教育性

通报的目的不仅仅是让人知晓其内容，而且还要从典型对象中受到启迪，得到教益。或学习经验，弘扬正气；或警戒错误，吸取教训；或了解情况，引起重视。

（三）种类

根据通报的内容，通报可分为以下三种类型：

1. 表彰通报

用于表彰先进人物或先进集体，目的在于通过表彰先进典型，树立学习榜样，号召人们学习。

2. 批评通报

用于批评错误，纠正不良倾向，目的在于通过批评违纪违法事件，惩戒错误，要求人们吸取教训。

3. 情况通报

用于传达重要精神，沟通重要情况，目的在于上情下达，统一认识，推进工作的顺利进行。

二、写作结构

（一）标题

标题采用常规形式。

一是"发文机关＋事由＋文种"，如《国家广播电影电视总局关于处理影片〈苹果〉违规问题的情况通报》。

二是"事由＋文种"，如《关于表彰2019年度公司招商引资先进单位的通报》。

（二）主送机关

除普发性通报外，其他通报都应标明主送机关。

（三）正文

1. 表彰或批评通报

表彰或批评通报的正文一般由通报缘由、分析评价、通报决定、希望要求四部分组成。

通报缘由通常概括叙述通报事项发生的时间、地点、人物、原因、经过、结果等，要抓准实质性问题，避免过于详尽的细节描绘。

分析评价是对通报事件的理论概括，往往用一两句议论，简要分析评价通报的事情，揭示问题的实质，点明其意义所在。

决定事项是宣布对有关人员或团体进行奖励或处分的具体决定,如遇决定事项内容较多的情况,可分条列项。

希望要求主要是号召人们向被表彰的对象学习,或者要求大家从错误事实中吸取教训,引以为戒。这部分要结合前文内容,有的放矢,切忌脱离实际,空喊口号。

2. 情况通报

情况通报的正文由通报情况、分析评价和提出要求三部分组成。

首先,概述通报的内容,或叙写总的情况,说明发文背景、根据、目的等。

其次,对发生事件的性质、原因以及后果、影响进行分析说明。

最后,提出对策性的指导意见,如果是针对工作中的一些重大事故,还需提出防止发生类似事故的措施、要求以及应吸取的主要教训,有时还包括对事故责任者的处理决定等。

(四)落款

写明发文机关名称和成文日期。

附:通知与通报的区别

1. 发布内容不同

通知的内容是发布、转发和安排部署工作的,而通报的内容侧重的是正反典型事例或客观实际情况。

2. 发布要求不同

通知是要求办理、执行,通报则侧重沟通情况。

3. 发布时间不同

通知是事前发文,通报是事后发文,即事前通知,事后通报。

范例评析

★ 例文1

关于表彰"6.29"反劫机有功集体和人员的通报

民航各地区管理局,各航空运输(通用)、服务保障公司,各机场公司,局属各单位,局内各部门:

2012年6月29日,天津航空公司E190/B3171号飞机执行新疆和田至乌鲁木齐GS7554航班任务,12时25分起飞后,在空中遭遇6名歹徒的暴力劫持。9名机组人员沉着冷静、果断处置,在旅客协助下制服劫机歹徒,飞机于12时47分安全返航降落和田机场,成功挫败一起暴力恐怖劫机事件,保障了国家安全和人民群众生命财产安全。

在事件处置过程中,飞行机组坚决果断、指挥有力,安全员和乘务员英勇无畏、舍生忘死,乘机旅客临危不惧,挺身而出,2名安全员、2名乘务员和多名旅客在搏斗中光荣负伤,展示了大无畏的革命英雄主义和集体主义精神,谱写了一曲荡气回肠的时代赞歌。

为进一步表彰先进、弘扬正气、鼓舞士气、激励斗志,民航局决定:

一、授予在"6·29"反劫机斗争中成绩卓著、作出重大贡献的天津航空公司GS7554

航班机组"中国民航反劫机英雄机组"荣誉称号,奖励人民币 100 万元。

二、授予在"6·29"反劫机斗争中成绩卓著、发挥关键作用的安全员×××、××和乘务长×דい中国民航反劫机英雄"荣誉称号;为成绩显著、作出重要贡献的机长×××、副驾驶×××、×××和乘务员××、×××、××分别记个人一等功。

三、对在空防安全工作和反劫机斗争中成绩突出的民航局公安局、民航新疆管理局、天津航空公司、新疆机场集团和田机场管制室等 4 个单位给予通报嘉奖。

四、对参与"6·29"反劫机斗争的 23 名乘机旅客表示慰问和感谢,并给予奖金奖励。

民航局号召全国民航广大干部职工,以受到表彰的集体和个人为榜样,学习他们英勇无畏、不怕牺牲、团结一致、争取胜利的英雄精神,学习他们捍卫安全、迅速反应、恪尽职守、爱岗奉献的民航精神,学习他们见义勇为、挺身而出、同仇敌忾、大义凛然的革命精神,以更加饱满的工作热情,投身民航安全与发展大业,以确保国家安全和空防安全的优异成绩迎接党的十八大胜利召开!

中国民用航空局
2012 年 7 月 6 日

【简析】 这是一则表彰通报。从标题可以看出,用于表彰先进集体和先进个人。

本通报的正文由四个部分组成:开篇先概括介绍所通报表彰的先进集体、先进事迹,包括时间、地点、人物、事情的大致经过及结果,阐明了通报缘由;接着对所表彰的人物、事迹进行实事求是的分析评价,指出其所体现的精神实质;然后逐项写明表彰决定;最后一段发出向先进学习的号召。整篇通报内容层层递进,结构严谨有序。

通报写作中首先要涉及的一项重要内容就是陈述基本事实,通报事实的陈述应做到简练而明确。本通报表达方式上以概括叙述为主,文字极为精炼。第一自然段仅用 150 余字就清楚、完整地交代了事件发生的整个过程,可谓简洁明确。

与其他公文不同的是,通报的语言表达往往具有比较浓厚的感情色彩,本篇通报在这一点上有鲜明体现。如最后一段向全国民航广大干部职工发出号召时,连用了三个排比句,既高度概括了受表彰集体和人员的精神品质,使读者充分认识到通报的意义,又使通报的主旨得到了进一步升华。语言简洁凝练,掷地有声,感情色彩鲜明,对读者富有极强的感染作用、启发作用和教育作用。

★例文 2

××市人民政府办公室关于给予市××广电局批评的通报

各县、区人民政府,各开发区、管理区管委,市直各委、办、局:

2015 年 6 月 25 日,市××广电局所属的"××市广播电影电视局网"因首页面长时间未更新被市网信办通报,之后经各级各有关部门多次督促仍未整改落实到位。2016 年 7 月 18 日,"××市广播电影电视局网"再次因首页面长时间未更新被国务院办公厅通报,并被自治区纳入 2016 年度设区市绩效考评扣分项目,极大损害了我市党政机关的形象,严重影响市委、市政府关于 2016 年设区市绩效考评实现"提档晋级"重大决策部署的落实。

此事暴露出我市个别职能部门以及少数党员干部大局意识、责任意识淡薄,思想麻

痹,未能以严实的工作作风落实上级决策部署,导致一些极易解决的问题久拖不决。经市委、市政府同意,给予市文新广电局通报批评。

各级各部门要从中吸取教训,举一反三,对本县区、本单位的政府网站开展全面自查自纠,建立政府网站常态化监测工作机制,坚决杜绝政府网站"僵尸""睡眠"等现象,切实维护市委、市政府的形象。要充分认识绩效考评工作的重要性,认真对照考核细则,突出重点,查漏补缺,确保市委、市政府2016年设区市绩效考评"提档晋级"目标的实现。

各级各部门要进一步强化责任意识,严格履行"一岗双责",真正把主体责任记在心上、扛在肩上、落实在行动上。要以高度的政治责任感和使命感,自觉把思想和行动统一到市委、市政府的决策部署上来,把各方面的积极性、主动性、创造性调动起来,切实增强大局意识,改进工作作风,主动作为,敢于担当,以扎实、深入、严谨的办事作风,将各项工作抓得更紧、更实、更具体。要加大重点工作、重点项目推进力度,决不允许有令不行、有禁不止,决不允许自行其是、阳奉阴违,决不允许推诿扯皮、敷衍塞责。要加大责任追究力度,认真落实党风廉政建设主体责任和监督责任,确保政令畅通。

××市人民政府办公室
2016年12月30日

【简析】 这是一则批评通报,用来批评××广电局的懒政行为。

本例文正文也包括通报缘由、分析评价、通报决定、希望要求四个部分。第一段首先概述了××广电局的懒政行为,属于通报缘由,接着用"极大损害"、"严重影响"等词语分析了其重要危害。第二段在对事件性质进行进一步分析评价的基础上,作出了"通报批评"决定。第三、四两段分别从加强纠查整改与强化责任意识两个维度对各级各部门提出了具体要求。

全文叙议结合,文气一脉贯通,语言铿锵有力,笔锋犀利,适于批评通报所用。

★ 例文3

关于对××市福田街道起点幼儿园火灾事故调查处理情况的通报

各中小学、幼儿园、教育机构:

11月2日,福田街道起点幼儿园发生火灾,事故发生在全市安全生产"百日攻坚"行动期间,造成了一定的负面影响。市教育局在第一时间开展善后处置,启动事故调查处理程序,现将情况通报如下。

一、基本情况

11月2日早上7点,福田街道起点幼儿园四楼保安值班住房发生火灾。7点零5分左右,火势被扑灭。据统计,过火面积约20平方米,经济损失300元左右,无人员伤亡。

接到报告后,市教育局立即指令福田中心校网格员赶赴火灾现场,开展善后处置。市教育监察大队、福田中心校对幼儿园安全工作进行了全面检查,并提出了整改意见。初步查明,本次火灾由保安人员吸烟后乱扔烟蒂所致。

二、存在问题

这次火灾事故的发生,暴露出起点幼儿园在安全管理上存在诸多问题。

（一）思想上不够重视。该园系三人合股办学，日常工作均交付一位教龄只有三年的副园长管理。经了解，该副园长研究安全工作时间不够，对安全管理工作底数不清，思路不明。现场检查时发现其不能熟练操作幼儿园视频监控系统，不清楚消防安全网格化管理，不能贯彻消防通道保持畅通的要求。平时对员工疏于监督管理，未能严格落实消防安全责任制。

（二）消防工作不规范。11月17日，市教育局对起点幼儿园消防安全工作进行了"回头看"，发现存在两个问题，一是消防通道上锁，保持建筑、场所疏散通道和安全出口畅通是学校消防安全工作的最基本要求。二是消防水带用塑料带捆住。

（三）隐患排查不到位。根据省教育厅中小学、幼儿园安全隐患排查要求，各学校、幼儿园必须每天检查建筑、场所是否存在电气线路老化、私拉乱接、超负荷用电、违规使用电器设备和明火等现象。起点幼儿园没有落实每日防火检查制度，隐患排查没有到位。

三、处理意见

为吸取教训，经市教育局研究决定，作出如下处理意见：

（一）给予起点幼儿园全市通报批评，责令起点幼儿园立即开展全面整改，整改报告经福田中心校、教育监察大队审核，交市教育局校安科。

（二）给予起点幼儿园两年内不得申报等级幼儿园评定及A类普惠性幼儿园认定。

（三）给予起点幼儿园2016年度年检不合格。

四、工作要求

为防止类似事故再次发生，现就进一步加强各单位安全生产与监管工作提出以下要求：

（一）认清形势，高度重视。近一个时期以来，我市接连发生了多起生产安全事故，给人民群众生命财产造成重大损失。在安全生产问题上，各单位要始终保持如临深渊、如履薄冰的紧张状态，决不能心存侥幸，决不能麻痹大意，决不能歇脚打盹。要深刻吸取此次幼儿园失火事故的教训，进一步绷紧安全这根弦，强化安全生产"红线意识"和"底线思维"。

（二）强化领导，明确责任。各单位要按照安全生产"党政同责、一岗双责、失职追责"及"管业务必须管安全"的要求，严格落实消防安全责任。要进一步加强消防安全责任意识，明确岗位消防安全职责，确定各级、各岗位消防安全责任人。要深刻吸取事故教训，举一反三，采取切实有效的防范措施，坚决遏制火灾事故的发生。凡因责任不落实、措施不到位等原因造成安全事故的，教育局将依法依规追究相关单位和人员的责任。

（三）排查隐患，堵塞漏洞。各单位要把做好"百日攻坚"行动、冬春火灾防控工作摆在当前重要位置。重点加强消防、道路、校舍、特种设备、建筑施工等安全领域的检查，建立隐患整改台账，实行隐患整治闭环管理。市教育监察大队、中心校要加大网格监管力度，对安全隐患排查整改不搞形式，不走过场，严格落实各项要求，检查措施要精准，排查重点要突出，整改整治要有力，督促检查要跟进，落实"痕迹"管理，确保检查实效，全力防范事故发生。

××市教育局
2016年11月21日

【简析】 这是一则情况通报,用于通报起点幼儿园火灾事故的调查处理情况,也带有批评通报的性质。近年来,情况通报中的事故处理类通报渐多,其写法基本同批评通报。

例文第一段简要交代了通报缘由,并用"现将情况通报如下"承启过渡到通报事项。

通告事项包括基本情况、存在问题、处理意见与工作要求四个部分。基本情况部分,概述了事故发生的时间、地点、经过和结果,以及善后处置与初步调查结论;存在问题部分从三方面解剖了事故原因,鞭辟入里;在此基础上,对事故责任单位提出了三条处理意见;最后,从"认清形势,高度重视"、"强化领导,明确责任"、"排查隐患,堵塞漏洞"三方面分项提出安全问题的预防措施和要求。

例文结构合理,事实清楚,逻辑清晰,内容充实;原因分析透彻,措施要求的针对性、可行性强;语言准确精练,行文流畅。本文较好地体现了事故处理类情况通报的写作特点。

实训设计

一、选择题(单选或多选)

1. 向国内外宣布重要事项或法定事项的文件是(　　)
   A. 公告　　　B. 通告　　　C. 公报　　　D. 通报
2. 在一定范围内公布事项的告知性公文文种是(　　)
   A. 公报　　　B. 通报　　　C. 通告　　　D. 通知
3. 中国人民银行就关于国家货币出入境限额问题发文,宜用(　　)
   A. 通告　　　B. 通报　　　C. 通知　　　D. 公告
4. 根据事由:"××公司发行重点钢铁企业债券",应使用(　　)
   A. 通报　　　B. 通知　　　C. 通告　　　D. 公告
5. 上级机关对下级机关的有关公文进行批示后,再转发至有关单位执行时,用(　　)
   A. 发布性通知　B. 转发性通知　C. 批转性通知　D. 指示性通知
6. 《国务院关于成立国家行政学院的通知》属于(　　)
   A. 指示性通知　B. 转发性通知　C. 事务性通知　D. 发布性通知
7. 某市国税局要将《××市国家税务局金税工程考核办法》印发下去,应采用(　　)
   A. 通报　　　B. 通知　　　C. 通告　　　D. 决定
8. 表彰先进,批评错误,传达重要精神或情况时使用的公文是(　　)
   A. 通告　　　B. 通报　　　C. 通知　　　D. 决定
9. 下列适用于公告的有(　　)
   A. 宣布全国人民代表大会的召开日期　　B. 公布宪法
   C. 宣布国家领导人选举结果　　　　　　D. 宣布发行国库券
10. 转发性通知可以转发(　　)机关的公文。
    A. 上级　　　B. 下级　　　C. 同级　　　D. 不相隶属
11. 公报适用于(　　)
    A. 对重要事项作出决策和部署　　B. 宣布施行重大强制性措施
    C. 公布重要决定　　　　　　　　D. 公布重大事项

12. 下列公文在某些时候可以不写主送机关的有（　　）
   A. 通报　　　B. 通知　　　C. 通告
   D. 公告　　　E. 公报

二、判断题

1. 公告具有较强的严肃性，因此一般不适宜在新闻媒体上发布。（　　）
2. 公告由重要领导机关制发，通告由一般机关或基层单位制发。（　　）
3. 各级党政机关、企事业单位、社会团体都可用通告发文。（　　）
4. 批转与转发公文皆可用通知。（　　）
5. ××市人民政府关于转发《××县人民政府××××办法》的通知。（　　）
6. 各级党政机关以及其他企事业单位组织均可以使用通报。（　　）
7. ××公司用通报行文宣传奋不顾身抢救落水儿童的青年工人的事迹。（　　）
8. 通报始终贯穿着宣传教育目的，因此在写作时一定要多发议论，多作分析，充分发挥说理的作用。（　　）
9. 公报常借助报刊、广播、电视、互联网等新闻媒介发布，因此具有新闻性特点。（　　）

三、简答题

1. 简述公告与公报的异同。
2. 简述公告与通告的区别。
3. 简述通知与通报的区别。
4. 简述通知的适用范围。

四、阅读评析题

1. 分析下面这则通知存在的错误之处，并加以修改。

××县教育局会议通知

各学校：

　　为了总结经验，加快我县教育改革步伐，县教育局决定在本月下旬召开教学工作会议，会期一天，现将有关事项通知如下：

　　1. 参加会议人员：各学校主要负责人。
　　2. 参加会议人员应认真准备教学改革情况及今后打算的材料，以便在会上汇报或交流，不得缺席，否则一切后果自负。
　　3. 会议结束后，将布置下学期的工作安排，请及时传达。
　　4. 请于25日5时到县教育局及时报到，应上交伙食费。

　　以上通知，希遵照执行。

××县教育局
2019 年 8 月 15 日

2. 指出下面公文在标题、正文结构、语言上存在的主要问题。

热血筑警魂
——关于××县公安局民警见义勇为事迹的通报

今年2月13日下午1点多，××县民警××正和儿子××在儿童公园游玩，忽然从不远处的明月

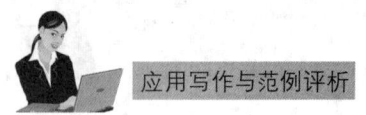

湖传来救命声,××飞奔到明月湖畔,原来有一男孩不慎落水,××来不及多想,只想到他是一名警察,他脱掉大衣,跃入水中。二月的东北,水凉得扎骨,但他没有想到个人安危,他心中只有一个念头:救孩子。××一次、两次、三次潜入水中,终于把落水儿童救到岸上,孩子得救了,而××昏迷了三天三夜。目前,经过抢救,××已经脱离了生命危险。××真是新时期最可爱的人,他的精神是多么值得人们学习呀!

××在生与死的关键时刻,为抢救落水儿童,不顾个人安危,临危不惧,不怕牺牲,表现了人民警察热爱祖国、热爱人民的高尚情操和献身精神。

希望各单位职工向××学习,发扬见义勇为、不怕牺牲的精神,为搞好各项工作做出更大的贡献。

××县人民政府
20××年3月1日

五、情景写作题

1. 根据下列材料,写一份规范的通告。

近段时间以来,××大学校园内存在违规摆摊设点现象,私设商亭、随意摆摊、变卖或推销物品、占道经营且不服从管理,严重扰乱了学校的教学、科研、生活秩序。为了维护整洁的校容校貌,保持道路畅通,优化校园育人环境,保障学校的正常秩序,根据教育部《高等学校校园秩序管理若干规定》相关条款,保卫处与学生处发文禁止在校园内摆摊设点。

2. 根据下列材料,以××县人民政府的名义向各乡镇人民政府和县园林部门发一份会议通知。

××县人民政府要在2月15日上午9:00召开2019年春季植树造林工作会议,会议上各乡镇要汇报历年植树造林的情况,在会上还要就今年春天的植树造林方案进行讨论,根据具体情况分配今年各乡镇植树造林的指标,同时拟订奖励处罚办法。会议将在××县中华宾馆三楼会议室召开,要求各乡镇和县园林部门的一名主管领导参加会议,会议当天的食宿将由县政府统一安排。

3. 下面是刊登在某报上的一篇报道,请把它改写成一份通报。

歹徒:放了我,给你钱
保安:钱不要,就抓你

本报讯 "我们这儿的保安真当好!歹徒贿赂他5 000元,他不要,结果,被歹徒捅了一刀,最后他还是把歹徒抓住了。"昨天,一位姓蒋的女士向本报新闻热线反映,记者迅速前往采访。

记者见到胡永伟时,他已在宿舍休息。他笑着对记者说,没什么大碍,只是伤口痛得腰直不起来。胡永伟是杭州施家花园保安队的领班。据他讲,昨天凌晨3时多,正在蹲点值班的胡永伟看见一个瘦小男子慌分分地夹着一个黑色皮包朝东门走去,便上前盘问,这名男子于是翻门而逃。胡永伟追了上去。

歹徒见保安追了上来,就对胡永伟说:"给你5 000元钱,放了我吧。"胡永伟没有答应。追到和平小区门口时,歹徒拔出一把刀,对着和平小区的保安威胁说:"别过来,不关你们的事。过来,就捅死你!"胡永伟一步一步逼近他,正言道:"有胆,你就捅死我!"歹徒举起刀朝胡的胸口捅了过来,胡永伟闪躲不及,被戳了一刀,血一下子就染红了衬衣。胡永伟忍住疼痛,继续追赶。歹徒慌不择路,慌忙中钻进了一条死胡同,并再一次向胡求饶。胡趁其不备,抢起橡胶警棍打掉歹徒手里的刀。歹徒上前与胡搏斗,胡因伤口疼痛,不慎被歹徒挣脱。歹徒朝胡同外面逃去,胡紧追不舍。在文晖路与东新路口,歹徒筋疲力尽,束手就擒。

事后,胡永伟所在的野风物业公司奖励胡永伟1 000元,同时在公司内发出向胡永伟学习的倡议。

第四章 报请性公文

本章导读

报请性公文是下级机关向上级机关汇报工作、反映情况或请示问题的公文。报告、请示、议案属于此类。

报情性公文属于上行文,这类公文应该上呈给与本机关具有隶属关系的上级机关,也就是直接领导机关与业务主管机关,这种公文直接架构起下级与上级沟通的桥梁。在报告、请示、议案这3种报请性公文中,议案的使用有权限限制,即只有各级人民政府向同级人民代表大会或其常务委员会提请审议事项时才可使用。请示、报告则是各类机关组织的常用文种。

通过本章学习,学习者要熟悉这3种公文的文体属性,分清请示与报告的区别,学会上书言事,掌握此类公文(重点是请示、报告)的写作方法,能写出合乎规范的报请性公文。

第一节　报　告

一、文种述要

(一)概念

报告适用于向上级机关汇报工作,反映情况,答复上级机关的询问。

报告是当今社会各类组织常用的一种文种,其行文目的在于保证上下层级之间的信息畅通,便于上级机关掌握信息,了解情况,科学决策,正确指挥,有效监督,提高管理效率。

(二)特点

1. 行文的单向性

报告是下级机关向上级机关行文,旨在为上级机关提供情况,不需要受文单位批复,属单向行文。

2. 表达的陈述性

即概述工作的基本内容。如遵照上级什么指示,做了哪些工作,怎样开展的,取得了

哪些成绩,存在什么问题;或陈述有关工作情况发生的时间、地点、人物、事实、经过、原因、结果等。表达手法是叙述和说明。

（三）种类

根据内容和性质,报告可以分为以下几类:

1. 工作报告

用于向上级汇报某方面或某项工作的具体情况,可以是综合性的,也可以是专题性的。

2. 情况报告

用于向上级反映工作中遇到的新情况或特殊事件,多指突发情况或临时出现的问题。

3. 答复报告

用于回答上级询问的问题。

4. 报送报告

用于向上级报送重要文件或物件。

二、写作结构

（一）标题

一是完整式标题,即"发文机关＋事由＋文种",如《××股份有限公司关于更换计算机系统工作的报告》。

二是"事由＋文种",如《关于巴蜀江油发电厂恢复发电情况的报告》。

（二）主送机关

即发文单位的上级机关。

（三）正文

由报告缘由、报告事项、结语三部分组成。

报告缘由:说明报告的背景、根据、目的、意义,然后用过渡句"现将××××(有关情况、工作)报告如下"引出下文。

报告事项:具体陈述报告的内容,是报告的核心。工作报告主要写明工作的进展、成绩、经验或教训、存在问题和改进方向等;情况报告的重点应放在反映情况上,要写明事情的原委、性质和看法,并提出处理问题的意见和建议;答复报告主要针对上级的询问答复,要根据真实、全面的情况回答问题,陈述理由;报送报告只需说明报送的文件、物件的名称、数量及相关情况即可。需要说明的是,向上级机关写报告汇报工作时,不得夹带请示事项。

结语:根据报告种类的不同,一般有不同的程式化用语,应另起一段来写。工作报告和情况报告通常用"特此报告";答复报告通常用"专此报告";递送报告则用"以上报告,请审阅""请查收""请核查备案"等。

（四）落款

写明发文机关名称和日期。

范例评析

★ 例文1

国家电网公司关于应对低温雨雪冰冻灾害天气保障电网稳定运行的报告

国家安全监管总局：

为积极应对低温雨雪冰冻灾害天气带来的不利影响，近期，国家电网公司（以下简称公司）采取有效措施，全力保障电网安全稳定运行和电力有序供应，现将有关情况报告如下。

一、电网受灾情况

2015年×月×日至×日，我国南方数省（市）遭遇持续恶劣天气，雨雪交加，一些地区发生了较严重的低温冰冻灾害，公司营业区域内××等省份部分地区灾情较重，对工农业生产和人民生活造成较大影响，严重威胁电网安全稳定运行。

……（受灾的统计数据，略）。目前，由于天气好转，覆冰线路已减少至58条，覆冰厚度明显减小，灾害影响已趋减轻。

二、采取的重要措施

入冬伊始，公司即针对可能发生的雨雪冰冻灾情，制定措施，落实责任，做好灾害应对处置各项准备。灾情发生后，公司迅速启动应急机制，充分发挥集团优势，按照预案响应措施，积极组织抗灾抢险，多措并举，保障电网稳定运行和可靠供电。

一是领导重视，强化落实。公司高度重视电网雨雪冰冻灾害的应对处置，紧急召开了公司系统电视电话会议，全面布置电网安全生产和灾害应急工作，公司领导对电网灾害应对处置提出明确要求，相关职能部门结合冬季安全大检查，督查相关落实情况。公司各单位按照总部部署，结合自身特点，精心布置，狠抓落实，做好了迎战灾害的准备。

二是预案完善，准备充分。公司总部和各网省公司分别制定了《气象灾害处置应急预案》《雨雪冰冻灾害处置应急预案》，对灾害预警和响应措施作出明确规定，保证了公司各层级措施的有效衔接。按照预案，公司对相关单位应急队伍开展了技能培训、演练，加大科技投入，研发装备了一大批融冰装置和除冰机械。各单位按照要求做好应急队伍组织和应急物资储备。元旦前，公司即根据中央气象台预报，及时发布灾害预警，公司上下全面做好低温雨雪冰冻灾害应对准备。

三是科学处置，发挥优势。灾情发生后，公司总部及相关单位迅速启动应急机制，全面实施应急响应。有关部门组织应急值班，及时收集报送信息。××等公司派出冰情监视哨，24小时持续监测线路覆冰情况。根据线路重要程度和覆冰厚度，有序开展技术融冰、短路融冰，共融冰37条次。对覆冰厚度超过规定，又不宜开展技术融冰的35千伏以上线路及时进行人工除冰，共停电除冰3次。公司还组织大量人力对灾区农村中低压线路持续开展人工除冰，保证农村用户用电。针对线路因灾跳闸，各单位全力开展故障抢修，迅速恢复电网供电。××省发生500千伏线路倒塔、电力供应面临短缺的险情后，国家电力调度控制中心立即展开先期处置，发挥公司"大电网"和"集团化"优势，从西北、华中紧急调动175万千瓦电力支援××，同时××电网启动备用机组，提高发电出力。由于处置及时得力，不仅保证了××电网电力供应，还创造了当日历史负荷新高。

四是沉着应战,保障安全。灾害处置过程中,公司指挥调度有序,相关单位沉着应对,共出动近1万人次、1 800多台次车辆、5套大型交直流融冰装备、187套特种抢修机具。广大职工克服山高坡陡、道路冰封、雨雪弥漫、方向难辨等困难,战严寒,斗冰雪,夜以继日,顽强奋战,有关领导干部和管理人员到岗到位,加强各个抗灾抢修现场安全管理,严格落实防冻、防滑、防高坠、防触电等安全措施,坚决防止次生事故发生,保证了抢险救灾工作的安全。在开展电网抢修工作的同时,公司积极履行社会会责任,组织准备了大量柴油发电机、发电车等应急电源,以确保灾情加剧情况下,涉及公众利益和国家安全的重要用户和居民生活用电不受影响。

三、后续工作

根据中央气象台天气预报,我国南方地区将出现新一轮低温雨雪天气过程,新的灾情随时可能发生,公司已向有关单位发布预警,并将按照《国家安全监管总局关于切实做好雨雪冰冻天气生产安全事故防范应对工作的通知》(安监总明电〔2014〕3号)要求,再部署、再动员,进一步细化措施、完善预案,做好各项准备工作,全力确保电网安全稳定运行和电力有序供应。

国家电网公司
2015年1月16日

【简析】 这是一份情况报告。报告反映的是我国南方数省(市)遭遇持续恶劣天气,一些地区发生较严重的低温冰冻灾害后,国家电网公司积极采取有效措施,全力保障电网安全稳定运行和电力有序供应的情况。

报告缘由直接写明了起因,即为什么要写报告,只用了一句话,简要直叙,开宗明义。紧接着用了"现将有关情况报告如下"的承启用语,引起下文。报告事项分三个部分进行陈述,先描述突发事件情况及损失情况,再陈述应对措施,最后明确后续工作安排。各部分安排有鲜明的逻辑联系,显得井然有序。另外,报告围绕采取的重要措施这一环节不惜笔墨,从四个方面进行了详细描述,而对于后续工作只进行了简略概述,显得详略得当,重点突出。四方面措施都用对句进行了齐整概括,显得清晰简明、要而得当。

总之,这份报告思想周详,层次清晰,中心突出,用语严谨,值得习作者好好学习。

★例文2

关于西苑三区饭店油烟扰民问题调查处理情况的报告

自治区生态环境保护督察××市协调保障工作领导小组:

按照《关于对群众举报问题进行调查处理的通知》(协调保障办〔2019〕47号)要求,××区立即对群众举报问题进行调查核实处理。现将有关情况报告如下:

一、交办问题

《自治区生态环境保护督察组举报受理转办清单》(第22批)涉及问题为:××区西苑三期西门周边饭店向小区内排油烟,影响居民生活环境。

二、调查核实情况

群众反映的"西苑三期西门周边饭店向小区内排油烟,影响居民生活环境"问题,情况属实。

2019年9月22日,经区城管部门、永清街道办事处现场调查核实,西苑三期西门临街共有8家饭店,分别为:万益和、辣嘴鸭、食安鲜黑猪宴、徐记拔面、爱锅者养生火锅、辣鸭脖、成都小吃、川味炸酱面。其中,万益和、辣嘴鸭、川味炸酱面3家饭店全部安装油烟净化器,符合排放标准;但食安鲜黑猪宴、徐记拔面、爱锅者养生火锅、辣鸭脖、成都小吃5家饭店未安装油烟净化设备,存在油烟扰民现象。故群众反映情况属实。

三、整改落实情况

(一)区城管部门已于9月22日分别对食安鲜黑猪宴、徐记拔面、爱锅者养生火锅、辣鸭脖、成都小吃5家饭店下达《责令限期整改通知书》,责令5家饭店限期10日内安装油烟净化器,并保证作业时全时段开启。同时,依据《××市城市市容和环境卫生管理条例》相关规定,对5家饭店分别处以200元罚款。

(二)我区将以创建整洁、有序、优美的城市环境为目标,根据《××市城市市容和环境卫生管理条例》,持续开展城乡环境卫生综合整治工作,坚持常态化管理模式,进一步加强对辖区内油烟污染整治工作的日常检查,切实做到发现一起、查处一起、整治一起、达标一起。同时做好问题店铺整改督查工作,确保问题解决不反弹,全力维护群众的环境权益。

(三)该问题调查处理情况将于9月26日在××区政府网站公开,并于9月26日在电视栏目播出。

××区人民政府
2019年9月21日

【简析】 这是答复报告。与工作报告、情况报告不同的是,答复报告写作的前提是必须有上级机关的询问。从例文的发文缘由可知,××区人民政府是按照自治区生态环境保护督察××市协调保障工作领导小组《关于对群众举报问题进行调查处理的通知》要求,以报告的形式答复询问,汇报相关事宜的调查核实与整改落实情况。

答复报告必须围绕上级指示精神或具体要求撰写,要着重写明上级机关想要知道的或要求回答的问题,不能没有重点地堆砌材料,也不能漫无边际地写一些与上级指示或要求无关的情况。这份报告在这点上处理得很好,报告紧扣群众反映的"西苑三期西门周边饭店向小区内排油烟,影响居民生活环境"问题展开。首先明确了督察组交办的具体问题;接着介绍了调查核实情况,肯定了群众反映的情况属实;最后汇报了整改落实的具体措施。

全文据实以告,答复详备,繁简得当,事理分明,不芜不杂。

第二节 请 示

一、文种述要

(一)概念

请示适用于向上级机关请求指示、批准。

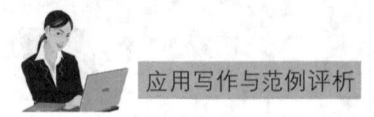

请示属于请求性的上行文,行文意图和目的是要求上级机关予以指示或批准。凡属本单位职权范围内无权处理、无力解决或无把握解决的事项,都应向上级请示。

(二)特点

1. 内容的祁请性

请示所涉及的事宜或问题,都是发文机关无权或无力自行决定的,只有经上级机关审核批准、明确指示后,才能采取相应措施付诸行动。

2. 事项的单一性

请示严格坚持"一文一事"原则,在一份请示中只请求一件事情或一个问题,便于上级机关依照职权范围和业务分工及时予以办理。

3. 目的的期复性

请示主要针对当前工作中出现的问题或特定事项,需要上级机关给予明确指示或批准,以便及时解决。上级机关对呈报的请示事项,无论同意与否,都需要明确答复。

(三)种类

根据内容和目的的不同,请示分为两类。

1. 求示性请示

在上级机关的指令规定不明确,下级机关对上级机关的指令规定有不同看法,或下级机关遇到无章可循的新问题时使用。目的是希望上级机关能对自身发布的指令规定作出清晰解释,为下级机关的职能活动厘清法律法规内涵和边界。

2. 求批性请示

下级机关遇到按相关党纪政规规定必须请示,获批准后方可实施的事项时使用。其目的是希望上级机关作出明确决定,是否同意下级机关实施请求事项。

二、写作结构

(一)标题

有完整式和"事由+文种"式,如《关于解决当前茶叶购销问题的请示》。

请示的标题要准确概括请示事项,尽量避免出现"申请"、"请求"等与文种同义的赘语;文种不能写成"请示报告"。

(二)主送机关

即上级机关。请示的主送机关只能写一个,不能多头主送。可根据需要同时抄送相关上级机关,不能抄送下级机关。

(三)正文

请示的正文一般由请示缘由、请示事项和结语三部分构成。

请示缘由应写清楚请示的原因、背景、基本情况。这部分是请求上级机关指示或批准的依据,因而写作时要阐述充分,有理有据。尤其要从重要性、紧迫性、必要性等角度,将复杂的事实依据陈述清楚、具体、充分、确凿,为请示事项奠定坚实基础。

请示事项是请求上级机关指示或批准的具体内容。这部分要明确陈述自己的观点,提出解决问题的意见或建议,即要写清楚请求上级机关帮助本单位解决什么问题、作出什么指示,以使上级能有针对性地给予批示。请示事项要内容单一、具体明确、切实可行、条项清楚,不可含糊其词、过于概括,以便上级机关给予明确答复。

结语另起一行,要以征询、期盼的口吻请求上级批复。一般用"妥否(当否),请批复(审批、批示)"、"以上请示如无不妥,请批准"、"特此请示,请审批"等惯用语作结。如是为了请求转发的,可写"以上意见如无不妥,请批转各地执行"等。

(四)落款

写明发文机关名称及成文日期。

附:请示与报告的区别

请示与报告都是上行文,都需要在版头部分标识签发人,在撰写中都要注意陈词恳切,语气谦恭,但它们又有着明显区别。

1. 行文目的不同

请示是请求性公文,重在呈请,行文宗旨是希望得到上级机关的支持或批复;报告是陈述性公文,重在呈报,行文宗旨是下情上达,使上级机关及时了解情况,掌握动态。

2. 行文时间不同

请示必须在事前行文,绝不允许先斩后奏;报告则比较灵活,可在事前、事后或在事情进行过程中随时报告。

3. 行文内容不同

请示必须坚持"一文一事"原则,文字简洁,内容单一,主旨明确,以便于上级批答处理;报告可以是"一文一事"的专题性报告,也可以视情况将若干有关联的事情综合在一起陈述,形成综合性报告。

4. 处理结果不同

请示作为请求性公文,要求上级必须作出批复;而报告只是陈述性公文,主要叙述事实,起备案作用,不需上级作出答复。

★ 例文1

××区城市管理综合行政执法局
关于明确城市规划执法中依法没收的建筑物处置办法的请示

区政府:

为有效遏制违法建筑的产生,彻底清理和拆除我区的违法建筑,推进城市有机更新,努力建设文明幸福新××,区政府已作出了进一步加强违法建设查处的重要决策。根据《城乡规划法》的有关规定,对违法建设行为的处罚种类有限期拆除、没收违法建筑物、罚款等几种。其中,在违法建筑无法采取改正措施消除对规划实施的影响而又不能拆除的情形下,予以没收违法建筑物不失为一种可取的处罚方式。

我局自成立以来,共作出过10余起没收违法建筑物的行政处罚决定。但是由于对违法建筑物没收后的处置我区目前尚无具体办法,影响了执法效果。因此,恳请区政府明确我区城市规划执法中依法没收的建筑物的处置适用《××市依法没收的建筑物处置办

法》,明确专门部门作为被没收违法建筑物的接收处置单位,并采取拍卖、当事人回购、租赁、政府安排使用或者拆除等方式予以处置。

以上意见妥否,请批示。

附件:《××市依法没收的建筑物处置办法》

××市××区城市管理局
2013年5月9日

(联系人:×××,联系电话:×××××××××)

【简析】 这是求示性请示,是某城市管理局请求上级机关区政府就城市规划执法中依法没收的建筑物处置办法给予明示。

例文首先交代行文的背景、依据,说明城市规划执法中没收违法建筑物是贯彻区政府作出的进一步加强违法建设查处的重要决策,亦符合《城乡规划法》的有关规定,以强调其合理、合法性;接着交代了工作中遇到的难题,即对违法建筑物没收后的处置"尚无具体办法,影响了执法效果";随后提出了请示事项,请市政府对依法没收的建筑物的处置给予明确意见。最后以惯用语作结。

请注意理解例文尾语"以上意见妥否,请批示"的意思,这里不能替换为"请批准"之类的表述,这也正是求示性请示与求批性请示的区别之一。

请示一般要添加附注,注明联系方式。

★ **例文 2**

洋庄乡人民政府关于设立社区居委会的请示

武夷山市人民政府:

洋庄乡位于武夷山市西北部,总面积473.3平方公里,距市区10千米,与江西省铅山县相邻。辖区共有10个行政村,14 659人,其中居民316户、714人,常住外来务工人口约500人。

近年来,随着我乡经济社会的不断发展,社区居委会未能设置使得管理不到位等问题不断凸显,已成为制约我乡综合管理水平提升的重要因素:一是由于我乡的特殊地理位置,落户在辖区内的省地市各类重点项目不断增多,特别是大安、三渡、四渡、小浆等公路铁路沿线的行政村,一大部分土地已被征用,多数村民从单一的从事农业生产逐步向从事商业、旅游业、餐饮服务业等第三产业转变,农民身份也随之发生了变化;二是辖区内拥有武夷山大安源景区、坑口村革命遗址群、大安村红色旅游、洋庄工业园区等,使得外来务工、经商、旅游等常住非农业人口剧增,给计生、综治、民政、教育、食安等各项中心工作带来巨大压力;三是根据《武夷山市创建全国文明城市三年行动计划(2015—2017年度)的通知》(武委发〔2015〕17号)精神,在经济社会不断发展的同时,本辖区内村民、居民对自身素质全面提升的愿望也越来越强烈,迫切需要设立社区居委会,负责牵头组织落实。

鉴于上述原因,本着便于管理、便于服务、便于自治、便于发展的原则,根据我乡的具体情况,在全面实地调查、广泛征求意见、充分考虑居民的认同感和归属感等因素的基础上,现请求市政府帮助协调有关部门在我乡政区范围内设立社区居民委员会。

拟定名称:洋庄乡西岭社区居民委员会(取名"西岭",因洋庄乡位于武夷山市西北部,地势略呈西北高东南低,号称"西大门";又因洋庄有丰富的森林和水资源,崇山峻岭,森林覆盖率达90%,山体植被保护完美,生态宜居)。

辖区范围:东至洋庄乡五渡桥头,西至洋庄乡洋庄村陈家,南至洋庄乡洋庄村尤家,北至洋庄乡洋庄村水槽。辖区面积5平方公里,共有412户,1 200余人。

辖区单位包括:洋庄乡人民政府、洋庄老区学校、洋庄乡敬老院、洋庄卫生院、文化站、洋庄林业站、供电所、公安派出所等单位和新洋小区、洋庄工业园区,公共服务设施齐全。

专此请示,请予研复。

附件:洋庄乡西岭社区居委会区域图

洋庄乡人民政府
2019年3月4日

(联系人:×××,联系电话:××××××××××)

【简析】 这是求批性请示。这类请示是请求上级机关给予"批准",而不是"指示"。

这份请示旨在说服上级批准设立社区居委会,该事项的必要性可谓行文的重要着力点。例文深谙此道,在这方面花了不少笔墨。开篇简要介绍了洋庄乡概况,然后具体阐述了请示的缘由。首先说明了请示事项的必要性:"随着我乡经济社会的不断发展,社区居委会未能设置使得管理不到位等问题不断凸显,已成为制约我乡综合管理水平提升的重要因素",并从三个方面进行了深入剖析。接着说明了合理性:这份请示是本着便于管理、便于服务、便于自治、便于发展的原则,基于本乡的实际情况,同时还进行了全面实地调查、广泛征求意见,充分考虑了居民的认同感和归属感等因素。理由非常充足,有理有据。在给出充足的理由后,紧接着提出请示事项,即"请求市政府帮助协调有关部门在我乡政区范围内设立社区居民委员会",可谓水到渠成。同时,还对居委会命名、辖区范围、辖区单位进行了交代说明,从而使请示事项显得具体而明晰,利于上级审批答复。最后用"专此请示,请予研复"作结,谦恭得体。

总之,这份请示缘由客观、充足,事项明确、具体,语言准确、得体,是一份值得学习和借鉴的好公文。

第三节 议 案

一、文种述要

(一)概念

议案适用于各级人民政府按照法律程序向同级人民代表大会或人民代表大会常务委

员会提请审议事项。

全国人民代表大会和地方各级人民代表大会是人民行使国家权力的机关,国家或地方上的重大事项须经人民代表大会及其常务委员会讨论通过后方能付诸实施。因此,国务院或地方各级人民政府对于应由同级人民代表大会及其常委会讨论决定的重大事项,应写成议案提请同级人民代表大会或其常务委员会审议。

（二）特点

1. 使用的限定性

只有各级人民政府向同级人民代表大会或其常务委员会提请审议事项时才可使用。其他单位如有提请审议事项,可使用"提案"。

2. 内容的单一性

议案要求一事一文,即一个议案提请审议一个事项,不能在一个议案中提请审议两个以上的事项,否则就会给会议审议带来不便。

3. 时效的规定性

各级人民政府的议案,应当而且必须在同级人民代表大会或其常务委员会举行会议期间以书面形式提出。

（三）种类

根据用途的不同,议案可以分为以下几类。

1. 立法议案

用于提请审议、批准某项重要法律、条例、规定、办法等的草案。如《××省人民政府关于提请审议〈××省城市规划条例(草案)〉的议案》。

2. 重大事项议案

用于提请审议、决定某项重大工程、措施等,如财政预、决算、发展规划以及政治、经济、文化、教育、科技、卫生、体育等方面工作的重大事项。如《关于提请审议修改后的国务院改革方案的议案》。

3. 审批条约议案

用于提请审议、批准缔结国际条约和协定。国家间缔结发展双边关系的条约,按照法律程序,须经双方议会批准,方可生效。如《国务院关于提请审议批准〈中华人民共和国和土耳其共和国领事条约〉的议案》。

4. 人事任免议案

用于提请审议、任免相应级别行政干部的职务。如《××市人民政府关于提请审议××等同志职务任免的议案》。

二、写作结构

（一）标题

议案的标题由"发文机关＋事由＋文种"构成。事由要简明扼要地概述议案的内容,一般在"关于"后写上"提请审议"或"提请审议批准"等术语。如是任免干部,也可以用"关于提请任命"连接,如《××市人民政府关于提请任命××同志职务的议案》。

（二）主送机关

议案的主送机关单一固定，即同级人民代表大会及其常务委员会。要采用全称或规范化简称。

（三）正文

议案的正文由案据、方案和结语组成。

案据，即提出此项议案的依据。要简要说明提请议案的理由、目的、重要意义等。审批条约议案可简洁写明双方签订条约的代表、时间、地点以及可行性。

方案，即对提请审议的事项提出解决的措施、方法。如是提请审议已制定的法律法规，只需写明提请审议的法律法规的名称即可。如是人事任免议案，要将被任免人的姓名和拟担任的职务写明。如是提请审议重大决策事项的，要把决策的内容一一列出，供大会审阅。不能只指出问题，而没有解决问题的方案。议案提出的措施和方法，必须切实可行，并能充分体现人民群众的意愿和要求。

结语，用于提出审议请求。通常用"请审议决定"、"现提请审议"、"请予审议"等术语作结。这部分应体现出祈请语气，不能用命令口吻。

（四）落款

包括签署和发文日期。议案的签署和其他公文有所不同。根据国务院组织法规定，国务院提出的议案由总理签署，地方各级人民政府提出的议案由地方各级政府首长签署，一般不落政府机关名称。姓名之前要冠以职务，两者之间空一格。

范例评析

★ 例文1

江苏省人民代表大会常务委员会关于提请审议
《江苏省制定和批准地方性法规条例修正案（草案）》的议案

江苏省人民代表大会：

为了贯彻落实党的十八大、十八届三中、四中、五中全会以及省委十二届八次、十一次全会精神，适应立法工作的新形势、新任务、新要求，保障修改后的立法在我省全面贯彻实施，切实提高立法质量，更好地发挥立法的引领推动作用，江苏省第十二届人民代表大会常务委员会第二十次会议审议提出了《江苏省制定和批准地方性法规条例修正案（草案）》，现决定提请江苏省第十二届人民代表大会第四次会议审议。

江苏省人民代表大会常务委员会
2016年1月15日

【简析】 这是立法议案。用于提请审议、批准某项重要法律、条例、规定、办法等的草案。

例文标题三要素齐全，并根据公文内容冠以"提请审议"术语。正文由案据、方案和结语组成。"案据"部分简要说明了所提请审议的法规的目的、意义；"方案"部分写明了所提

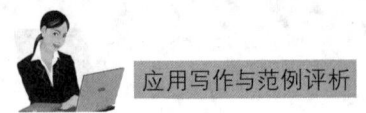

请审议的法规即《江苏省制定和批准地方性法规条例修正案(草案)》,指出由"江苏省第十二届人民代表大会常务委员会第二十次会议审议提出",是要表明议案形成过程的程序性,这也是提请人大会议审议事项的前提条件;最后表明了提请审议的请求,即"提请江苏省第十二届人民代表大会第四次会议审议"。

例文行文目的明确,内容完整,语言凝练、庄重,便于阅读与审议。

★ **例文 2**

××县人民政府关于提请审议××县县花的议案

县人大常委会:

"县花"评选活动工作领导小组在全县范围内开展了"县花"评选投票活动,截到 2013 年 10 月 31 日止,全县共收集到"县花"选票 15 092 票。在推荐评选的亮叶木莲、凤凰、美人树、木棉、黄槿、九里香、夹竹桃、紫薇等 8 个候选"县花"中,得票按从高到低排列为:亮叶木莲 6 028 票,凤凰 4 281 票,木棉 2 785 票,九里香 926 票,黄槿 623 票,夹竹桃 237 票,紫薇 173 票,美人树 36 票。另外,在另选"县花"中,山茶 2 票,荷花 1 票。

在推荐票结束后,"县花"评选活动工作领导小组组织林业、农业、旅游、环保、科技等方面的专家进行评议。经专家组评审,一致拟同意市民评选结果——以"亮叶木莲"作为我县"县花"。经第十五届第 47 次县府常务会议讨论决定,县人民政府拟命名"亮叶木莲"作为我县"县花"。现提请县人大常委会审议。

附件:亮叶木莲简介

县长 ×××

2014 年 3 月 11 日

【简析】 这是重大事项议案。×县人民政府拟命名"亮叶木莲"作为该县县花,提请县人大常委会审议。

例文的第一段为案据,说明了提出此项议案的背景,即"'县花'评选活动工作领导小组在全县范围内开展了'县花'评选投票活动",将推荐评选的各花的得票数一一交代,利于县人大常委会参照决策。第二段提出了方案,即"以'亮叶木莲'作为我县'县花'",指出经过相关部门专家评审,并经第十五届第 47 次县府常务会议讨论决定,表明议案形成过程的程序性。"现提请县人大常委会审议"强调行文的目的。

本议案具体交代了议案的缘由和经过,主旨明确,思路清晰,结构紧凑,体式规范。

★ **例文 3**

××县人民政府关于提请任免×××等工作职务的议案

县人大常委会:

根据组织法有关规定,提请任命:

×××任县环境保护局局长;

×××任县水务局局长;

×××任县民族宗教事务局局长。

免去：

×××县环境保护局局长职务；

×××县水务局局长职务；

×××县民族宗教事务局局长职务。

请审议决定。

附件：提名人工作简历

县长 ×××

2019年1月16日

【简析】 这是人事任免议案。

由于有任命、有免职，故标题冠以"提请任免"术语。例文正文的第一句话"根据组织法有关规定"即案据，接着直接写明提请任免的人员和职务，最后以"请审议决定"作结。

该议案内容简洁，语言凝练，庄重得体。

一、选择题（单选或多选）

1. 在报告这种公文中，行文机关（　　）

　　A. 可以要求上级对报告的质量表明态度

　　B. 可以要求上级对某问题给予答复

　　C. 不得夹带请示事项

　　D. 可以向上级提出解决某个亟待办理问题的申请

2. 下列请示的结束语中得体的是（　　）

　　A. 以上事项，请尽快批准

　　B. 以上所请，如有不同意，请来函商量

　　C. 所请事关重大，不可延误，务必于本月10日前答复

　　D. 以上所请，妥否？请批复。

3. 议案的主送机关为（　　）

　　A. 同级人民代表大会或常务委员会

　　B. 同级人民政府

　　C. 上级人民代表大会或常务委员会

　　D. 上级政府部门

4. 报告是上行文，按其内容可以分为（　　）

　　A. 工作报告　　B. 情况报告　　C. 调查报告

　　D. 审计报告　　E. 答复报告

5. 撰写请示应坚持（　　）

　　A. 一文一事的原则　　　　　　B. 报告其他需要上报的事项

　　C. 主送领导个人　　　　　　　D. 不抄送下级机关

6. 某国税分局向市局行文请示购买交通工具,在"请示事项"中应写明(　　)
　　A. 交通工具的数量　　　　　　B. 交通工具的种类
　　C. 交通工具的质量　　　　　　D. 交通工具的单价

二、判断题

1. 收到下级机关的报告或请示,上级都应当作出答复。(　　)
2. 报告标题可只用"报告"两字。(　　)
3. 受双重或多重领导的单位,视请示内容,可以有两个以上主送机关。(　　)
4. 关于请求批准和指示后才能办理的公务,都可用请示行文。(　　)
5. 向上级机关写报告汇报工作时,视情况可夹带请示事项。(　　)
6. 议案适用于各级人民政府按照法律程序向上级人民代表大会或人民代表大会常务委员会提请审议事项。(　　)

三、简答题

1. 简述请示与报告的区别。
2. 简述议案的文体特点。

四、阅读评析题

阅读下列 2 份公文,分别指出其存在的问题。

1.

关于××高速公路塌方事故的报告

××市建设委员会:

　　2014 年×月×日,××高速公路××路段发生塌方事故,造成一定的伤亡后果。事故发生前,桥面上分散有二三十名工人,已浇铸了近 200 立方的混凝土,而且违章施工,按照施工程序应分两次浇筑的混凝土却一次浇铸。估计事故原因是桥面负荷过重。事故发生后,近 200 名消防队员、工地工人、公安干警赶到现场紧急抢救,抢救时间持续近 28 小时。据查,该工程承建商是××市市政总公司第一分公司。

　　特此报告。

××市政工程总公司
2014 年×月×日

2.

关于经费的请示报告

××区人民政府、区财政局各位领导:

　　近期不法分子利用晚上等时间,对长龙山区块矿产资源进行非法开采,如不及时采取措施,会进一步助长非法分子的开采活动。为切实保护好该区块的矿产资源,有效扼制非法活动,防止国有资源流失,经街道党工委研究,决定加大投入保护国有矿产资源的人力财力,加强打击力度。经初步预算,约需投入经费 25 万元。鉴于街道财政经费有限,请上级务必补助该项经费 10 万元。另外,由于人手有限,请增加 5 个编制,调进相关人员。

××街道办事处
2019 年 8 月 10 日

五、情景写作题

1. 请合理扩充下面提供的材料,以××分公司的名义向总公司起草一份不超过500字的情况报告。

(1) 2017年6月4日凌晨2时40分,××分公司江南百货大楼发生火灾事故。

(2) 事故后果:未造成人员伤亡,但该大楼二楼商品全部烧毁,直接经济损失350万元。

(3) 事故原因:二楼某个体裁缝未经二楼经理同意从总闸私接线路,夜间未断电造成电线起火。

(4) 施救情况:事故发生后,分公司领导马上拨打火警,市消防队出动了8辆消防车,至清晨6点,火灾才被扑灭。

(5) 善后工作:分公司经理、副经理多次到现场调查,并对事故进行了认真处理。

2. 根据下面提供的材料,拟写一份请示。

××市水务局拟于2019年12月1日派团(李××副局长等3人)到德国KSB总厂进行总装和检测KSB大型潜水泵设备,此事需向市政府请示。该局曾于2019年5月10日与德国KSB泵业有限公司签订了引进设备的合同,合同中商定在引进设备前可去该公司检验引进设备。最近对方又来电邀请前去检验设备。在德考察时间需20天,所需外汇由市水务局自筹解决。各项费用预算可列详表。

第五章 指挥性公文

本章导读

指挥性公文是上级机关表明决策意图,以领导或指挥下级机关和有关人员行动的公文。命令、决定、决议、批复属于此类。

指挥性公文作为下行文,是下级机关决策和进行工作活动的依据,要求下级机关认真贯彻执行。在使用权限方面,命令和决议有特定主体,命令限于县级以上各级人民政府;决议仅限于国家各级立法机构以及党的各级领导机构的会议。决定和批复的适用范围则非常广泛,几乎所有相对上级机关都可以使用。

通过本章学习,学习者要熟悉这4种公文的文体属性,分清表彰批评性通报与奖惩性决定、决定与决议的区别,掌握此类公文(重点是决定与批复)的写作方法,能写出合乎规范的指挥性公文。

第一节 命令(令)

一、文种述要

(一)概念

命令(令)适用于公布行政法规和规章、宣布施行重大强制性措施、嘉奖有关单位及人员的一种公文。

命令和令的性质效力相同,只是为了使命令标题在语法上合乎规范而备以使用的,实践中使用"命令"还是"令",视词语搭配的需要或使用习惯而定。一般用规范标题格式时用"命令",如《××市人民政府关于严禁一切野外用火的命令》;其他情况可用"令",如中华人民共和国主席令、戒严令、动员令等。

(二)特点

1. 发文机关的限定性

根据我国《宪法》的有关规定,中华人民共和国主席、国务院、国务院各部和各委员会,县级以上的地方各级人民政府有权发布命令,其他一般机关、人民团体、企事业单位无权发布命令。

2. 法定的权威性

命令(令)是权力威望的体现,直接而集中地反映了领导机关的意志,是下级机关开展工作的主要依据,具有强烈的权威性和指挥性。

3. 执行的强制性

命令(令)一旦发布,下级机关必须无条件地、不折不扣地执行。不得延误、干扰、违抗,否则将受到严厉惩处。从这一点来讲,命令(令)的强制性比其他任何下行文都强烈得多。

(三)种类

根据命令(令)的用途,可分为以下几种。

1. 发布令

发布令也称作公布令、颁布令,适用于国家公布法律,国家行政机关发布根据法律制定的行政法规和规章。

2. 行政令

用于国务院及其各部门、县以上地方各级人民政府宣布施行重大强制性行政措施。

3. 嘉奖令、授勋令

嘉奖令用于嘉奖有突出贡献的人员或集体;授勋令用于授予有关人员国家级荣誉称号、国家勋章和晋升衔级。

4. 任免令

专门用于任免政府高级官员。

二、写作结构

(一)标题

一般由"发文机关(或领导人职务名称)+事由+文种"组成。如《国务院关于发行新版人民币的命令》。或省略事由,如《中华人民共和国主席令》。命令的文种名称,可视其内容性质,称为"命令"、"令"、"嘉奖令"等。

(二)编号

命令(令)的编号有三种写法:

一是采用一般法定公文使用的发文字号。

二是以年度单位,按发布时间顺序编号,具体形式为:"××××年第×号",其中年号和顺序号都使用阿拉伯数字。

三是以领导人任期为单位,统一编大流水号,任期届满后另编新号。此种方式一般只有国家级领导人使用。其具体形式为:"第×号"。

(三)主送机关

命令(令)的主送机关分两种情形。向全社会公布有关事项时,主送机关可不用。面向特定政府管辖部门的命令则必须标写主送机关。

(四)正文

命令的种类不同,正文的写法也有所不同。

1. 发布令

发布令的正文一般由发布对象(发布的法律、法规和规章的名称)、发布依据(经什么

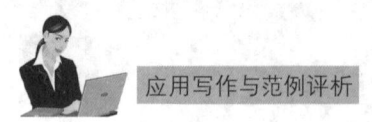

会议、何时通过或经过什么机关批准)、发布决定(一般写作"现予发布")和执行要求、实施时间等内容组成。其内容少,篇幅短,一般采用篇段合一的结构。

2. 行政令

行政令的正文一般由发令缘由、命令事项和执行要求三部分组成。

发令缘由用于说明发布命令(令)的背景、依据、目的、意义。然后以惯用过渡句引领下文,如"为此,发布命令如下"、"为此,现发布如下命令"等。

命令事项要写明所要采取的重大强制性行政措施。一般要分项列条(内容少的可不分条),具体规定要求下级机关或有关人员做什么,怎么做,违反命令怎样追究责任等。

执行要求主要用于强调命令事项的意义,发出希望和号召等。这一部分不是行政令的必要组成部分,有时可省略。

3. 嘉奖令、授勋令

二者在写法上基本相同,正文一般都由三部分组成。

首先,概括嘉奖或授勋对象的主要事迹和意义,这也是发文的缘由。这部分要写得实事求是,概括得当,主要事迹要重点突出,分析入理,条理清晰。

其次,写明对受奖人员或授勋对象的嘉奖办法、授予的荣誉称号等。这是主体部分,要求用语准确,文字简洁。

最后,向有关人员提出希望,发出号召。这部分要紧扣嘉奖或授勋对象的事迹来写,发出的号召要富有针对性、鼓动性,切实起到宣传教育作用。

4. 任免令

任免令的正文一般包括任免依据和任免决定两部分内容。任免依据主要是写明作出任免决定的机关名称、会议名称和时间。任免决定直接写明任命谁担任什么职务或免去谁的什么职务。单项任免令一般采用段篇合一的结构,多项任免令常将任免事项分条写作。

(五)落款

由签署命令的领导人或发文机关署名以及成文日期组成。以国家机关领导人名义发布的命令,署领导人职务和姓名;以国家机关名义发布的命令,既可署机关名称,也可署领导人职务、姓名。

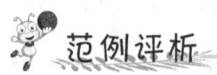

★ 例文1

中华人民共和国国务院令
第 708 号

《生产安全事故应急条例》已经 2018 年 12 月 5 日国务院第 33 次常务会议通过,现予公布,自 2019 年 4 月 1 日起施行。

总理 李克强

2019 年 2 月 17 日

【简析】 本文属于发布令。

发布令的标题通常由"发令机关(或机关领导人名义)+文种"组成,标题下面正中位置是令号。该命令是向全社会公布,故不用主送机关。例文的正文包括发布对象(《生产安全事故应急条例》)、发布依据(经2018年12月5日国务院第33次常务会议通过)、发布决定(现予公布)、实施时间(自2019年4月1日起施行)。

全文篇段合一,言简意赅,庄重严肃。

★ 例文2

××县人民政府关于森林防火戒严的命令

各乡镇人民政府,县开发区、高铁经济试验区,县政府各部门:

为了有效预防森林火灾的发生,确保森林资源和人民生命财产安全,根据国务院《森林防火条例》《湖北省森林防火条例》和《湖北省森林防火指挥部关于我省提前进入重点防火期的通知》的规定,现发布森林防火戒严命令。

一、全县林区实行森林防火戒严。戒严期为2019年9月27日至2020年4月30日。

二、坚持"四个严禁"。森林防火戒严期内,严禁烧田埂地边,严禁烧灰积肥,严禁烧火野炊,严禁林区内祭祀用火、燃放鞭炮及其他野外用火行为,引发森林火灾的依法严惩。

三、严格火源管控。各乡镇(区)、国有林场要加强野外火源管控,加强防火巡逻值守;村干部、村级护林员、生态护林员要全天候巡逻,对野外用火行为要及时制止,发现火情要迅速报告,并组织扑救;对辖区内未成年人和痴、呆、傻人员要落实包保责任制,对所引起的森林火灾,要追究家长及监护人的责任。

四、严格应急值守。森林防火戒严期内,县、乡镇(区)两级护林防火指挥部必须坚持实行领导带班的24小时值班制度,严禁离岗、脱岗。一旦发生火情,各地要迅速组织扑救,并及时上报县森林防火指挥部办公室。

五、严格火案查处。公安、林业、监察部门要切实加大火案查处力度,对违反本戒严令的单位和个人,依纪依法予以严肃处理,构成犯罪的,依法追究刑事责任。

大悟县人民政府
2019年9月26日

【简析】 这是行政令,用于发布施行重大强制性行政措施。

该命令采用了三要素标题的形式,清楚明白,用语郑重。与例文1不同,本文由于有特定政府管辖单位和部门,故写明了主送机关。第一段是发令缘由,说明了发布命令的目的和依据,点明了发文的主旨。接下去是命令事项,采取分项列条法,具体规定了森林防火戒严的范围与时间以及具体要求、责任追究等,显得条理分明。"坚持'四个严禁'"、"严格火源管控"、"严格应急值守"、"严格火案查处"四点具体要求,语气坚定有力,充分体现了命令强烈的权威性、指挥性。

全文格式规范,条理清晰,语言表达准确、庄重。

第二节 决 定

一、文种述要

（一）概念

决定适用于对重要事项作出决策和部署，奖惩有关单位和人员，变更或者撤销下级机关不适当的决定事项。

决定的适用范围非常广泛，可以是国家最高权力机关，也可以是一般单位部门。因此，决定成为所有相对上级机关都可以使用的公文文种。

（二）特点

1. 事项重要

用决定作出决策和安排的事项必须是重要事项或重大行动，布置日常工作和处理一般事项时不能随意使用决定，一般用通知行文。

2. 指挥性强

决定作为决策性下行文，它体现了上级机关的指挥导向，在效力上仅次于命令。

3. 约束力大

决定对有关人员具有约束力，它的执行是带强制性的。决定一经下达，即具有明显的指令性或约束力，下级机关和有关人员必须遵照执行。

（三）种类

根据内容划分，决定有三种类型。

1. 部署性决定

又称决策性决定，适用于对某些重要事项或重大行动作出安排，其特点是影响大，指挥导向作用明显。

2. 奖惩性决定

适用于对先进人物和集体进行表彰，对犯有严重错误的单位或个人进行处分。

3. 变更性决定

适用于变更或者撤销下级机关不适当决定事项。对原决定的"变更或者撤销"，也是一次决策，它体现了发文机关与时俱进的观念与决策能力。

二、写作结构

（一）标题

采用常规党政公文标题形式。

一是"发文机关+事由+文种"。如《集团公司党组关于开展向×××学习的决定》。
二是"事由+文种"。如《关于表彰2019年先进集体和先进个人的决定》。

（二）主送机关

如该决定属于普发性公文，一般不写主送机关。

（三）正文

不同的决定类型，其正文内容有所不同。

1. 部署性决定

首先，交代制发文件的背景、依据、目的、意义或原因。其次，陈述有关事项或行动安排的具体内容，包括决定事项或行动的指导思想、指导原则、工作目标、实施时间、对象范围、实施步骤、方式方法和条件、思想与组织保障、执行要求等。可采用分条列项、附加小标题的方式。

2. 奖惩性决定

首先，简要介绍被表彰者的身份、先进事迹，或是违纪人员的简历、所犯错误的主要事实，做到奖惩有据，以事理服人。其次，对所针对的组织、人员的先进事迹或错误行为进行分析、评价并明确有关组织的奖惩意见。最后，提出学习先进的号召或吸取教训的警示，或提出今后工作的要求、方法措施、注意事项等。

3. 变更性决定

首先，交代变更或撤销有关决定事项的依据、原因、目的等。其次，直接说明决定变更或撤销的事项的具体内容。最后，简要说明决定变更或撤销事项的性质、后果或相关要求等。

（四）落款

署上发文机关名称和日期。经会议通过的决定，在标题正下方注明经何会议通过及会议通过的时间，用圆括号括入。

★ 附：表彰、批评性通报与奖惩性决定的区别

1. 出发点与侧重点不同

奖惩性决定重在处置，它的着眼点在于奖惩有关单位或个人，它代表领导层的权威意志，奖功罚过是其首要目的；而表彰、批评性通报则是使受文单位了解要表彰或批评的个人或集体的有关事件，从而受到鼓舞教育或鞭策警示，其着眼点在于事实本身，重在宣传与教育，或先进示范，或以儆效尤。

2. 内容的详略安排不同

奖惩性决定与表彰、批评性通报都要叙述先进事迹或错误事实，并对其作出分析评价，写明表彰或处理决定，并提出希望和要求。但由于出发点与侧重点不同，因而两者在正文的结构安排及叙述详略上存在一定的区别。奖惩性决定一般重在介绍先进事迹或错误事实及组织的处理决定；而表彰、批评性通报除了介绍先进事迹或错误事实外，更重要的是要对事实作出客观的分析评价，并提出希望与要求。

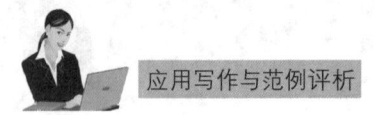

范例评析

★ 例文1

××学院关于开展工作创新年活动的决定

为深入学习贯彻党的十九大提出的"新发展理念",落实北方国际大学联盟提出的"专注、专业、成长"年度工作主题的要求,促进学院实现全员职业化目标,建设团结协同、科学严谨、敢于担当、高效服务的各类各级团队,不断提升学院办学活力、办学水平、办学效益,学院决定在全院开展工作创新年活动。

一、指导思想与目标要求

以习近平新时代中国特色社会主义思想为指导,全面贯彻党的教育方针,落实立德树人根本任务;坚持质量立校方略,不断提高教育教学质量;坚持主动适应地方经济社会发展的要求,培养具有专业素养、现代思维、国际视野、健全人格的高级应用型人才;坚持问题导向,提升党政机关敢于担当、善于创新的服务能力与水平;坚持协同推进,汇聚创新合力,促进学院健康发展、转型发展。

通过工作创新年活动,实现以"专注"情怀融入教书育人新要求,以"专业"本领创造教育教学新业绩,以"成长"理念引领学院事业新发展,以"创新"精神投身工作拓展新领域。

二、组织领导与任务分解

1. 学院成立工作创新年活动领导小组,由董事长和院领导组成,成立办公室,负责日常事务与督办事宜。各系(部)、各单位成立组织机构,重在围绕本次活动的指导思想与工作目标,结合实际提出具体工作目标,制定具体任务,明确责任要求,确保活动有序开展并取得实效。

2. 院领导主要负责所联系的系(部)和分管单位的指导与协调。领导小组办公室负责全院工作创新年活动的工作协调、组织评议考核等事宜。各系(部)、各单位主要负责人负责组织本单位、本部门开展工作创新活动的全面工作,并对学院工作领导小组负责。

三、活动时间与主要内容

1. 活动时间

工作创新年活动从2018年3月开始,到2018年12月底结束。

2. 主要内容

坚持问题导向,根据各自职责,聚焦本单位中心工作、改革发展重点和关键环节,明确创新工作目标,以理念创新带动思路创新,以体制机制创新激发活力,以工作方式方法创新提高效能,以载体创新整合资源,以评价体系创新检验绩效,防止为创新而创新,避免创新与工作偏离、与实践脱节,让工作创新年活动成果落实到具体行动上,体现在工作业绩中。要重点抓好如下工作:

一是工作目标创新。保持思想的敏锐性和开放度,打破常规,突破现状,敢为人先,实现思想认识的新飞跃。着重强化全局理念、法治理念、服务理念,落实工作目标等方面的

创新,突出新思想、新举措对实际工作的牵引作用。

二是工作思路创新。转变思考问题的方法,转换解决问题的角度,着重提高战略思维、历史思维、辩证思维、创新思维和底线思维水平,变管理为服务,变被动为主动,变堵防为疏导,变推诿为解决,变各自为战为协同合作,推动本职工作有新起色。

三是体制机制创新。打破部门割据、条框束缚等障碍,转变职能、理顺关系、优化结构、提高效率,充分发挥主观能动性,整合资源,发掘潜力,增强内生动力,构建充满活力、富有效率、更加开放、有利于科学发展的体制机制。

四是方式方法创新。运用信息化技术和扁平化管理等方法,推进工作程序化、标准化和科学化;通过平等协商和相互沟通等途径,提高工作的实效性,增强工作的系统性,从而实现工作效率最高化、效能最佳化、成果最大化。

五是工作载体创新。结合本单位具体工作实际搭建平台,因势利导开展活动,重在解决教学科研工作中的难题,调动工作的积极性、主动性、创造性,推动资源整合、优势互补、协调发展,确保教学中心工作顺利完成。

六是评价体系创新。进一步发挥考核评价的激励、督促、教育、导向等综合功能。坚持定性考评与定量考评相结合,日常考核与年度考核相结合,领导考评与群众测评相结合,考评结果与评优评先相结合,充分发挥导向作用。

四、工作要求

全院上下要高度重视,提高认识,统一思想,以奋发有为的精神状态,精心组织,扎实推进,确保工作创新年活动取得实效。

1. 加强领导,落实责任。各单位一把手要亲自抓,分管领导要具体抓,要加强协调,协同创新,涉及全局性体制机制创新,要相互支持、主动配合,明确责任、各司其职,形成工作合力。对行动迟缓、敷衍塞责、推诿扯皮的,将进行通报批评,追究责任。

2. 统筹兼顾,抓好结合。要统筹安排好工作创新年活动各阶段工作,把解放思想、改革创新贯穿始终,把解决问题、改进工作贯穿始终,切实做到有机衔接、稳步推进。要正确处理好开展活动与做好当前工作的关系,把活动融入到工作中去,把工作结合到活动中来,用科学发展的实际成果衡量和检验活动成效,真正做到开展活动与日常工作两手抓、两不误、两促进。

3. 严密组织,按时完成。各单位要按照本决定的要求,制订本单位工作方案和填报工作创新年活动清单,并于2018年3月7日前报领导小组办公室。

附件:工作创新年活动清单

××学院

2018年2月23日

【简析】 这是部署性决定。部署性决定着眼于工作部署,具有权威性。在本例文中,发文单位××学院作出了在全院开展工作创新年活动的决定。

该决定第一段为发文缘由,着重阐述了行文目的,点明发文主旨。主体部分,该决定较突出的特点是采用了"方案"的形式,针对本次工作创新年活动,将指导思想与目标要求、组织领导与任务分解、活动时间与工作内容以及工作要求等逐项列出,具体而明确,具

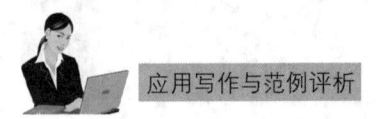

有可操作性。"指导思想"方面四个"坚持"的连用,"目标要求"四个对句的组合,"主要内容"齐整句式的运用等,既具有丰富内涵与精准所指,也极大地增强了文势。

文章内容的全面缜密,层次分明的条文式结构,严谨准确的措辞,都增强了本文的逻辑力量,利于下级机关理解与执行。

★ 例文2

<h3 style="text-align:center">××市人民政府关于给予××市
城市管理行政执法局记集体二等功的决定</h3>

各县、区人民政府,市级各部门,××经济开发区、市天然气综合利用工业园区管委会:

2017年以来,市城市管理行政执法局以习近平新时代中国特色社会主义思想为指导,在市委、市政府的坚强领导下,按照省委省政府作出的大力开展城乡环境综合治理的重大部署,紧紧围绕"实现人居环境与经济社会发展和人民生活水平相适应"的总体目标,以实施"五乱"整治、改善城乡环境卫生为根本,以加快基础设施建设、完善城市服务功能为重点,以强化风貌塑造、促进城市品位提升为突破,以聚合资源优势、搭建"四联创"平台为依托,以开展典型引领、提高市民综合素质为关键,锁定目标、凝心聚力、真抓实干,认真发挥了牵头协调作用,推进了城乡环境综合治理工作深入扎实开展,取得了十分明显的成效,为××市成功创建"四川省环境优美示范城市"作出了重要贡献。为此,市政府决定,给予××市城市管理行政执法局记集体二等功1次。

希望××市城市管理行政执法局珍惜荣誉,再接再厉,在市委、市政府的领导下,继续做好城市管理、城乡环境综合治理、爱国卫生工作。各级各部门要以××市城市管理行政执法局为榜样,积极作为,扎实工作,争先创优,以高度的责任感、使命感和紧迫感,全力推进我市经济社会又好又快发展,为把××建设成为川陕甘结合部经济文化生态强市作出新的更大贡献。

××市人民政府
2019年8月5日

【简析】 这是表彰性决定。决定的适用范围之一就是奖惩有关单位和人员。表彰性决定是机关、团体和企事业单位对所属单位和个人进行表彰时发布的公文。

该则决定的标题采用三项式,即由发布决定的机关、事由和文种组成。正文内容由先进事迹概述、评价、表彰决定和号召学习四部分组成,思路顺畅。对先进事迹的介绍采用概括叙述,方方面面的工作点到为止,用语高度凝练。在此基础上,对其事迹的先进性及典型意义进行了综合评价:"为××市成功创建'四川省环境优美示范城市'作出了重要贡献。"评述结合,边叙边议,这样写作的优点,是为表彰性决定作必要的铺垫,让人们感到对××市城市管理行政执法局进行表彰是顺理成章之事。表彰决定的形式明确具体:给予××市城市管理行政执法局记集体二等功1次。最后一段是号召学习,先对表彰对象提出希望,然后对号召对象提出要求,写得很有层次感。

该决定篇幅不长,但内容充实,逻辑严密,结构分明,语言精练、庄重,集中体现了表彰性决定的基本特点。

第三节 决 议

一、文种述要

(一) 概念

决议适用于会议讨论通过的重大决策事项。

决议是记录和反映会议议决意见的一种决策性公文。可以使用决议的会议仅限于国家各级立法机构——各级人民代表大会及其常务委员会、党的各级领导机构——各级党代会及中央、地方委员会。

(二) 特点

1. 决策的权威性

决议是针对重大问题和重要事项所作出的指示、评价与决定,代表一定组织的决策意见,对下级机关和有关人员具有权威性和约束力。一经发布,必须严格遵守,认真贯彻落实,不得违背。

2. 生效的程序性

决议必须经过特定的会议(如人民代表大会、党员代表大会以及由这些代表大会选举产生的委员会、常务委员会等)进行讨论,并按照法定的程序表决通过才能生效。

(三) 种类

根据涉及内容的不同,决议可分为两类:

1. 审批性决议

适用于审议、批准会议有关重要文件。一些重要会议,需以决议的方式对提交会议审议的文件进行讨论评价,并批准发布。

2. 决策性决议

适用于讨论通过重要决策事项。内容多半是分析问题的性质,提出解决问题的办法,部署今后的行动。

二、写作结构

(一) 标题

决议的标题有两种写法:

1. 发文机关(或会议名称)＋事由＋文种,如《中国共产党第十八次全国代表大会关于〈中国共产党章程(修正案)〉的决议》。

2. 事由＋文种,如《关于吸收×××同志为中共预备党员的决议》。

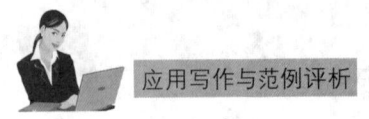

(二) 成文日期

在标题之下正中位置注明会议名称及决议正式通过的日期,并用圆括号括入。如"××××年×月×日××××全体会议通过"。

(三) 正文

决议的类别不同,其正文部分的写法也有所不同。

1. 审批性决议

首先,写明什么会议讨论通过(或审查、批准)了什么工作报告或文件。

其次,表明对该工作报告或文件的基本态度,概括文件的主要精神,点评文件的若干重要内容,评价文件的作用和意义。写法上常以"大会听取了"、"大会讨论了"、"大会认为"、"大会强调"、"大会指出"等习惯用语起头。这部分内容如较多,可分条列项来写。

最后,可对有关方面提出希望或要求,并发出号召。一般用"会议要求"、"会议希望"、"大会号召"等惯用语起头。

2. 决策性决议

首先,表明作出此项决议的背景、依据、目的和意义,或简要进行会议情况介绍,明确会议名称、会议时间、会议地点、与会人员身份及人数、会议主要议程等要素。

其次,说明审议通过的议决事项的具体内容,一般包括施政举措的必要性,应采取的指导方针,以及总体任务、具体指标等要素。议定事项的内容层次较多时,可以采用分门别类或分条列项的方法安排逻辑结构。常通过使用"大会赞成"、"大会同意"、"大会提出"、"会议要求"、"会议号召"等词语起头。

最后,写明对贯彻执行决议的要求、号召等。有的可随事结束,自然结尾。

★ 附:决定和决议的区别

1. 生成程序不同

决议必须由会议通过;而决定可以由会议作出,也可以由领导机构在职权范围内作出。

2. 写作内容不同

决议是会议对重要问题提出原则性意见,更带宏观性与战略性;决定一般用以解决具体事项,其内容更具体化,更具操作性。

3. 发布形式不同

决议以会议名称发布;决定也可以会议名称发布,但多半以机关名称发布。

范例评析

★ 例文 1

××市第四届人民代表大会第五次会议
关于 2018 年全市环境状况和环境保护目标完成情况报告的决议

(2019 年 1 月 25 日××市第四届人民代表大会第五次会议第二次全体会议通过)

××市第四届人民代表大会第五次会议审查了市生态环境局局长周××受市人民

政府委托所提交的《关于2018年全市环境状况和环境保护目标完成情况的报告》。会议肯定了2018年全市环境保护工作取得的成绩,同意报告提出的2019年工作目标及重点。

会议认为,2018年,市政府深入贯彻落实习近平生态文明思想,严格执行环境保护法律法规,坚决落实"党政同责"、"一岗双责",强力推进大气、水、土壤污染防治"三大战役",扎实抓好中央、省环境保护督察反馈问题整改和"回头看"迎督工作,全面完成了环保目标任务,全市生态环境得到较大改善。

会议强调,2019年,全市要牢固树立创新、协调、绿色、开放、共享的发展理念,全力推进生态建设、治污减排、执法监管等各项工作,健全完善生态文明建设长效机制,努力实现生态环境持续好转,人民群众对生态环境质量提高的获得感明显增强。

会议号召,全市人民要在市委的坚强领导下,团结一心,奋发有为,为生态文明建设和环境保护添砖加瓦,共建共享蓝天、碧水、净土的美丽××!

【简析】 这是审批性决议。审批性决议适用于审议、批准会议有关重要文件。

本决议开篇直接写明××市第四届人民代表大会第五次会议所审议的报告名称,并表明了对报告的基本态度。接下去,对市政府2018年环保工作取得的成绩进行具体点评,对2019年的生态建设工作提出了重要要求,最后对全市人民发出号召。三部分分别以"会议认为"、"会议强调"、"会议号召"等惯用语起头,旗帜鲜明地表明了大会的观点。需要说明的是,例文标题下采用题注的形式,说明决议通过的时间与批准会议的名称,这是公文生效的程序。正文末不再标注发文机关名称与发文日期。

整篇决议内容完整,体式规范,观点鲜明,逻辑严密。

★ **例文2**

××市××区人大常委会关于加强检察建议工作的决议

(2018年11月21日区十七届人大常委会第十七次会议通过)

区十七届人大常委会第十七次会议,听取审议了区检察院检察长王×所作的区检察院关于规范检察建议工作情况的报告。会议认为,加强检察建议工作是检察机关充分发挥法律监督职能的重要方式,对改革和完善中国特色检察制度、探索法律监督实现形式、拓展法律监督服务领域具有重要意义。会议决议如下:

一、切实提高对检察建议工作的认识

检察建议是人民检察院依法履行法律监督职责的重要方式,在参与社会治理,维护司法公正,促进依法行政,预防和减少违法犯罪,保护国家利益和社会公共利益,维护个人和组织合法权益,保障法律统一正确实施等方面发挥着重要作用。各相关单位要统一思想认识,提高政治站位,从维护宪法法律权威和推进法治国家、法治政府、法治社会一体建设的高度,充分认识加强检察建议工作的重要意义,切实增强检察建议的权威性、严肃性,通过检察建议进一步完善制度,弥补漏洞,规范司法行为,维护司法公正,提高执法司法管理能力,提升社会治理法治化水平。

二、切实注重检察建议工作的规范性

区检察院要按照"立足职能、积极稳妥,问题导向、注重实效"原则积极主动向有关部门和单位提出检察建议。要不断加强检察建议的规范管理,进一步明确检察建议的适用范围、制作流程、送达方式、督促落实、监督管理等内容,在探索、完善的基础上,适时制定出台关于检察建议工作的规范性文件。

被检察建议单位要高度重视检察院提出的检察建议,自觉接受检察机关的法律监督。针对存在的问题召开专题会议认真分析原因,制定整改措施。内部制度机制不健全的,及时完善制度机制,堵塞漏洞。要按照要求及时将整改落实情况书面回复区检察院。

三、切实维护检察建议工作的权威性

全区各级行政机关和有关单位要充分认识检察建议的重要意义和积极作用,维护检察建议的严肃性、权威性。健全沟通协作机制,通过召开联席会议、不定期会商等方式督促被建议单位落实整改。加强跟踪问效,及时对检察建议落实情况进行评估,对无正当理由拒不采纳检察建议、拒不整改落实的,依法跟进抗诉、提起公益诉讼、纠正违法等后续监督措施,确保整改落实到位。区人大常委会通过专题视察、调研、执法检查以及监督法规定的其他监督形式,监督和促进检察建议工作的落实。

【简析】 这是决策性决议。决策性决议适用于讨论通过主要决策事项,本决议是××市××区十七届人大常委会第十七次会议就加强检察建议工作作出决策。

例文开篇即写明区十七届人大常委会第十七次会议审议了什么文件,并用"会议认为……"表明了加强检察建议工作的重要意义,这是本决议的决策背景。接着用"会议决议如下"承启语过渡到决策事项。决策事项分别从"切实提高对检察建议工作的认识"、"切实注重检察建议工作的规范性"、"切实维护检察建议工作的权威性"三个方面就如何加强检察建议工作加以阐述,每段的段首主旨句概括简明,有利于引导阅读。

全文按照总分方法安排逻辑结构,条理分明,内容充实,表述简约。

第四节 批　复

一、文种述要

(一)概念

批复适用于答复下级机关请示事项。

批复必须以下级机关的请示为存在条件。没有请示,也就无所谓批复。由此可见,批复和请示,是彼此互相对应的两种公文。

(二)特点

1. 专向性

批复和请示是相互对应的一组公文,批复是专门针对请示的行文,批复的内容也是针对请示的具体事项,与请示事项无关的内容则不涉及。

2. 权威性

上级机关在批复中对政策所作出的解释、提出的指导性意见以及表明的审批态度,具有权威性和指令性作用,下级机关必须遵照执行。

3. 单一性

请示的内容是一文一事,因而针对请示而作出的批复,也必须是一文一事,不能在一篇批复中同时回答多个事项。

(三)种类

根据批复内容的不同,可把批复分为两类。

1. 审批性批复

这是针对下级机关要求给予批准、认可事项的批复。这类批复,往往针对下级机关请求批准的事项进行审批,表明同意、原则同意或不同意。

2. 指示性批复

这是针对下级机关要求给予政策、认识上指示的批复。这类批复,往往针对请示事项作出解释性、指导性答复,而不是批准性意见。

二、写作结构

(一)标题

一般为完整式,也可省去发文机关。必要时,标题中可用"同意"或"批准"等表态语。若是不同意或部分问题同意,就不用表态语。如《××省教育厅关于同意××大学增设文化产业专业的批复》。

(二)主送机关

即请示来文的发文机关。

(三)正文

批复的正文一般包括批复引据、批复意见、结束语三个部分。

批复引据:在开头引叙来文,一般应引用请示来文的标题与发文字号,发文字号在标题后用圆括号注明,目的在于直接明确此批复所针对的请示内容。惯用句式:"你×《关于×××××的请示》(××请〔××××〕×号)收悉"。然后用"经研究(经××会议决定),现批复如下"领起下文。

批复意见:针对来文的请示事项,态度鲜明地回答是否同意对方的请求,或给予政策、认识上的解答。对求批性请示,如完全同意请求事项,需写明肯定性意见的全部内容,不能只笼统地写"同意你们的请示";如完全不同意请示事项,应当说明不同意的依据和理由;如原则同意请示事项,除简要说明理由外,还应提出具体的修正补充意见。如批复事项较多,宜分条列项。

结束语：一般以"此复"、"特此批复"等惯用语收尾，有时也可提出所请事项办理以及办结后的要求，或自然收尾。

（四）落款

署明发文机关名称和日期。

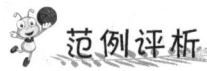

★ 例文1

××市市场监督管理局关于经营标签不符合规定的食品法律适用问题的批复

经济技术开发区分局：

你分局《关于对经营标签不符合规定的食品法律适用问题的请示》（××市监经分〔2019〕2号）收悉。经研究，现批复如下：

食品生产企业应对影响食品安全的食品标签内容负有主体责任，属地市场监管部门应履行对食品生产企业的监管职责。因此，食品生产企业属地市场监管部门的协查回复，可作为重要的处理参考意见。同时，××超市所售"××饮料"标签上虽未标注生产者联系方式，但消费者根据企业名称及地址，通过网络等查询手段完全可以联系到该食品生产企业。

综上所述，针对××超市嫌销售食品标签不符合规定食品的行为，应按照《食品安全法》第一百二十五条第二款进行处理。

此复。

××市市场监督管理局
2019年6月14日

【简析】 这是指示性批复。××市市场监督管理局答复分局的请示事项，对经营标签不符合规定的食品法律适用问题作出具体说明。

批复中，发文缘由以引据形式出现，先引标题，后引发文字号，既体现了公文的严谨性，又礼貌地回应了请示机关。引据与批复事项之间，运用承启语"经研究，现批复如下"转接至主体。批复事项部分对对方所提出的问题进行了认识上的解答，并用"针对××超市嫌销售食品标签不符合规定食品的行为，应按照《食品安全法》第一百二十五条第二款进行处理"明确表明态度。最后以批复的惯用语作结。

例文注重政策性，解答语言准确严谨，利于下级领会、操作和执行。

★ 例文2

江苏省人民政府关于南通市二甲镇
余西历史文化名村（保护）规划的批复

南通市人民政府：

你市《关于请求批准〈南通市通州区余西历史文化名村（保护）规划〉的请示》（通政请

〔2015〕130号)收悉。现批复如下：

一、原则同意《南通市二甲镇余西历史文化名村(保护)规划》。

二、同意余西历史文化名村核心保护范围为：以龙街为中心东西各50～100米区域，面积约6.5公顷。

三、制定完善并全面落实相关保护措施。重点保护水系环绕、村河相拥的水网格局，加大村庄周边"村—水—田"自然景观格局保护力度，切实保护好以工字型主街、各条支巷为支干的中轴对称街巷肌理，保持古村传统空间尺度与风貌特色。依法加强对文物保护单位、历史建筑、传统风貌建筑、古树、古井等遗存的保护，整治沿街、沿河建筑立面，严格控制新建建筑体量、高度和风格，延续和彰显传统风貌。

四、加强村庄整治工作。优化村庄用地布局，加强公共服务和公用设施配套建设，整治村口、牌坊、桥头等公共空间，提高绿化与景观建设水平，不断提升人居环境质量与村庄活力。

五、加强规划实施管理。经省人民政府批准的《南通市二甲镇余西历史文化名村(保护)规划》，是余西村规划、建设、管理的依据，要在规划指导下，正确处理历史文化保护与经济社会发展的关系，引导全村有序建设和科学发展。

江苏省人民政府
2016年1月25日

【简析】 这是审批性批复。本例文原则同意南通市人民政府的有关请示，"原则同意"与"同意"是有区别的。由于是"原则同意"，批复事项还会就"原则同意"之外的内容进行补充说明。

例文正文以引据开头，表述规范。批复事项部分因涉及内容较多，采用了分条列项的写法。第一、二条针对下级机关的请示事项表明态度；第三、四条是针对"原则同意"之外的内容，进行具体明确的补充说明；第五条是提出了加强规划实施管理的希望和要求。

例文循序渐进，有条有理，态度明朗，内容具体清楚，体现了鲜明的逻辑性，展示了作者认识、概括问题的能力。

★ 例文3

××省物价局关于收取进站发班车辆安检费的批复

××市物价局：

你局《关于收取进站发班车辆安检费的请示》(×价请〔2015〕34号)收悉。经研究，批复如下：

根据国家有关规定，我省机动车辆实行定期安全技术检测、营运汽车除定期安全技术检测外还实行定期保养和综合性能检测。省发展与改革厅《××省机动车辆安全技术检测收费管理暂行规定》以及省物价局、交通厅《××省营运汽车技术等级评定(检测)收费管理暂行规定》等规范性文件，分别规定了机动车辆安全技术检测和营运汽车综合性能检测的内容、收费项目、收费标准和收费的有关事项等。

××集团公司设安全检测台对进站发班车辆检测并收取安检费，属于重复检测收费，

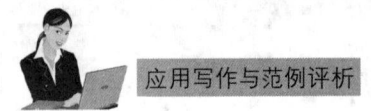

不符合上述文件精神。因此,不同意该公司收取进站发班车辆安检费。

特此批复。

×× 省物价局

2015 年 12 月 6 日

【简析】 这又是一篇审批性批复。从批复事项可以看出,×× 省物价局不同意下级机构 ×× 市物价局关于收取进站发班车辆安检费的请示。

批复事项分为两段,第一段交代国家有关规定,以及省发展与改革厅、省物价局、交通厅相关文件精神,为下文的批复表态提供了具体依据。在此基础上,第二段指出对方的行为"属于重复检测收费,不符合上述文件精神",并明确作出"不同意"的表态。最后用惯用语作结。由于是"不同意",故行文中着重阐述了理由。

写此类公文要特别注意公文用语的分寸,既明确表态,又要利于下级接受批复意见。本文规范谨严,内容周详,批复有据,轻重得体。

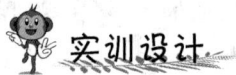 实训设计

一、选择题(单选或多选)

1. 企事业单位、人民团体不宜使用的文种是( )
   A. 命令　　　B. 决定　　　C. 通告　　　D. 函

2. 补全公文标题:浙江省人民政府关于授予杨洋等 6 位同志浙江省劳动模范荣誉称号的( )
   A. 命令　　　B. 决定　　　C. 通告　　　D. 通报

3. 变更或撤销下级机关不适当的决定事项用( )
   A. 通知　　　B. 意见　　　C. 命令　　　D. 决定

4. 用于对重大事项和行动作出决策、安排,用( )
   A. 通知　　　B. 通告　　　C. 命令　　　D. 决定

5. 下列公文中文末没有落款的是( )
   A. 议案　　　B. 命令　　　C. 意见　　　D. 决议

6. 批复是上级机关为答复下级机关请示事项而制作的公文,由此可见这种公文在答复问题时具有( )
   A. 多面性　　B. 针对性　　C. 灵活性　　D. 商讨性

7. 命令根据其作用,可分为( )
   A. 发布令　　B. 行政令　　C. 嘉奖令　　D. 任免令

8. 可用于表彰的文种有( )
   A. 决定　　　B. 命令　　　C. 报告　　　D. 通报

二、判断题

1. 根据我国《宪法》的有关规定,县级以上人民政府可以发布命令。( )

2. 命令(令)一旦发布,受文单位和人员必须无条件地执行。( )

3. 市长向市人大提请审议任免国家机关工作人员用任免性决定。（   ）
4.《国务院关于取消和调整一批行政审批项目等事项的决定》属部署性决定。（   ）
5. 决议的形成必须经过特定的程序。（   ）
6. 决议适用于会议讨论通过的重大决策事项。（   ）
7. 凡收到下级机关来文,上级机关必须用批复回复。（   ）
8. 批复是被动行文,下级有请示,上级才能批复。（   ）

三、简答题

1. 简述命令的适用范围。
2. 简述表彰、批评性通报与奖惩性决定的区别。
3. 简述决定和决议的区别。

四、阅读评析题

1. 下面是某中学在校内发布的一份公文,请分析指正其存在的问题。

公　告
关于高三(3)班学生许××的处分决定

9月14日中午,许××和校外几名青年在一块儿喝酒,另一部分校外青年用自行车将许××放在地上的衣服压了过去,引起争斗。这部分青年趁势跑了,许××等追赶,追到教学楼的北头看不见人影,恰好碰到刚从操场踢球过来的初三学生杨×、车×、叶××三位同学,许××问:"他们跑到哪儿去了?"杨说:"没看见。"许××朝杨的头部就是一铁棒,将杨的头部打破约三公分的一个裂口。但许××没管,继续追赶那部分人去了。

下午上课时,许××和王××到初三各班找人继续闹事,不听老师劝阻,扰乱正常教学秩序。事情发生后,教导处和班主任多次找许××谈话。帮助他提高认识,写出检查,但许××以不会写检查为由,拒绝检查。根据以上事实,经9月17日校行政会讨论,对该生应从严处分。处理决定如下:

1. 给许××留校察看一年的处分,并责令其在一周内交来检查,否则再加重处理。
2. 责令许××负担全部医疗费和营养费100元。
3. 协同者王××在全校点名批评。

××四中（印）　校长××（印）
2018年10月27日

2. 分析下面批复的各构成部分及语气,找出其错误之处并改正。

批　复

人文学院党委:

2019年×月×日你院的请示中所提出的增补人文学院党委委员的事项我们已经收到。经校党委七名常委在×月×日的常委会上反复讨论决定,并举手表决,最终一致通过。现将决定告之你们,我们原则上同意你们上报的两名同志为你院党委委员。

特此决定。

中共××大学委员会
2019年3月4日

五、情景写作题

1. 下面是某县在转变机关会风座谈会上收集的一些建议,请参考这些建议,以县委、县政府的名义起草一份改革会风的决定

每周四、五、六3天定为县里无会日。控制会议次数,凡召集乡、镇、局副职以上干部开会,会议的组织者按照分工,事先分别向县委办公室、政府办公室挂号,经过平衡,报县委书记、县长批准后,方得开会。压缩会议规模,减少陪会人员。各种会议要精心安排,有关的单位才参加;可一人参加的不让二人参加;只需工作人员参加的,不再通知领导干部参加。今后县里开会,无特殊需要的,各局归口单位不参加。会议的贯彻执行落实由各局统一安排。提倡开短会、小会、联席会,一般会议最长的不得超过三天,尽量召开电话会或广播会。提倡现场办公,到基层解决问题,少开会。改革开会方法,凡有报告材料的,向与会人员印发,不再作会议报告,会中一般不出简报。

2. 根据下面提供的材料撰写一份批复。

山西认定经营权转让违法　乔家大院不准"改嫁"

1月22日,备受舆论关注的山西乔家大院经营权转让事件有了最终结果。

当天,山西省政府对祁县政府《关于祁县乔家大院经营权委托管理的请示》(以下简称《请示》)做出批复:认定祁县政府转让乔家大院经营权的意向属违法行为,并取消祁县县长李丁夫"远大投资有限责任公司"法人代表资格。

山西省政府的批复认为,《请示》中拟以乔家大院的经营权作价入股,把乔家大院作为企业资产交由公司经营,不符合《中华人民共和国文物保护法》第二十四条的规定,以及《国务院关于加强文化遗产保护的通知》的精神。

批复同时指出,同意地方政府采取招商引资等吸纳社会资金的办法,对乔家大院(在中堂)的周边环境进行整治,但应严格按照《文物保护法》等相关法律法规的规定,并按规定程序报批后实施。

第六章　沟通性公文

本章导读

沟通性公文是与有关单位或在单位内部沟通情况、交流信息或交换意见的公文。

在15种党政公文中,函、意见、纪要有着共同特点,即行文方向灵活。函在不相隶属机关往来使用,意见、纪要则具有行文的多向性,既可以上行,也可以平行或下发。这三种公文在工作中使用广泛,往往能起到相互沟通、交流信息、指导工作的作用。基于这3种公文的共性特征,本章将其归类为沟通性公文。

通过本章学习,学习者要熟悉这3种公文的文体属性,分清请批函与请示、纪要与会议记录的不同,掌握此类公文(重点是函、纪要)的写作方法,能写出合乎规范的沟通性公文。

第一节　函

知识精讲

一、文种述要

（一）概念

函适用于不相隶属机关之间商洽工作,询问和答复问题,请求批准和答复审批事项。

理解函的适用范围时,关键要把握住"不相隶属机关"这一概念。一个系统内部的平级机关是不相隶属机关；另外,凡是双方在行政或组织上没有领导与被领导关系、业务上没有指导与被指导关系的,都是不相隶属机关,无须考虑双方级别的高低。

函是党政公文中唯一的平行文,对加强机关之间的联系起着重要作用。向有关主管部门请批事项,当用函,不能用请示,而有关主管部门答复审批事项也应用函,不能用批复。这里的有关主管部门是指处理有关事项的职能部门,而不是有隶属关系的业务主管机关。

（二）特点

1. 使用的广泛性

函的发文机关不受级别高低的限制,上至国务院,下至基层组织、企事业单位、社会团体均可以函行文。

2. 性质的多属性

有的函具有请示性质,可以请批事项;有的函具有批复性质,可以答复审批事项;有的函具有通知、通报性质,可以告知事项、传达情况;有的函具有意见性质,可以协商事项。

3. 行文的往复性

函通常针对某一具体事项进行商洽、协调、沟通,往往围绕同一问题有问有答,有来有往,形成具有很强指向性且密切相关的双向函件。

(三) 种类

从不同的角度,可以对函进行不同的分类。

1. 按行文方向,可分为致函和复函

致函是主动发给其他机关的函件;复函是被动答复相应商请事项的函件。

2. 按文面格式,可分为公函和便函

公函用于机关单位正式的公务活动往来,属于正式公文,需严格按照公文格式撰制。便函用于一般性日常事务,不属正式公文,也不需完整的公文格式,写法同普通书信。

3. 按行文内容,可分为商洽函、询问函、请批函、答复函

商洽函,用于机关之间互相商量和接洽工作。询问函,用于向有关业务或政策主管部门询问有关事项或某一问题的解决办法。请准函,用于向无隶属关系的业务主管部门请求批准事项。答复函,用于针对对方的商询、请批事项给予回复。

二、写作结构

(一) 标题

有完整式和"事由+文种"式,如《××大学学报关于申请广告许可证的函》、《关于商洽××同志调动工作事宜的函》。

属于回复问题的函,则在"函"字前加"复"字,如《关于发放职工住房公积金的复函》。

(二) 主送机关

即函的收文单位。

(三) 正文

函的正文由发文缘由、发文事项和结语三部分组成。

发文缘由即函的开头部分。致函写明发文的根据、原因、目的等;如是复函,则引述对方来函的标题和发文字号,然后用过渡语"现就有关问题函复如下"等引出主体事项。无论何种类型的函,都应开门见山,直接入题。

发文事项是函的主体部分。根据需要写明商洽、询问、请批和答复的具体事项。这部分的写作要具体明确,干脆利索。由于函是不相隶属的机关之间行文,对受文单位没有行政约束力,商洽函、询问函和请准函更是求对方协助办事或解决难题,相互的地位和行文目的决定了函的用语必须谦和,态度要诚恳。

结语是函的结尾部分。不同类型的函,结语也有所不同。致函一般用"特此函询"、"专此函告"、"敬请函复"等作结;复函多用"此复"、"特此函复"、"专此函复"等作结。

(四) 落款

写明发文机关名称和日期。

范例评析

★ 例文 1

××大学毕业生就业指导中心
关于建立毕业生就业工作长期合作关系的函

××市人才中心：

感谢贵中心多年来对我校毕业生就业工作的大力支持和帮助,我们愿与贵中心加强联系,建立毕业生就业工作长期合作关系,并拟在以下几方面为贵中心提供服务：

1. 宣传贵市人才引进的优惠政策,组织我校毕业生到贵市人才网站投递简历,参加贵市举办的毕业生洽谈会等。

2. 及时通告我校应届毕业生生源和专业情况,以及毕业生应聘活动的有关信息。

3. 将我校毕业生就业网站与贵中心人才网链接,及时发布贵市人才需求信息。

与此同时,我们也竭诚希望贵中心能为我校提供以下帮助：

1. 根据我校毕业生实际情况,组织贵市知名企业到我校招聘毕业生或参加毕业生供需洽谈会。

2. 向我校提供贵市各类招聘会资讯,以及权威的招聘信息,为我校应届毕业生提供就业参考。

3. 通过贵中心人才网和各类招聘会发布我校毕业生的求职信息,全方位推进我校毕业生到贵市就业。

4. 为我校毕业生推荐实习单位并合作建立毕业生用人基地。

以上建议不知妥否,特发函洽商。如有合作意向,敬请复函或来电告知,有关事项可进一步商议。

联系人：赵××

联系电话：×××××××××

电子邮箱：20082000@yahoo.com.cn

××大学毕业生就业指导中心

2019 年 5 月 10 日

【简析】 这是商洽函,是工作中常有的不相隶属机关之间请求帮助的函。

例文开篇致谢,有助于形成良好的交流与合作氛围;直接点明商洽事项,便于对方了解行文目的。主体部分首先说明自身在合作中能做哪些工作(3 项服务),这也是对方决定是否合作时必然要关注、考虑的问题。接着直接说明希望对方提供哪些帮助,这是函商的中心内容,是对方根据自身的职权和能力来选择是否合作的关键信息。最后再次强调行文目的,表达合作期望。文末提供多种联系方式,便于受文者选择适当方式进行沟通联系。

全文层次清晰,行文简洁,语言得体,商洽事项明确,清楚地说明我方能做什么、希望对方做什么,双向双赢的合作思路有助于对方了解未来合作中具体的工作内容,从而有针对性地作出答复。

★ 例文 2

关于询问贯彻全省科学技术工作会议情况的函

各地、市科委：

全省科学技术工作会议自今春召开以来，迄今已有半年。为了互通情况，并为使我省科技事业得到进一步发展，希针对下列所询问题，将你地、市有关情况于9月底前具报我委办公室。

一、省科学技术工作会议后，采取了哪些措施进行贯彻？

二、此半年来，有何科学发明和技术革新？效果如何？

三、在开展科学研究和科技交流方面，曾遇到哪些问题，如何解决？现在还存在哪些问题，哪些问题需要我们帮助解决？

××省科学技术委员会办公室
2018 年 9 月 14 日

【简析】 这是问答函中的询问函。发文单位向各地、市科委提出需要知晓的问题，请对方给予答复。

例文开篇写明致函的缘由（背景、目的），并直接陈事，没有转弯抹角。事项采用了条款式，问询了三条具体问题，清楚明白，便于受文单位把握。最后自然收束。

全文行文简洁、结构清楚，语言平和。

★ 例文 3

××市××区城乡环境卫生管理局
关于请求批准接通多功能广告果皮箱电源的函

××市××区供电局：

为不断完善和提升我区主城区环卫设施，确保我区环卫设施配置达到城乡环境综合治理"四化"体系标准，我区积极探索果皮箱市场化运作，吸引社会资金投入环卫设施。

去年，我局已与成都××环卫设备有限公司达成合作意向，由该公司出资在我区××路、××路两路段试点安装110个多功能广告果皮箱（每个多功能广告果皮箱广告尺寸为1 570 mm×1 200 mm）。该设施投入使用后，其所有权归属我区城乡环境治理主管部门；合同期限为3年，其间出资方对多功能广告果皮箱拥有广告代理发布权和广告收益权，同时负责该设备的日常维护维修；所有多功能广告果皮箱的LED部分和其余的广告橱窗部分的15%用作公益性广告宣传。后经分管副市长批准，已于2018年12月全部安装完毕。

区城管局已向市城管局汇报，市城管局同意接通电源，现请求贵局予以支持。

妥否，请复函。

××市××区城乡环境卫生管理局
2019 年 2 月 28 日

（联系人：赵××，联系电话：××××××××）

【简析】 这是请批函。发文单位××市××区城乡环境卫生管理局与收文单位××市××区供电局之间是不相隶属关系,故在请求事项时用函行文。

请批函的写作与请示相同,重在说明请示缘由。本例文着重说明安装多功能广告果皮箱的目的、意义及广告果皮箱的相关权益情况,并用"经分管副市长批准"、"区城管局已向市城管局汇报,市城管局同意接通电源"等语句分别说明广告果皮箱安装与接通电源的合法性。最后用"现请求贵局予以支持"作结。"贵局"字眼显示了对主送机关的尊重。

例文行文目的明确,材料处理切实,表述精到,措辞得当。

★ 例文 4

<h3 style="text-align:center">关于合作开发万绿湖生态旅游资源的复函</h3>

河源××旅游公司:

贵公司《关于合作开发万绿湖生态旅游资源的函》(河天南〔2017〕36号)收悉。经我公司办公会议研究,现答复如下:

河源占地面积广,生态环境优美,秉持"既要金山银山,也要绿水青山"的发展理念,符合我公司"生态旅游"的战略思想。现接受你公司邀请到河源考察万绿湖生态旅游资源,商洽合作开发万绿湖生态旅游资源事宜。

特此函复。

佛山××旅游公司
2017 年 9 月 9 日

【简析】 这是答复函。复函单位就河源××旅游公司的商洽事宜进行答复。

该复函的发文缘由即引据部分引叙了来函的标题和发文字号,后加"收悉"二字,符合引据的写作规范,"贵公司"的语言表述表示了发文单位对对方的尊重。之后,写明了发文依据"经我司办公会议研究",再用承启语"现答复如下"过渡到下文。发文事项对对方提出的合作开发万绿湖生态旅游资源事宜表明了态度。

例文用语得体,态度明朗,表述精当。

<h2 style="text-align:center">第二节　意　见</h2>

一、文种述要

(一)概念

意见适用于对重要问题提出见解和处理办法。

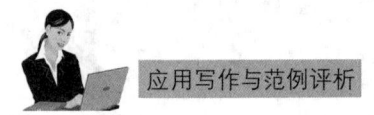

意见是新增加的一种文种,在实际工作中其实已经普遍使用,现将之列为党政机关公文正式文种,是为了顺应管理工作的需要。意见的适用对象非常广泛,各级党政机关、企事业单位、人民团体均可使用。

意见的作用主要是推动和指导相关工作的开展,并为改进这项工作提出参考性意见。一般而言,意见没有指令性作用,但是,如文中对贯彻执行有明确要求的,下级机关应遵照执行。无明确要求的,下级机关可参照执行;作为平行文,提出的意见供对方参考。

（二）特点

1. 行文的多向性

意见是具有兼容性的文种。意见既可以上行,用于向上级机关提出建设性意见,供其决策参考;也可以下行,用于向下级机关阐明某项工作的指导原则,表明看法和主张;还可以平行,用于向平级或不相隶属机关提出见解或建议。

2. 功能的多属性

意见具有指导、建议和参考的多重功能。所谓指导,是指上级机关制发的意见,对下级机关具有指导作用;所谓建议、参考,是指下级机关上呈的意见,或向平级、不相隶属机关提出的意见,对相关机关的决策及工作具有建议和参考作用。

（三）种类

根据作用的不同,意见可分为以下两类:

1. 建议性意见

这是提出改进、推动某项工作或解决某个问题的思路、设想、建议,供上级或相关机关决策时参考的意见。分为上行建议性意见和平行建议性意见。

2. 指导性意见

这是上级机关就某一重要问题或专项工作,对下级机关提出指导思想、工作原则、主要任务与执行要求等的意见。在所有意见中,指导性意见的使用最为普遍。有些工作部署不宜以决定、通知行文,便以意见下发。

指导性意见与决定同属下行文,对下级机关的工作同样具有规范性与约束力,不同之处在于:决定一般是对下级机关的工作作出直接布置和安排,着重提出完成某项工作的具体要求和措施,具有较强的操作性;而意见往往是对重要问题表明态度、提出见解和参考的处理办法,更强调从宏观的角度展示工作远景,指示完成工作的指导方针与基本原则,具有较为浓厚的理论色彩。

二、写作结构

（一）标题

一般为完整式,也可省去发文机关。文种前根据具体情况可加上"若干"、"处理"、"指导"、"实施"等字样。如《关于加快推动我国绿色建筑发展的实施意见》。

（二）主送机关

分两种情况:需要转发的意见,无主送机关这一项,但转发该意见的通知,要将主送机关写清楚;直接发布的意见,要有主送机关,其排列方法与一般公文相同。

（三）正文

由意见缘由、意见事项和结束语三部分组成。

意见缘由简要阐明行文的原因、目的、依据、背景等。随后通常使用一些承转句引出下文，如"现就……提出如下意见"、"特提出以下意见"等。

意见事项说明意见的具体内容，如指导思想、目标任务、实施要求、措施办法和建议事项等。在结构安排上，通常采用分条列项或者列小标题的方法，以使内容条理分明，层次清晰。提出意见时注意语言准确、清晰，多从宏观方面提出和分析问题，不宜用命令语气。

结束语应根据不同的意见类型使用不同的表述。如指导性意见可选用"以上意见，请结合实际情况贯彻（参照、遵照）执行"；上行性意见可选用"以上意见，请领导参考"、"以上意见，如无不妥，请批转各地执行"等。如果在正文中已将内容说明清楚，可自然结尾。

（四）落款

署明发文机关名称和日期。

范例评析

★ 例文 1

××区清理债权领导小组关于政府债权划转乡镇街承担的处理意见

各乡、镇、街政府：

根据市政府债权清理实施方案，今年将在全区范围内开展债权清理工作。经研究，现就涉及企业贷款由主管乡、镇、街担保与回收债权问题提出以下处理意见：

一、根据市政府清理债权实施方案，凡是由县、区担保的借款，原则上由县、区负责回收和偿还。介于我区有乡、镇、街担保的借款事项多数属于自己扶持的重点企业，按照上级此原则，将涉及乡、镇、街担保的企业债权如数划归乡、镇、街负责承担回收和偿还。

二、凡是历年乡、镇、街与区本级发生借贷关系的往来款项，也由乡、镇、街负责偿还。

三、财政部门将现有掌握的资料和合同文本，全部移交给乡、镇、街，同时账务处理将债权划给乡、镇、街。

四、由乡、镇、街负责清理回收企业债权时，财政、法院等部门要给予积极配合。

五、年底前，乡、镇、街如能清理回收部分债权，便及时偿还财政，其余部分可作出分期偿还计划。如不能回收债权，区财政视乡、镇、街财力状况，通过体制结算逐年扣减财力。

六、清理回收奖励政策按照区债权回收实施方案兑现。

以上意见，请予协助。

××区清理债权领导小组

2019 年 6 月 10 日

【简析】 这是建议性意见。

区清理债权领导小组主动向不相隶属机关乡、镇、街政府行文，就涉及企业贷款由主

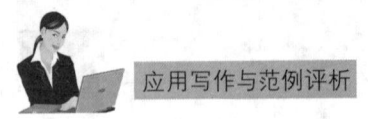

管乡、镇、街担保、回收债权问题提出建议意见。正文由意见缘由、意见事项与结尾构成。结语"以上意见,请予协助"体现了两机关的协作关系。

此类意见属于平行文,采用信函式格式。

★ 例文 2

上海市人民政府办公厅转发市绿化市容局等七部门
关于开展本市违法户外广告设施专项整治工作实施意见的通知

各区、县人民政府,市政府有关委、办、局:

市绿化市容局、市规划国土资源局、市工商局、市住房城乡建设管理委、市交通委、市公安局、市城管执法局《关于开展本市违法户外广告设施专项整治工作的实施意见》已经市政府同意,现转发给你们,请认真按照执行。

上海市人民政府办公厅

2016 年 7 月 13 日

关于开展本市违法户外广告设施专项整治工作的实施意见

为了进一步加强本市户外广告设施规范管理工作,依据《中华人民共和国广告法》《上海市市容环境卫生管理条例》《上海市户外广告设施管理办法》等规定,现就开展本市违法户外广告设施专项整治工作提出如下实施意见:

一、指导思想

按照市委、市政府《关于深入贯彻落实中央城市工作会议精神 进一步加强本市城市规划建设管理工作的实施意见》,围绕建设全球城市的目标定位,以提升城市景观品质和加强规范管理为导向,着力解决户外广告违法设置问题,补齐城市管理短板,改善城市空间形象,不断提升城市环境品质,保障城市运行安全。

二、总体要求

通过违法户外广告设施专项整治,依法从严从速拆除违法户外广告设施;坚决遏制新增违法户外广告设施,实现新增违法户外广告设施零增长;完善创新户外广告管理体系,实现户外广告管理规范有序。

三、整治目标和措施

(一)从严开展违法户外广告设施专项整治

2016 年年底前,基本完成延安高架、南北高架、内环高架道路两侧 100 米,沪渝高速(外环至徐泾收费口)沿线违法户外广告设施的整治任务;2017 年 12 月底前,基本完成其他区域违法户外广告设施的整治任务。

(二)强化规划管控

按照"从严管控、扩大禁设、提升品质"的原则,由市绿化市容局会同市规划国土资源局、市工商局等相关部门对《上海市户外广告设施设置阵地规划》(以下简称《广告阵地规划》)进行修编,2016 年年底前完成修编,报市政府同意后发布实施。各区(县)、各部门、各单位以发布实施的《广告阵地规划》为依据,在2017年6月底前,完成各区域户外广告设施设置实施方案修编工作。

(三) 部分区域和类型户外广告设施设置暂停受理新的申请(略)

(四) 实行市、区(县)联动强化监管

市、区(县)加强日常巡查,对在建的违法户外广告设施由城管执法部门根据《关于进一步加强本市违法建筑治理工作的实施意见》,按程序快速拆除。对擅自利用户外电子显示装置(如电子显示屏、媒体墙等)播放商业广告的,及时责令整改,移送城管执法部门依法处罚。规范公益宣传,户外公益广告设施设置要依法设置,并且不得发布商业广告。

四、推进和保障工作机制

(一) 加强组织领导

建立由分管副市长牵头,市绿化市容局、市规划国土资源局、市工商局、市城管执法局、市交通委、市住房城乡建设管理委、市公安局、市政府法制办等组成的市推进违法户外广告设施专项整治工作联席会议(以下简称"联席会议"),负责指导、协调、督促、检查全市违法户外广告设施专项整治和规范管理工作。联席会议办公室设在市绿化市容局。

(二) 落实属地责任

各区(县)政府是违法户外广告设施专项整治和规范管理的责任主体,具体组织实施专项整治工作。各区(县)要按照任务要求和时间节点,制定工作计划,落实责任人。各区(县)对整治行动要落实执法整治、户外广告设施实施方案修编工作的经费保障,列入财政预算。市政府定期督办各区(县)政府整治工作推进情况,并将整治情况纳入相关考核。

(三) 营造良好氛围

要充分发挥媒体监督作用,发布专项整治信息,曝光违法设置户外广告设施典型案件,营造舆论氛围,引导社会各行业正确认识、积极支持和配合政府管理部门共同做好违法户外广告设施专项整治工作。

上海市绿化和市容管理局

上海市规划和国土资源管理局

上海市工商行政管理局

上海市住房和城乡建设管理委员会

上海市交通委员会

上海市公安局

上海市城市管理行政执法局

2016年7月5日

【简析】 这是由转发通知与意见构成的复合公文。主体为建议性意见。该意见属上行意见,报送上级机关时,应当按照请示性公文的程序和要求办理。

《国务院办公厅关于实施〈国家行政机关公文处理办法〉涉及的几个具体问题的处理意见》指出:"上级机关应当对下级机关报送的'意见'作出处理或给予答复。"在本文中,上海市人民政府办公厅针对上海市绿化和市容管理局、上海市规划和国土资源管理局等七部门联合报送的意见"作出处理",对下级单位和部门下达了"转发通知",后附七部门联合制发的"意见"。这就是我们见到的由转发通知和意见组成的复合公文。这里的意见,从性质上看,已不再是参考建议的性质,而成为下行文,对"各区、县人民政府,市政府有关委、办、局"具有了指导性功能。

意见的正文部分由意见缘由与意见事项组成。意见事项对开展全市违法户外广告设施专项整治工作从指导思想、总体要求、目标和措施、机制保障等方面进行了条分缕析的说明。全文层次清楚,逻辑严密,内容合理,指导性强。

第三节　纪　要

一、文种述要

（一）概念

纪要旧称会议纪要,适用于记载会议主要情况和议定事项。

纪要是根据会议记录和会议有关资料加以综合归纳而整理形成,其作用是用来传达会议的议定事项和主要精神,在工作中使用广泛。在行文关系上,纪要既可以上呈,类似于报告,用以汇报会议情况和结果;也可以下发,类似于通知,要求有关单位共同贯彻执行;还可以平发,类似于函,使对方知晓,相互沟通情况。

（二）特点

1. 纪实性

纪要要客观忠实反映会议的主要内容和议定事项,不能对会议内容随意进行增减或发挥,更不能在纪要中妄加评议,歪曲会议精神。

2. 提要性

这是会议纪要与会议记录的显著区别。它不是有闻必录,而是根据会议的议题和宗旨,对会议内容进行综合、提炼,概括出会议主要精神,归纳出会议主要内容,给受文者以全面概括的印象。

3. 指导性

纪要集中反映了会议的精神实质,是以文件的形式发给有关单位,对工作有一定的约束和指导作用,要求以此为据开展相关工作。

（三）种类

纪要按其性质划分,主要有三种类型：

1. 办公例会纪要

这是针对日常、例行的工作会议而形成的纪要,用于传达会议所研究的工作、议定的事项和布置的任务，要求有关方面贯彻执行。如《××公司总经理办公会议纪要》。

2．工作会议纪要

这是为研究部署某项重要工作而召集有关方面召开专门会议，通过决议和协商而形成的纪要。如《关于解决园地用地问题的协调会议纪要》。

3．交流会议纪要

这是各类经验交流会、座谈会、研讨会的会议纪要，往往以交流经验、协调关系、传递信息、指导工作为目的，一般不具有行政约束力，而只具有参考备忘作用。如《科技创新与资本市场论坛会议纪要》。

二、写作结构

（一）标题

纪要的标题有两种形式：

一是单式标题。由"发文机关＋事由（会议名称）＋文种"或"事由（会议名称）＋文种"组成。如《××公司2019年第二季度财务工作会议纪要》《全国金融工作会议纪要》。

二是双式标题。由正、副标题组成。正标题揭示会议的主要精神，副标题多用单式标题。如《今年的党风要有决定性好转——中纪委关于加强纪检工作座谈会纪要》。

（二）正文

由前言、主体、结语三部分构成。

前言部分概括介绍会议的基本情况，如召开会议的时间、地点、会议名称、与会者、主持人、会议议题、结果评价等。要求简明扼要，给人留下总的印象。

主体部分是纪要的核心，要反映会议的主要精神，对会议研讨的问题、决定的事项、提出的任务和要求等作具体阐述。常用的写法有三：

一是条项式。将会议研讨的事项分项叙述，可用序号标明，也可分列小标题。大型会议多采用此种写法。

二是综述式。将会议的进程、研讨的主要问题、与会人员的认识、议定的有关事项进行综合的概括叙述。常采用以下句式领起内容，如"会议讨论了"、"会议通过了"、"会议认为"、"会议指出"、"会议强调"等。这种写法多用于小型的、讨论问题比较单一的会议。

三是摘记式。将发言人的主要意见整理出来，便于反映发言人的不同看法和会议原貌。这种写法多用于座谈会或学术会议。

结语部分一般是提出希望或发出号召，要求贯彻会议精神，完成会议提出的各项工作任务。有的则自然收尾。

（三）落款

与一般公文写法相同，但普发性纪要不署名，不盖印章，成文日期多写在标题下方，加圆括号标注。

★ 附：纪要和会议记录的区别

1．性质不同

纪要是法定党政机关公文；会议记录是记录会议情况和议定事项的事务文书。

2. 写法不同

纪要是对会议记录的整理提炼，集中反映了会议的精神实质，具有高度的概括性；会议记录是对会议情况的原始、详尽记录，要求原原本本记录原文原意。

3. 功能不同

纪要通常要在一定范围内传达或传阅；而会议记录一般不公开，只作为内部资料以备查考。

范例评析

★ 例文 1

关于解决园区用地问题的协调会议纪要

9月1日下午，市国土资源局、凤凰园经济开发区管理委员会在开发区三楼党委会议室召开会议，会议由开发区党委副书记、管委会主任××主持。市国土资源局局长×××、副局长×××、党组成员、执法支队长×××、地产科长×××、用地科副科长×××、开发区党委书记×××、开发区办公室主任××、招商部部长××、财务部部长××以及项目部支部书记×××参加会议。会议主要研究了园区企业闲置土地、园区建设用地以及个别企业擅自改变土地用途等问题。现将会议形成的意见纪要如下：

一、关于土地闲置问题

会议认为，××药业(50亩)、××建材(60亩)、××齿科(20亩)、××制衣(55亩)和双园建材项目(22亩)共200多亩的五宗闲置土地，逾期不开发建设，土地闲置均满一年以上，长期得不到处置，导致部分国有出让土地回报率极低，给开发区二次招商带来不利影响。

会议要求，采取"四定"方法，即定专门班子、定目标、定措施、定时间，尽快处理园区企业闲置土地，取得实效。

会议决定，由市国土资源局党组成员、执法支队长×××牵头，成立土地闲置清理小组，按照相关文件规定，在2个月内对5宗闲置土地依法依规处理到位。

二、关于土地遗留问题

1. ××泵业改变用地性质问题，在程序上，改变用途需规划先改。为妥善处理这一问题，先由开发区拿出初步方案，国土部门作专题研究，再由国土、开发区两家共同向市政府作出专题报告。

2. ××制药有限公司少供土地2.11亩的问题，待××工业园扩建征地时一并解决。

三、关于园区部分用地混乱问题

会议认为，园区部分项目改变土地用途，其行为是违法的，要给予严肃处理。

会议决定，请开发区向市国土局提供基本情况，查清事实，鉴定证件真伪后，由市国土资源局依法处理。

会议还明确，为加强领导，由×××副局长负责联系××园经济开发区的国土工作。

同时,市国土部门各科室要明确责任,积极主动为园区搞好服务。××园经济开发区要加强与国土部门经常性联系和沟通,涉及园区开发建设中的土地问题及时向国土部门反映,争取国土部门对开发区的重视和支持,促进园区建设,促进园区发展。

××市国土资源局　××园经济开发区管理委员会
2018 年 9 月 13 日

【简析】　这是工作会议纪要,记载传达协调解决园区用地问题会议精神。

例文开头的会议概况交代了会议组织情况(时间、地点、主持人、与会人等)以及会议的议题,然后以"现将会议形成的意见纪要如下"转入议定事项。会议议定的事项分项排布,眉清目楚。相关部分"会议认为"、"会议要求"、"会议决定"、"会议明确"等领起语的运用使文章文气畅达。事项叙述完以后,结尾自然收束。

全文主题集中,事理明确,条理清晰,写法规范。

★ 例文 2

陕甘川毗邻地区革命历史档案资源共享座谈会纪要

(2015 年 12 月 20 日)

2015 年 12 月 18 日,陕甘川毗邻地区革命历史档案资源共享座谈会在陕西汉中召开。陕西省西安市、咸阳市、渭南市、汉中市,甘肃省天水市、陇南市,四川省广元市档案局负责人和业务干部,汉中市所属区县档案局负责人和相关人员共 50 多人参加会议。汉中市人民政府副市长×××、中共汉中市委副秘书长×××、陕西省档案学会秘书长×××出席座谈活动。座谈会由汉中市档案局局长×××主持。

会议认为,中国共产党早年在陕甘川毗邻地区进行的革命活动,对于促进中国革命胜利作出了重要贡献。其中,唐澍、刘志丹领导的渭华起义,许天洁、习仲勋等发动的"两当兵变",红 29 军、红 25 军在陕南开展的武装斗争,红四方面军在川北陕南的活动及《汉中密约》的签订,以及张学良、杨虎城发动的"西安事变",是中国革命史中的光辉篇章;第一野战军第 18 兵团发动的秦岭北线战役、西北野战军发动的陇东战役,是解放大西南和兰州的关键战役。此外,辛亥革命秦州起义,1932 年定西安为国民政府陪都,抗战中国民政府军事委员会委员长汉中行营的设立、黄埔军校和西北联大在汉中办学,是民国时期发生的重大政治、军事、文化事件。陕甘川毗邻市县档案馆分散收藏的记录这些革命斗争历史的文件和实物档案弥足珍贵,对于研究中国共产党史和中国革命史具有非常重要的价值。

会议强调,共同保护、开发和利用好这些红色档案资源是陕甘川毗邻地区档案工作者义不容辞的光荣使命和责任。要秉持"资源共享,合作共赢"原则,友好协作,互通有无,共同开展区域内革命历史档案资源共享工作,让红色记忆永世流传。

会议发出了《陕甘川毗邻地区革命历史档案资源共享倡议书》,倡导跨区域跨行业开展革命历史资料交流研讨,对革命历史档案进行深度抢救性发掘,加强收集征集,及时整理公布,以进一步扩大档案工作的社会影响力,发挥整体效益,更好地服务社会民生。

一、提倡陕甘川毗邻的西安、咸阳、渭南、汉中、天水、陇南、广元市档案馆和其他相关市档案馆革命历史档案资源共享,建立信息交流平台,统一标准,互通有无,及时将本单位

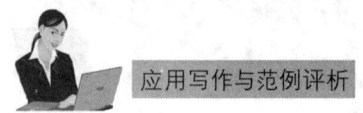

馆藏革命历史档案目录和数据上传到本单位网站,为查档利用提供便利。

二、拓展工作思路和方式,与区域内专业档案馆、博物馆、革命历史文件或人物纪念馆等合作,共同收集征集革命历史档案,开发革命历史档案资源,弘扬革命传统。

三、适时组织人员根据各方馆藏革命历史档案资源情况,研究制订专题,共同编研出版有关革命历史档案专著,条件成熟时创办刊物,提高区域内革命历史档案资源合作开发利用水平。

四、加强宣传交流,组织和参加培训,通过在中省市相关刊物发表稿件,积极宣传推介区域革命历史档案资源和研究成果,凝聚历史文化资源开发正能量,积极服务经济社会发展。

五、各市轮流主持,不定期就西部建馆工程、档案资源整合、档案法制建设、档案信息化、档案宣传编研等档案工作热点难点问题进行座谈研讨,共商档案事业发展新思路、新举措,促进各市县档案事业共同发展。

【简析】 这是交流会议纪要,记载陕甘川毗邻地区革命历史档案资源共享座谈会议情况,以利于向与会单位及有关方面传达情况、传递信息,具有参考备忘作用。

例文正文由会议概况与会议事项组成。与例文1不同的是,本文议定事项部分的叙述不是采用分项式,而是采用综述式,以"会议认为"、"会议明确"、"会议发出了"等惯用词语分别引出会议内容,将上下文有机地串联起来,起到很好的提示作用,显得一气呵成。这种写法多用于小型的、讨论问题比较单一的会议。该纪要属于普发性纪要,文末不署名,不盖印章,成文日期写在标题下方

例文内容具体,层次清晰,文气畅达,表述简明。

一、选择题(单选或多选)

1. 向有关单位提出问题或咨询有关情况,用(   )
   A. 请示   B. 报告   C. 意见   D. 函
2. 某百货公司要求某厂履行合同,所发公文为(   )
   A. 通报   B. 通知   C. 通告   D. 函
3. 意见适用于(   )
   A. 对下级机关布置工作,提出开展工作的原则和要求
   B. 对重要问题提出见解和处理办法
   C. 对下级机关不适当的决定予以撤销
   D. 适用于答复下级机关的请示事项
4. 传达会议情况,使用(   )
   A. 通报   B. 通知   C. 通告   D. 纪要
5. 函的结尾,下列用语可以使用的是(   )
   A. 请尽快函复   B. 请予大力支持
   C. 请研究函复   D. 特此函告

6. 意见的缘由部分主要有（　　）组成。
   A. 背景　　　　B. 依据　　　　C. 目的　　　　D. 指导思想

二、判断题

1. 函是党政公文中唯一的平行文。（　　）
2. 凡是向不相隶属机关行文，一律使用函。（　　）
3. 意见具有指导、建议和参考的多重功能。（　　）
4. 意见是具有兼容性的文种，其特点体现在行文的多向性。（　　）
5. 纪要是对会议全程情况作如实记录。（　　）
6. 纪要可以下发，要求有关单位共同贯彻执行。（　　）

三、简答题

1. 简述函的适用范围。
2. 简述意见的概念与特点。
3. 简述纪要的概念与特点。
4. 简述纪要与会议记录的区别。

四、阅读评析题

1. 下文是一篇公函，指出其在格式、结构与语言方面存在的问题。

××日报社青年记者业务进修的函

××大学教务处负责同志：

　　您好！

　　现有一事，烦请你校给予解决。你校是知名高校，尤其是新闻专业，更是享誉全国。因此，我社曾于去年准备派记者到你校学习，但由于力量不足，未能实现。现根据国家有关部门关于尽快提高新闻工作者素质的有关精神和上级要求，我社为了提高青年记者的业务能力，我们克服暂时困难，决定从现有记者中抽出8名青年记者，到你校新闻系记者进修班脱产进修一年，时间从2018年2月1日开始，到2019年1月31日结束。有关进修费用按上级有关文件规定缴纳。如你校能同意，不仅是对新闻事业的大力支持，也是对我社工作的鼎力相助。对此，我们将不胜感谢。希尽快函告我们。

　　此致

敬礼

××日报社人事处
2017年10月20日

2. 阅读下面的会议纪要，指出其存在的问题。

×××××学会会议纪要

时间：20××年×月×日

参加人员：常务副会长×××，副会长×××、×××、×××，办公室主任×××、副主任×××，活动中心主任××

会议内容：

一、确定了学会的办公地点。根据20××年×月×日会议决定，×××、×××同志对学会办公地点进行了考察，经过比较，认为××大学办公条件优越，适合做学会的办公地点。会议决定，从即日起×××学会迁到××大学办公。通信地址：××市××区×××路×××号。联系电话：×××××××。

二、学会与××大学商定，由××大学给学会提供办公室、办公桌椅、电话和必要的办公费用。利用××大学的教学条件，双方共同组织举办秘书培训班等。

三、增补了学会副会长。为便于开展工作，建议增补××为学会副会长，负责学会的后勤保障和日常管理，先开展工作，以后提请×月份常务理事会确认。

四、制订了今年的活动计划。（略）

××××学会
20××年×月×日

五、情景写作题

1. 根据以下材料，完成两份函的写作。

××职业学院各专业人才培养方案中《职业与专业认知实习》课程安排在第一学期完成，学生可以采取自行联系实习单位，也可以班级为单位组成小组，到学院推荐签约的企业进行实习。例如，学院拟安排市场营销专业小组在××投资集团有限公司进行实习，时间为2019年11月20日，并提出由企业选派一名业务素质高的老师指导实习，指导费用由学院支付。

××职业学院于2019年11月1日向××投资集团有限公司发函，公司经研究，同意接收实习学生，并于2019年11月4日复函。

（1）请你代××职业学院向××投资集团有限公司写一份商洽函，联系职业与专业认知实习事宜。

（2）请你为××投资集团有限公司写一份复函，并且说明《职业与专业认知实习》课程实习时间和联系方式等具体事宜。

提示：根据需要可自行补充相关内容。

2. 针对目前学院的用电浪费问题，写一份合理的用电意见，提出可行性建议。

3. 根据以下材料，整理成一份纪要，要求合乎纪要的写作规范，语言简洁，内容完整。

材料1

时间：2019年10月21日

地点：××学院会议室

主持人：丁××（××学院院长）

出席人：潘××（党委书记）、周××（党委副书记）、张××（教学副院长）、马××（科研副院长）

记录：张××

讨论议题：如何抓好学风建设

材料2

周××：首先，报告学生学习生活的现状。学院在学校领导和职能部门的关心下，学院所有人员同心协力、齐抓共管，在学生管理工作上取得了一定成绩。但是学院是新建学院，周边设施正在逐渐完善，学院办学规模急速增长，分校区办学及管理队伍、师资队伍不足等实际困难和问题给学生管理教育工作带来较大的压力，因此，还需各个部门献计献策，共同研究如何进行学风建设。

张××：部分学生课堂出勤率低，有些学生上课迟到，有些学生在课堂上吃东西、玩手机。针对这些现象，学风建设是非常必要和重要的，学院能否开展学风建设月活动，改变学习氛围不浓、学习风气不正的局面。建议由学生工作处牵头,发动学生干部,严查上课出勤率;由教学部门牵头,加强对任课教师的管理,要求老师详细记录学生出勤情况。

马××:积极组织学生参加国家级、省级、校级、院级各种学生学术科技类竞赛活动,如全国大学生英语竞赛、大学生挑战杯竞赛、创业大赛、SRTP科研训练等,提高学生活动的科技含量,形成浓厚的学习和学术氛围。

潘××:老师管与不管不一样,有人监督和没有人监督不一样。目前,良好的学风基本上是依靠各部门、各位领导齐抓共管而形成的,并非是学生自主自愿的行为,学生中应付的心态占多数。目前,学生就业形势严峻,有些学生在毕业找工作时才认识到自己素质和能力的欠缺,追悔莫及。因而,我们学院在大学期间加强就业指导,增强学生的危机意识是非常必要的。要抓好此项工作,有效促进学风建设。

丁××:良好的学风是培养和造就高素质人才的关键,只有形成良好的学风,才能从根本上解决学风不正的问题,因而,加强学风建设是一项重要的工作,全体领导、教师都要高度重视,统一认识,结合学院办学特色,在学院内开展主题班会活动,通过多种方式开展主题宣传活动,如宣传栏、网页宣传等。另外,建立和完善学风教育制度、考勤制度、考风考纪制度、评优制度、奖学金评定制度、助困等一系列相关制度,一定要与学生的学风挂钩。

与会人员经过充分讨论、协商,一致决定:学院成立学风建设工作领导小组,学院党委书记和院长为组长,其他领导为副组长,领导小组指导学生工作处、教务部门、办公室等相关职能部门联合开展学风建设工作。由学生工作处头,教学部门和其他部门配合,制订"学风建设月实施方案",从11月1日开始试行,月末形成总结报告,上报学院。

第七章 社交文书

本章导读

社交文书是指人们在各种社交场合用以表示一定礼节和仪式而使用的文书,也称礼仪文书。在现代社会中,随着交际活动的日益频繁,社交文书成为单位与单位、单位与个人、个人与个人交际沟通与事务联系的重要工具,成为单位或个人形象的窗口。

社交文书种类较多,常用的有邀请信、感谢信、慰问信、贺信、介绍信、证明信、申请书、倡议书、推荐信、求职信等。与其他应用文相比,社交文书具有交际性、礼仪性特征。撰写这些文种时,要准确、恰当地表达出礼仪上的要求,针对不同的场合和对象,力求把文章写得恰如其分、真诚得体。

通过本章学习,学习者要熟悉上述常用社交文书的文体属性,掌握其写作方法与要领,提高写作社交文书的实际能力和水平,在学练过程中体会以社交文书作为工具与不同受文者打交道的礼节和艺术。

第一节 邀请信 感谢信

一、邀请信

（一）文种述要

邀请信,也称邀请函、邀请书,它是国家机关、社会团体、企事业单位、个人邀请对方前来参加某项活动时所写的专用书信。邀请信是现实生活中常用的一种日常应用文书,主要用于会议、洽谈业务、合作研究、访问、纪念活动等场合。

邀请信与请柬有别,它们虽然均属于对客人发出邀请的专用函件,但请柬的内容简单,格式固定,礼仪性更强,表述更庄重、典雅；邀请信的信息量比请柬大,使用范围更宽泛。

邀请信的特点有二:

一是庄重性。这是指邀请信从内容到形式都应表达出诚挚、礼貌的态度,体现出"邀请"之意。

二是明达性。这是指邀请信的内容在时间、地点、背景、活动事项等方面都要向被邀请者交代清楚。

（二）写作结构

1. 标题

由活动事由（或活动名称）和文种名组成。如《第二届"上海国际图书馆论坛"国际会议邀请信》。也可直接使用文种名称。

2. 称呼

标题下方顶格写被邀请者（个人或单位）名称。姓名之后可加职称、职务名称或"先生"、"女士"等称呼。单位名称要用全称，以示尊敬。称呼之后加冒号。

3. 正文

一般包括前言、事项和结语。

前言部分，主要交代在什么时间、什么地点、召开什么会议或举行什么活动，交代该会议或活动的背景、目的和意义等，并向对方发出邀请。

事项部分，主要是详细交代活动的主要议题、流程安排、对被邀请者的要求以及需要交代的其他事项。

结语部分，通常用"敬请光临"、"欢迎指导"等用语作结，表达期盼之情；有时注明联系方式，如邀请者的电话、传真、邮箱等；有时使用"此致 敬礼"等祝颂语。

4. 落款

正文右下方注明邀请单位的名称和发出邀请的时间。单位名称用全称，以示礼貌和慎重。

二、感谢信

（一）文种述要

感谢信，是向关心、支持和帮助过自己的有关单位和个人表示感谢的专用书信。

感谢信可以直接寄给对方或对方的单位，也可以送交报社、电台、电视台刊登、广播，还可以亲自送往对方单位，张贴于公布栏，以表达真诚的谢意。

（二）写作结构

1. 标题

可采用以下几种形式：

一是直接使用文种名称。

二是"致＋受文者＋文种"。如《致全市人民的感谢信》。

三是"致信者＋文种"。如《××公司感谢信》。

四是"致信者＋致＋受文者＋文种"。如《××公司致2019年优秀员工家属的感谢信》。

2. 称谓

标题下方顶格写明被感谢对象的单位名称或个人姓名，个人姓名后面通常加上"先

生"、"同志"等相应尊称,后加冒号。

3. 正文

正文内容通常包括以下几个方面。

(1) 介绍事由。概述事情的前因后果,交代清楚时间、地点、人物、事件、原因和结果,重点叙述关键时刻对方的关心和支持。

(2) 揭示意义。在叙事的基础上指出对方的关心支持和帮助对整个事情成功的重要性,赞扬其可贵品质,肯定其积极意义。

(3) 表明心迹。坚定战胜困难的信念,或表达向对方学习的态度和决心等,并再次表示感谢之情。

文末有时使用"此致 敬礼"等祝颂语。

4. 落款

在正文的右下角,写上致谢人或单位名称,并在其下一行注明写信的日期。

拟写感谢信时要注意以下几点:一是叙事要清楚。要突出主要内容,表现出对方的可贵行为与高尚情操。二是赞扬应得体。揭示意义不要随意拔高、评价失真。三是情感要真挚。文字要朴实真诚,字里行间洋溢感谢之情。

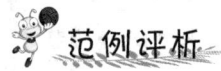

★ 例文1

邀请函

尊敬的××公司财务总监张××女士:

为使××职业学院的专业定位更加准确,课程设置、教学计划更加符合职业岗位的要求,突出高职本科特色,特举办财务管理专业岗位能力与课程体系改革研讨会。经我部推荐,学院批准,拟聘请您担任××职业学院专业建设指导委员会专家委员,并请您出席本次会议。

一、会议主要内容

(一) 成立财务管理专业建设指导委员会,并由学院领导为专家委员颁发聘书。

(二) 专业岗位能力与课程体系改革研讨。具体内容如下:

1. 紧贴××"两强一堡"发展战略,根据××中小企业管理的岗位需求,结合学院生源情况,高职本科财务管理专业的市场需求、专业定位、岗位能力、课程设置、师资培养、职业资格证书应作哪些调整。

2. 结合行业背景,专家对财务管理专业的教学计划提出指导意见。

3. 结合行业背景,专家对财务管理专业见习和实习基地建设提出指导意见。

二、会议时间、地点

时间:2018年11月27日(周四)上午8:30~11:30。

地点:××职业学院××楼206会议室。

现随函附上我院财务管理专业的人才培养方案,烦请您对我院财务管理专业的市场需求、专业定位、岗位能力、课程设置、师资培养、职业资格证书等提前准备好指导意见。

敬请莅临!

××职业学院会记教学部
2018 年 11 月 21 日

【简析】 这是一封专家研讨会邀请信。

例文首先以前言交代发函缘由,并请对方担任××职业学院专业建设指导委员会专家委员,同时发出会议邀请;接着采用分条列项的写法,逐项写明会议主要内容、时间、地点以及相关准备事宜;最后以欢迎语句作结。

全文内容详密,陈述有序,用语庄重文雅而礼貌谦和,既体现出邀请者严肃认真的态度,又能让人感受到其诚意。

★ **例文 2**

关于出席 2018 中国智慧零售系列活动的邀请函

尊敬的各会员企业:

随着物联网、人工智能和大数据等新技术不断颠覆原有零售模式,消费者更深层次价值得以满足,更多厂家、供应链企业、媒介成为零售商,消费场景和消费方式将发生重大变化,中国零售正迈进智慧零售阶段。2018 年已成为中国智慧零售元年。

为了对行业前沿探索作阶段性总结,共同研判具有代表性的新业态、新模式,对接资源促进发展,由我会协办的 2018 第一届中国智慧零售大会、中国国际物联网与智慧中国高峰论坛、区块链产业应用峰会、深圳国际智慧零售博览会等主要活动构成的"2018 中国智慧零售系列活动"将于 7 月 31 日~8 月 2 日在深圳国际会展中心举行。

大会邀约腾讯、京东、百度、阿里、华为、苏宁、天虹、百果园等集智论道,分享前沿成果与经验。未来已来,诚邀您出席本次活动。

具体内容如下:

1. 时间:7 月 31 日~8 月 2 日
2. 地点:深圳国际会展中心
3. 内容:详见附件 2
4. 对象:企业负责人、中高层(建议企业带团队参加不同模块)
5. 费用:协会会员免费

报名联系:包×× 0755-83258251 邮箱 972490671@qq.com

附件:1. 报名回执表
      2. 首届中国智慧零售大会暨智慧零售博览会简介

深圳市服务贸易协会
2018 年 7 月 16 日

【简析】 这是商务活动邀请信。

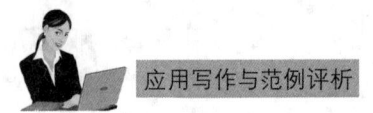

标题由活动事由与文种组成,显得典雅、庄重。第一、二、三自然段属于前言部分,介绍了"2018中国智慧零售系列活动"的举办背景,阐明了活动的目的,初步交代了活动的内容,并向各会员企业发出邀约。事项部分交代了活动的具体信息,活动内容以附件的形式附后,精简了篇幅,使邀请函简约、清晰。结尾部分是报名联系方式。

全文内容清楚,并突出阐述了邀约缘由,显得张弛有道,繁简得当。

★ **例文3**

感谢信

××区卫计局:

暴雨侵袭,洪水肆虐。2019年7月8日,受全省持续大范围强降雨影响,作为成都平原主泄洪口之一的××县城爆发特大洪水,最高峰值达7 810 m³/s,为历史第二高水位。洪水导致全县医疗卫生系统94家单位不同程度受灾。

一方有难,八方支援。当洪水入侵、汛情飞传之时,你们第一时间组织精干力量,火速驰援××,及时送来宝贵的物资设备,想方设法转运危急重症者,最大程度维护了人民群众的生命安全,确保了受灾群众"零死亡"。你们的鼎力支持和各方力量的援助,更加坚定了我们全面夺取抗洪抢险战斗胜利的决心和信心。在此,××县委、县政府代表百万××人民,向你们表示衷心感谢和崇高敬意!

风雨之后见彩虹,大灾之后不见灾。我们坚信,在市委市政府的坚强领导下,在社会各界的大力支持下,勤劳勇敢、坚韧不拔的××人民,将用自己的双手恢复美丽家园,让天府花园水城发出更加绚丽的光彩!

最后,再次向你们表示衷心的感谢,并致以崇高的敬意!

中共××县委 ××县人民政府

2019年7月25日

【简析】 这是中共××县委、××县人民政府对××区卫计局鼎力支援县抗洪救灾工作表示感谢的书信。

例文首先概述了洪水肆虐以及全县的受灾情况,并叙述了对方在关键时刻给予的驰援,这是事由介绍。接下去揭示意义,指出对方的援助对整个事情成功的重要作用及意义,对其表示感谢。最后表达信心和决心,并再次向对方表示感谢和敬意之情。

文章叙事精当,层次清晰,语言得体,情感真挚。

★ **例文4**

北京市委市政府致全市人民的感谢信

亲爱的市民朋友们:

礼赞祖国,逐梦前行。在中华人民共和国成立70周年庆祝活动取得圆满成功之际,中共北京市委、北京市人民政府向全市人民表示衷心的感谢,致以崇高的敬意,送去节日的问候和祝福!

共和国的生日,就是人民的生日。隆重庆祝新中国成立70周年,是党和国家政治生

活中的一件大事,振奋人心、举世瞩目。做好筹备和服务保障工作,是党中央交给北京市的重大政治任务,也是北京市应尽的首都职责。全市各级各部门勇于担当、全力以赴、连续奋战,交出了优异答卷。全市人民以主人翁的姿态、百分百的热情,把国家大事当作自己的家事,积极投身其中,共享盛典荣耀,岗位建功、建言献策、平安巡防、志愿服务、文明守礼……展现了新时代首都市民良好的精神风貌,为庆祝活动圆满成功作出了重要贡献。

此刻,我们不会忘记,直接参与群众游行、联欢、游园活动和阅兵服务保障的首都市民,不辞劳苦,全心投入,留下了忙碌的身影,洒下了辛勤的汗水;我们不会忘记,广大志愿者用微笑、用真情倾心服务,活跃在城市运行、社区治安、观礼保障等重要岗位,成为庆祝活动一道亮丽的风景线;我们不会忘记,全市公安干警、武警战士,坚守一线,辛勤付出,有力保障了首都安全和谐;我们同样不会忘记,在城市街头巷尾值守的"朝阳群众"、"西城大妈",还有忙碌的环卫工人、公交地铁职工等幕后英雄,默默无闻,无私奉献,保障了城市文明有序、市容清新明亮;我们更不会忘记,广大市民识大体、顾大局、舍小家、为大家,对庆祝活动演练和举行期间的一些临时管理措施,给予充分理解、积极配合……点滴之间,饱含着首都市民对祖国的浓浓深情,我们为可亲可敬可爱的首都市民点赞!

凡是过往,皆为序章。首都更加美好的明天需要你,需要我,需要我们大家共同奋斗。我们要认真学习贯彻习近平总书记在庆祝大会上的重要讲话精神,高举团结的旗帜,凝聚向上奋斗的动力,始终坚持以人民为中心的发展思想,不忘初心、牢记使命,把全市人民的爱党爱国之情转化为推动首都建设发展的强大动力,不断满足人民对美好生活的向往,努力建设国际一流的和谐宜居之都,奋力谱写实现"两个一百年"奋斗目标和中华民族伟大复兴中国梦的北京篇章!

再一次感谢全体市民!向你们致敬!

中共北京市委　北京市人民政府
2019年10月2日

【简析】 这是中华人民共和国成立70周年庆祝活动成功之际,中共北京市委、市政府向全市人民表示感谢的书信。

例文按照表达感谢之意、阐述感谢之由、交代感谢之为的思路行文,脉络清晰。第一段开门见山,直表谢意,致以敬意与问候。第二、三两段具体阐述感谢之由。第二段先是阐述了筹备和服务保障新中国成立70周年活动的重要性,借庆祝活动之重要,为下文之感谢作铺垫;接着对全市人民为庆祝活动的圆满成功所作出的重要贡献给予高度评价。第三段则连用五个排比句,对市民在各岗位工作与服务活动中的担当与奉献进行了精要概括,"我们不会忘记"、"我们同样不会忘记"、"我们更不会忘记"的语言运用,让人感到情真意切。在叙述事实的同时,再次表示了肯定性评价。第四段交代感谢之为,向全市人民发出号召,并高屋建瓴地阐述了怎样感谢全市广大市民,义长气盛,鼓舞人心。最后再次向市民表示感谢。

全文紧紧围绕"向全市人民致谢"展开叙事,主旨突出,内容充实,叙议相融,详略得当,结构严谨,堪称感谢信之典范之作。

第二节 慰问信 贺信

一、慰问信

（一）文种述要

慰问信是以组织或个人的名义向有关集体、个人表示慰问和致意的一种文书。它通常用于在重大节日、纪念日或遇到某种特殊情况（如发生战争、恐怖袭击、自然灾害等）对有关人员、单位、地区、国家表示安慰、关切、问候、鼓励。

慰问信的特点有二：

一是发文的公开性。慰问信可以直接寄给本人，但大多是以张贴、登报，在电台、电视上播放的形式出现的。

二是情感的沟通性。无论是对有突出贡献者的慰问还是对遭遇困难者的慰问，情感的沟通是支撑慰问信的一个深层基础。慰问信正是通过这种或表达赞扬崇敬之情，或表达同情关切之意的方式来达成双方的情感交流的。

慰问信主要有三种类型：一是鼓励性慰问信，即对作出杰出贡献的集体或个人表示慰勉，鼓励他们戒骄戒躁，继续努力；二是安慰性慰问信，即对遭受灾害或遇到巨大困难的集体或个人表示慰问，激励他们战胜困难，走出困境；三是节日性慰问信，即在节日来临之际对有关人员表示慰问。

（二）写作结构

1. 标题

可采用以下几种形式：

一是直接使用文种名称。

二是"致＋受文者＋文种"。如《致广大医务工作者的慰问信》。

三是"慰问者＋致＋受文者＋文种"。如《×××致×××的慰问信》。

四是"节日名称＋文种"。如《教师节慰问信》。

2. 称谓

顶格书写慰问对象的名称，称谓后加冒号。慰问对象如果是单位或团体，应写其全称或规范化简称，也可写其成员的统称。如果是个人则应在姓名后加上"先生""同志"等字样，也可以在前面加上"尊敬的"等敬语。

3. 正文

慰问信的正文由慰问缘由、慰问事项与结尾组成。

慰问缘由：说明慰问的背景和原因，表达慰问之情。

慰问事项：根据对方情况，或叙述对方的工作成就，表示褒扬和嘉奖；或简述对方暂时遇到的不幸遭遇，表示同情和安慰；或就公众节日的到来，叙述对方长期付出的工作辛劳，表示感谢和慰问。

结尾：根据对方情况，或提出希望、要求；或表达鼓励之情，表达必胜信心；或表达致敬和学习的态度等。最后可以转行写上表示祝愿的惯用礼仪语。

4. 落款

署上发信单位或个人的称呼，并在署名右下方写上日期。

慰问信的写作要注意以下几点：一是针对性要强。慰问信有不同种类，要根据不同的对象确定内容、语气以及勉励用语。二是情感要真挚。慰问信的重点在"慰问"，一定要情真意切，使对方确实体会到己方的亲切关怀，从而受到鼓舞。三是语言要朴实精练。慰问信是一种公开信件，因此文字要简明扼要，语气要朴实感人。

二、贺信

（一）文种述要

贺信是为了密切单位之间、个人之间的关系，增进友谊，向有关单位或个人表示祝贺、赞颂的书信。贺信可以由单位或个人名义致信，多用于受文单位具有突出业绩、成立或扩大组织机构、举行庆典，受文个人获得某种成就、晋升职位职称，以及纪念日等场合。贺信除了具有祝贺的作用外，还具有激励、鼓舞被祝贺者的功能。

贺信的特点有二：

一是时效性。贺信逢时逢事而发，只在特定时间内发挥效用，要赶在有关活动开展之前送达，错过场合，也就失去了祝贺的意义。

二是颂扬性。贺信的目的是为了给对方增加喜庆气氛，因此语言表述要流露出颂扬之意，颂扬对方取得的业绩，以表达祝贺之情。

（二）写作结构

贺信的内容结构通常包括：

1. 标题

直接写"贺信"或"×××致×××的贺信"。基本写法同感谢信。

2. 称谓

顶格写明被祝贺单位的名称或个人姓名（可加职称、职务等），其后加上冒号。

3. 正文

首先写清事由，开宗明义表示祝贺。

接着概述对方取得的成绩，给予充分肯定，给出赞誉性评价。如是向重要会议、活动表示祝贺，应说明会议、活动的内容和重要性；如是向个人表示祝贺，应简述受文者的人生事迹、贡献、品质等。

最后提出殷切希望，或给予鼓励、表达祝愿等。具体内容根据不同的对象关系而定。

4. 落款

署上发信单位或个人的称呼，并在署名右下方写上日期。

贺信的写作要注意以下几点：一要实事求是。颂扬、赞美之词要恰如其分，评价要客观中肯，不要故意拔高，甚至献媚。二要感情充沛。语言文字要充满热情、喜悦、褒扬之意，给人以激励和鼓舞。三要短小精悍。贺信要求篇幅简短，不宜长篇大论，语言要简洁明快。

★ 例文1

致××县洪涝灾区的慰问信

××县委、县政府并全体受灾群众：

闻悉6月6日凌晨1时许，贵县因大暴雨引发特大洪涝灾害，目前已造成21人死亡、31人失踪，给人民群众的生命财产造成严重损失。中共××县委、××县人民政府代表全县各族群众向你们致以深切的慰问！向遇难的群众表示沉痛的哀悼！

洪涝灾害发生后，你们始终把人民群众生命财产安全放在首位，承担着最艰巨的任务，战斗在最艰险的地方，出现在最危急的关头，抗战在抢险救灾第一线，充分发扬不畏艰险、团结奋战、众志成城的战斗精神，采取科学有力的措施，全力抢救受伤人员，妥善安置受灾群众生产生活，为使灾害损失降低到最低程度作出了不懈努力。

一方有难、八方支援。贵县灾情牵动着兴仁人民的心。为了支持贵县救灾工作，中共兴仁县委、县人民政府决定，向灾区人民捐助人民币50万元，为灾区人民恢复生产、重建家园尽一点绵薄之力。

我们坚信，有党中央、国务院的亲切关怀，有省委、省政府和市委、市政府的坚强领导，贵县党委、政府一定能够带领广大干部群众攻坚克难，共渡难关，全面夺取抢险救灾新胜利。

中共××县委
××县人民政府
2018年6月8日

【简析】 这是一篇安慰性慰问信。此类慰问信主要向因某种原因而遭受重大损失的广大群众、单位或个人发出慰问。在写法上应侧重于同情、安慰、支持，鼓励他们积极应对困难，重拾生活的勇气和信心。本文是在得知××县发生特大洪涝灾害后，中共××县委、县政府在第一时间发出的慰问信。

本例文以"同情安慰"作为行文重心。开篇交代慰问缘由，并向受灾群众发出慰问；第二段高度肯定了县委、县政府及灾区人民在抢险救灾中所作出的努力与可贵精神；第三段向对方发出积极信号，表示己方将捐资给予帮助和支持；最后鼓励他们勇敢面对困难，争取早日战胜困难，表达必胜的信心。

全文情真意切，让人倍感温暖。

★ 例文 2

慰问信

奋战在施工一线的全体员工同志们：

入夏以来，持续高温和突发的异常气候变化给大家的工作和生活都带来了极大不便，尤其对广大从事一线施工的员工更是严峻考验。为此，公司党、政、工谨向在各岗位坚持工作的全体员工表示衷心的感谢和深切的慰问！特别向奋战在一线的员工们致以崇高的敬意！

酷夏飞火，烈日炎炎。面对酷暑，你们依然坚守在各自的岗位上辛勤地工作着。特别是在各区域开展工程施工的同志们，你们远离亲人，不畏高温，头顶烈日，攻坚克难，在恶劣的工作环境下一丝不苟地进行各项工作，为公司目标的实现作出了重要贡献。你们的敬业精神、奉献精神、开拓精神深深鼓舞着每一位××电信工程人。正因为有了你们的努力，公司上半年在促发展承担4G工程、保业务开拓各方市场、为社会抗击自然灾害等多方面的工作均取得了显著成绩，年中目标圆满完成。公司因你们而感到无比骄傲、自豪和欣慰！

同志们，接下来的日子高温仍将继续，高温、多雨、雷电、潮湿等恶劣天气将给我们的各项作业和工作带来更加严峻的考验。你们的健康和安全是公司最大的财富，请大家务必做好防暑降温和防护工作，强化安全措施，做好夏季和汛期安全生产工作。希望大家合理安排好工作和作息时间，继续以昂扬的斗志，在当前的通信大建设、大发展中充分展示我们×工局团结协作的精神、艰苦奋斗的作风、克难攻坚的毅力、永铸精品的实力，为社会通信建设担当主力军，为公司转型发展作出大贡献！

最后，衷心祝愿大家身体健康，家庭幸福！

××电信工程有限责任公司委员会
2018 年 7 月 21 日

【简析】 这是鼓励性慰问信。此类慰问信主要是向在某一领域、某一行业作出重要贡献或在突发事件、自然灾害中作出贡献的集体或个人进行慰勉。在写法上侧重于歌颂英勇行为，希望再接再厉，取得新的成绩。本例文是××电信工程有限责任公司委员会向在酷暑中奋战在施工一线的全体员工发出的慰问信。

这份慰问信突出了在施工一线工作的特殊性，紧扣"高温"主线行文。开篇交代慰问缘由，在阐明"高温"背景的基础上，向奋战在一线的员工们发出慰问。第二段是慰问事项，以概述的方式肯定了一线员工在恶劣环境下的努力工作，并对他们的精神品格与重要贡献作出了高度评价。第三段结合当前的天气情势，对员工们提出殷切希望和深情勉励。最后表达祝愿。

全文情理并茂，义长气盛，具有激励作用。

★ 例文 3

致全院护士的慰问信

全院护理姐妹们：

你们好！

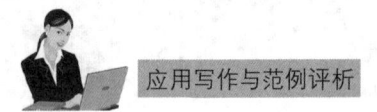

风和日丽、春意盎然的五月，值此"5·12"第108个国际护士节来临之际，我代表医院党政领导班子，向全院护士同志们致以节日的祝贺和亲切的慰问！向长期辛勤工作在临床一线，为维护全校师生健康的护理工作者及其家人表示崇高的敬意和衷心的感谢！

护士是医院的重要组成部分，是最具亲和力和奉献精神的群体。一年来，全院护理工作者践行"尚德、仁爱、传承、创新"的院训，坚持"立足校园、面向社区、医卫并举、服务师生"的理念，全心全意为广大师生和社区居民服务。当夜深人静的时候，你们不知疲倦地穿梭在病房，守护着患者健康；当家人需要的时候，你们舍小家顾大家，时刻奔忙在临床一线；当万家团圆的时候，你们无怨无悔地坚守在工作岗位上。经年累月，你们初心如故，用青春和汗水为患者送去抚慰和关爱，点燃健康的希望和光芒。在这美好而又特别的节日里，我们真诚地对你们道一声："辛苦了！"

医院的发展凝结了你们辛勤的付出。随着医院业务的不断发展，护理工作面临人多岗、人员紧、任务重等诸多困难，但是护理群体能在护士长领导下克服一个个困难，呈现出积极向上、团结和谐的美好风貌。随着医院改革的进一步深化，全校师生对医疗护理工作提出了更高的要求，希望各位护理姐妹们，能一如既往爱岗敬业、加强学习，以服务聚人心，以技术强实力，全面加强护理内涵建设，用实际行动践行南丁格尔誓言，努力开创护理工作新局面、新篇章，为我校师生健康、健康交大作出应有贡献。

最后，衷心祝愿各位白衣天使节日快乐！身体健康！工作顺利！

校医院院长 ×××
2019年5月12日

【简析】 这是节日慰问信。节日慰问信在写法上应当字字饱含深情，句句温暖人心，让慰问对象读了之后更有一种热爱自身职业的感觉，更能在以后的工作中尽职尽责。

该慰问信首先交代了慰问背景，即护士节来临，并向全院护士发出慰问，表示敬意和感谢。接着是慰问事项，概述了广大护士在工作岗位上无怨无悔的坚守与付出。"当夜深人静的时候"、"当家人需要的时候"、"当万家团圆的时候"的排比句式与语言运用，既增强了文势，又情真意切。最后结合当前形势，对全院护士提出殷切希望，并表达良好祝愿。

全文感情真挚，用语亲切，感染力强。

★ 例文4

致邻水诗词学会贺信

邻水诗词学会：

欣闻邻水诗词学会将于2018年1月6日成立，在此谨代表匠心读书会表示热烈祝贺，并向参会嘉宾致以亲切的问候！

邻水距今1 400多年，自古文脉厚重，人杰地灵。邻水诗词学会，乘十九大的东风应运而生，是全县文化界的一件大喜事，填补了邻水该项群众性文化组织空白。诗中日月长，词中乾坤大，诗词是中华民族文化的精粹，亟须得到传承和发扬光大。邻水诗词学会成立，将团结老中青少四代，工于古诗词，发力新诗作，营造我县文学事业繁荣发展的可喜局面。《邻水诗词》的创刊，为我县文化增添了光彩，增加了平台，一并祝贺。

相信邻水诗词学会成立后,将上承邻州千年历史,下接川东古风民情,铁笔巨橼担道义,内引外联带队伍,打造出一片新天地。匠心读书会作为新文艺群体,也将携手共同谱写邻水文化锦绣华章。

邻水匠心读书会
2018 年 1 月 5 日

【简析】 这是贺信,由邻水匠心读书会为祝贺邻水诗词学会的成立而作。

例文前言采用了贺信常用句式,以"欣闻……"点明慰问事由,开宗明义向邻水诗词学会表示祝贺,并向参会嘉宾致以慰问;第二段追溯了邻水的厚重文脉,在此基础上着重阐述了邻水诗词学会成立的重要意义;第三段展望未来,表达良好祝愿以及携手共进的愿望。

例文一气呵成,文辞优美,言简意赅。

★ **例文 5**

贺　信

××股份公司工会:

欣闻××股份××工业区轧钢部职工张×在第十五届全国运动会羽毛球比赛中,顽强拼搏,不负众望,荣获群体组比赛银牌,为企业赢得荣誉,为集团争了光。集团工会向张×表示热烈的祝贺,致以亲切的慰问!

张×夺得全运会奖牌,展示了积极进取、昂扬向上的蓬勃朝气和有激情、在状态、敢担当、勇作为的精神风貌。这是××股份工会坚持发展群众性体育赛事,不断丰富职工业余文化生活的结果,是张×本人刻苦训练、不懈努力、超越自我的结果。此次比赛恰逢集团公司举办首届职工运动会,必将进一步弘扬"快乐工作、健康生活、凝心聚力、共铸辉煌"的主题,传递"我参与、我健康、我快乐"的理念,激发集团广大职工热爱企业、奉献企业的热情,为更好推动集团发展凝聚强大的精神力量。

希望张×继续弘扬奋勇拼搏、勇攀高峰的精神,不断创造新的辉煌,为集团争取更大荣誉!××股份工会要继续发扬优良传统,戒骄戒躁,再接再厉,继续推动做好企业职工群众性各项文体活动,凝聚职工力量,建设和谐企业,为推动企业不断做强、做优、做大作出更大的贡献!

××集团公司工会委员会
2019 年 9 月 7 日

【简析】 这是对个人取得的成就表示祝贺的贺信。

与例文 4 一样,本例文前言也采用了贺信的常用句式起领,向张×表示祝贺,致以慰问;第二段是祝贺事项部分,充分肯定了张×在本次赛会上取得的成绩,以及××股份工会的作用发挥,着重阐明了此次比赛的重要意义;最后对张×及××股份工会提出了希望。

例文有祝贺,有嘉许,有鼓励,充满了温馨热烈的暖色调。

第三节　介绍信　证明信

一、介绍信

（一）文种述要

介绍信是机关单位、人民团体、企事业单位派遣人员前往有关单位办理有关事宜的一种专用书信。单位之间往来，以介绍信作为与对方单位联系的凭证是一种庄重的仪式，目的是为了得到对方的信任和支持。

介绍信的最大特点是中介性和凭证性。持介绍信的人，可以凭借此信顺利地与有关单位和个人取得联系，商讨相关事宜。对方从所提供的信件里也可对来访者的身份以及要办理的事项等有比较清晰的了解，从而给予相应的帮助和支持。因此，在这个过程中介绍信既起到了联系双方的中介作用，也起到了证明持信人身份的凭证作用。

介绍信一般有书信式和专用印刷式两类。书信式一般用单位的公文纸书写，专用印刷式制作了固定版式，根据需要填写相关内容，并有存根备查。

（二）写作结构

1. 标题

首行正中直接写"介绍信"。

2. 称谓

顶格写明所联系单位的名称，其后加冒号。

3. 正文

包括：持信人的具体情况，如姓名、年龄、身份、人数；此次双方所需接洽和商办的具体事宜；对接洽单位所提出的希望，如"请接洽"、"请予协助"等。

文末常用"此致　敬礼"等祝颂语转行作结。

4. 落款

写上本单位名称及日期，并加盖公章。专用印刷式介绍信一般注明有效时限。

需要注意的是，有些介绍信还会在最后注明有效时限。

二、证明信

（一）文种述要

证明信是机关、团体、企事业单位和个人，实事求是地证明某人身份、经历或有关事件、情况真实性的一种专用书信。

证明信的最大特点是凭证性，许多事情的办理和问题的解决，都把证明信作为重要的参考依据。证明信强调的是证据确凿,言必有据。如果是单位出具的证明,写作时必须通过查阅档案和调查研究,一定要对所证明的人或事负责;如果是个人出具的证明信,其证明人必须是知情人或亲历者,否则没有资格出具证明信。

(二) 写作结构

1. 标题

一般直接写上"证明"或"证明信",也可写成"证明事由+证明",如《关于××同志学习期间情况的证明》。

2. 称谓

顶格写收信单位的名称,其后加冒号。如无固定的收信者,可省略单位。

3. 正文

证明性通常针对对方所要求的要点拟写,需要证明什么问题就写什么问题,不写无关内容。

如要求证明某人历史,则要写清人名与何时、何地所经历的事情;如要求证明某一事件,则要写清参与者的姓名、身份,及其在事件中的地位、作用和前因后果等。

文末常用"特此证明"转行作结。

4. 落款

在结语右下方署上证明人的名称,在署名下方写上开具证明信的具体日期。证明人的名称可以是单位名称,也可以是个人姓名。如果是单位名称应尽量写其全称或规范化简称;如果是个人姓名,前面可以加上"证明人"等字样。

★ 例文1

介绍信

××单位:

  兹介绍××研究中心××、××××同志,共两人,前往贵处进行江南小城镇经济实体的调查研究,为期一周,请予接洽。

  此致

敬礼

××社会科学院经济研究中心

2019年×月×日

【简析】 这是一篇书信式介绍信,按普通书信格式开具。从本例文可以看出,介绍信是用来介绍联系接洽事宜的文书,它具有介绍、证明的双重作用。

本介绍信的正文内容清晰,且简明扼要,如对于持介绍信人的姓名以及人数作了明确说明,接洽和联系的事项也清楚明了,并注明调研的时间,最后是介绍信的规范结语。

全文可谓字斟句酌,字字如金。

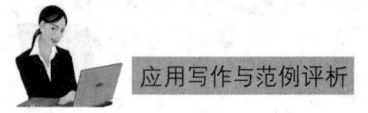

★ **例文 2**

介 绍 信

介绍信存根　　　　　　　　　　　　　　　　　　　　　编号：008

使用人	于宏达	至何单位	市人才市场管理中心
办理何事宜		招聘工作事宜	
经办人签字	王均	填发日期	2019 年 6 月 8 日
批准人签字	丁强生	有效日期	3 天

介 绍 信

××市人才市场管理中心：

　　兹介绍我单位于宏达科长前往贵处联系招聘工作事宜，请予接洽。

　　此致

敬礼

××公司（印）
2019 年 6 月 8 日

（有效期限 3 天）

　　【简析】 这是专用印刷式介绍信（带存根）。

　　专用介绍信一般采用印刷形式，一式两联：一联是存根联，另一联是介绍信正式联。两联正中有间缝，有的在间缝虚线处备有"××字××号"字样，以作防伪之用。存根往往用来留档备查。

　　该介绍信正式联与存根联信息保持一致。正式联写明了持信人姓名、职务、所办事项，并注明了有效期限，结尾写明了要求与尾语。持信人可以凭此信同对方联系、商洽事务，而对方则可从××公司的介绍信中了解来人的姓名与身份、要办的事情等。

★ **例文 3**

证　明

江苏银行：

　　兹有王××同志，身份证号××××，系我单位正式工作人员，进入我单位工作时间为 2003 年 8 月，现任职务为部门经理。经核实，该同志月均收入 12 650 元，扣除税金及其他支出 1 450 元，月均实收入合计 11 200 元（含住房公积金）。

　　特此证明。

××公司人力资源部（章）
2019 年 9 月 25 日

　　【简析】 这是单位出具的职工收入证明。

本证明信中,单位对被证明人的姓名、身份、工作时间、工资收入等基本情况逐一进行了证明。结尾运用了惯用语"特此证明"。

作为衡量个人经济能力的重要标志,收入证明在信用卡办理、房屋按揭贷款、保障房申请等诸多方面具有重要作用。

★ 例文 4

证　　明

××大学:

××××年×月×日来函获悉。现根据函中要求,将贵校×××同志的有关情况介绍如下:

×××同志××××年×月至××××年×月在我院工作,曾任基础部主任。该同志工作认真负责,能以身作则,团结同志,成绩突出,××××年、××××年两次被评为我院先进工作者。

××学院(印)
××××年×月×日

【简析】　这是一篇以单位或组织的名义出具的个人任职情况证明信,用于个人在办理某些事项时,在某些方面必须向组织作出解释说明而提供的证明。这种证明信所依据的材料一般来自人事档案,可靠性和准确性都比较高。

从该证明的首句"××××年×月×日来函获悉。现根据函中要求,将贵校同志的有关情况介绍如下"可知,该证明是在对方已来函询问的情况下所做出的回应,因此既表明了对对方单位来函的重视,同时也可以有的放矢地提供证明材料,根据对方所关心的问题,提供真实可靠的信息。

第四节　申请书　倡议书

一、申请书

(一) 文种述要

申请书是单位或个人因某种需要,向有关部门、组织、社会团体提出书面请求的专用文书。

申请书在日常生活、工作中使用十分广泛,诸如申请入党、入团,申请参加某个学术团体,申请报考学校,申请予以某种补助,申请调动工作等,都要写申请书。可见,申请书不仅是一种表情达意的工具,而且是沟通个人与组织、个人与领导、下级与上级的桥梁。

申请书的特征有二：

一是单一性。即一份申请书一般只提出单一的申请事项，不宜将多种事项混合申请，以利于有关主管部门审批。

二是郑重性。使用申请书的目的是希望得到批准或解决，所以在语言的使用方面特别讲究得体、恳切、郑重，以示对主管部门的尊重。

（二）写作结构

1. 标题

可直接以文种"申请书"作标题，也可根据申请的事项和目的在"申请书"三字前加上申请内容，如《入党申请书》、《特困补助申请书》。

2. 称谓

顶格书写接受申请书的组织、单位、团体或个人名称，其后加冒号。称谓一般只有一个，而且要确指，与请示的行文规则一致。

3. 正文

一般包括前言、申请事项和结尾。

前言：说明申请事项的背景、意义、根据等。有时可省略前言，直陈申请事项。

申请事项：明确提出所要申请的事项，是请求得到批准，还是请求予以解决、解答问题等。

结尾：可提出希望，提请主管部门重视自己的请求，如"望予以解决"；可表示感谢，如"如能帮助解决，不胜感激"；可使用特定用语，如"特此申请，请予批准"；或其他说明，如承诺、联系方式等。

文末可用祝颂语"此致 敬礼"作结。

4. 落款

按照书信的格式写上申请人的姓名和日期。

二、倡议书

（一）文种述要

倡议书是单位或个人倡议发起某项活动或提议做某事，以引起人们响应的号召性书信。

提出倡议的目的是发动群众，动员社会力量共同完成某项任务，如树立某种风尚或开展某种公益活动等。倡议书在现代和谐社会的建设中具有重要作用，它能够调动广大群众的积极性和创造性，让大家齐心协力，起到很好的宣传和凝聚作用，并且使号召和建议很好地转化为人民群众的实际行动。

倡议书具有公开性和鼓动性两个特点。所谓公开性，是指倡议书是一种广而告之的书信，往往通过张贴或广播、电视、报纸等媒体进行公开，以获得更大范围的支持；鼓动性是指倡议书通过对外宣传，能够鼓舞大家按照自己的希望和建议来做，从而广泛发动大多数人的力量，群策群力，共同奋斗。

（二）写作结构

1. 标题

倡议书的标题可采用单式标题和双式标题两种形式。

一是单式标题。可直接写文种名称;或由"致+受文者+文种"组成,如《致大学生的倡议书》;或由"倡议内容+文种"组成,如《建设节约型机关倡议书》。

二是双式标题。即采取正、副标题的形式,正题用来揭示倡议书的主题或主要内容,副题用以说明倡议人、倡议内容和文种。如《众志成城 抗震救灾——致全国文艺工作者的倡议书》。

2. 称谓

可依据倡议的对象而选用适当称呼,如"广大青少年朋友们"、"广大妇女同胞们"等。有的倡议书也可不用称呼,而在正文中指出。

3. 正文

一般包括倡议缘由、倡议事项、倡议呼吁三个方面的内容。

倡议缘由:写明倡议的背景、原因、目的或意义等,可用"为此,我们倡议如下(或特提出如下倡议)"过渡。

倡议事项:写明倡议书的具体内容和要求。如果倡议的事项简单,可直接写出。如果倡议事项较多,则需分条列项写。

倡议呼吁:一般写明倡议者的建议和号召,或表明倡议者的态度。

4. 落款

右下方写明倡议者的单位名称或个人姓名,署上日期。

倡议书的写作要注意以下几点:一是缘由充分。要交代清楚背景、目的或意义,以赢得公众的理解、支持和响应。二是事项具体。所倡议的内容要清晰明了,具体可行。三是情理并重。要措辞贴切,情感真挚,富于鼓动性。

范例评析

★ 例文 1

助学贷款申请书

中国××银行北京市分行:

本人×××,男,于2017年9月进入××学院档案系档案管理专业就读,身份证号码为××××××××××,毕业时间为2020年7月。

我家地处偏远的××省西部山区,这里交通不便,经济比较落后。父母常年以务农为生,且体弱多病。家中有兄妹三人,且两个妹妹仍在上中学,高昂的学费成了家庭巨大的负担。鉴于此,向贵行申请生源地助学贷款,希望贵行能给予资助。贷款意向如下:

一、贷款数额

1. 2018~2019 学年学费人民币 12 000 元整。
2. 2019~2020 学年学费人民币 12 000 元整。

以上合计人民币 24 000 元整(贰万肆千元整)。

二、贷款期限

贷款期限自 2018 年 1 月至 2024 年 12 月。

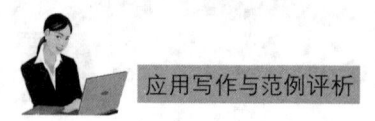

我承诺：获得国家助学贷款后，努力学习，积极上进，高质量完成学业，并在2023年12月31日前还清贷款；毕业后及时将工作单位或详细的联系方式告知贵行，做恪守信用的大学生。

我家固定联系地址：××市××县××镇××村，邮政编码：100000
校址：××市××区××学院083信箱，邮政编码：100001
联系电话：139××××××××

申请人：×××
2018年1月5日

【简析】 这是一份申请书，表达了个人申请国家助学贷款的愿望。

例文的前言部分交代了个人的身份信息，叙述了困难的家庭境况，表达了申请助学贷款的愿望；接下去写明申请事项，具体说明了贷款数额和贷款期限；最后以承诺和联系方式作为结尾。

申请人态度恳切，叙说周详，用语礼貌得体。

★ 例文2

分散实习申请书

尊敬的学院领导：

您好！

本人是会展经济与管理专业2015级2班的李华，感谢学院为我们提供了集中学习的机会，让我们能够运用所学知识在企业有所锻炼，并且从"准职业人"向"职业人"转变。

目前，本人已在自身努力下找到了合适的用人单位。我应聘于××公司，经家长同意，特向学院申请分散实习，希望学院领导批准。

实习期间，本人承诺做到以下几点：

1. 遵守单位的规章制度，服从实习单位和学院的管理，积极主动完成学院的各项实习任务。

2. 严格做到按时作息，不迟到、不早退、不误工、不缺勤，认真履行请假制度。

3. 维护学校的形象，严格遵纪守法，并且注意个人安全。

此致

敬礼

经管15(2)班　李华
2019年1月4日

【简析】 这是一份学生的分散实习申请书。

该申请书的前言部分介绍了自己的身份信息，并对学院提供集中学习表示感谢，拉近了相互的距离；接着在说明理由的基础上提出了申请分散学习的事项；最后表达三点承诺，以利于学院领导批准。

全文内容具体充实，表达得体、有礼，易于为人接受。

★ 例文 3

清河区平安建设倡议书

全区广大干部群众：

你们好！

平安建设是各级党委、政府和各部门、单位的神圣职责和崇高使命，也是每一位公民共同的责任和义务。近年来，在区委、区政府的坚强领导下，全区上下凝心聚力、砥砺奋进，扎实推进平安清河建设工作，取得了显著成效。2018 年度，我区公众安全感达到 94.69%，平安建设知晓率达到 95.34%；公、检、法、司队伍满意度均达到 95%以上。2019 年 3 月，我区被省综治委表彰为"2018 年度平安建设先进区"。这些成绩的取得是大家共同努力的结果，凝聚着每个人的心血、智慧和汗水。为进一步深化"平安清河"创建活动，营造"平安建设人人有责、平安成果人人共享"的浓厚氛围，区综治委、区委政法委向全区人民发出如下倡议：

当好"平安清河"的示范员。洁身自好，不沾黄赌毒，不打架斗殴，不参与非法集资，不参与传销活动，不参加各类邪教组织；增强自防意识，提高防火、防盗、防抢、防骗、防交通事故等防范技能；依法理性表述利益诉求，勇于揭露社会丑恶现象，自觉同各类违法犯罪作斗争，见义勇为，弘扬正气，树立社会新风尚。

当好"平安清河"的服务员。立即行动起来，踊跃参与治安巡防、矛盾调解、环境整治、扶贫帮困、公益服务等各类平安志愿活动，积极投入到平安街镇、平安村（社区）、平安家庭、平安校园、平安单位、平安企业等系列平安细胞创建工作中，奉献自身的一分力量。

当好"平安清河"的宣传员。时时言语传播平安，处处行动示范平安，以自己的言行感染周边的人，让更多的人加入平安创建志愿活动，不断提高创建"平安清河"的知晓率、参与率、满意度。

当好"平安清河"的监督员。热心关注平安建设各项工作进程，及时提出建设性意见和建议，助推"平安清河"建设迈上更高台阶。

清河是我家，平安靠大家。让我们携起手来，肩并肩、心连心，把拳拳热爱清河之心、殷殷无私奉献之情化作创建"平安清河"的实际行动，为建设"宜居宜游、富美清河"作出积极贡献！

清河区社会治安综合治理委员会
2019 年 3 月 20 日

【简析】 这是开展活动倡议书。

例文开篇是倡议缘由，交代了平安建设的重要意义、背景与目的，并用"区综治委、区委政法委向全区人民发出如下倡议"引入下文；倡议事项是本文的重点部分，例文从当好"示范员"、"服务员"、"宣传员"、"监督员"四方面提出了具体倡议，四个主旨句整齐匀称，具有鲜明的逻辑联系；最后用热情洋溢的鼓动性话语，号召市民支持和参与该活动。

全文思路周密完备，内容详明，利于受文者接受。

★ 例文 4

献爱心捐款倡议书

分公司全体员工：

　　人有悲欢离合，月有阴晴圆缺。拥有健康和快乐是我们每个人的梦想。当我们开心生活、尽情欢笑、努力工作、畅享人生的时候，我单位员工陈××却经历着病痛折磨，残酷的病情与高额治疗费用给他个人及家庭带来极大的思想压力和经济困难。

　　陈××同志于 1995 年 8 月参加工作，是我单位一位老员工，2018 年 10 月经中国医学科学院血液病医院确诊患了白血病。经多方治疗，目前仅自费医药费支出已近 20 万元。血液病是一个需长期治疗的慢性疾病，今后预计保守治疗年度医药费约需 10 多万元，这是一个普通工人家庭难以承受之重。

　　陈××同志无兄弟姐妹，父母年迈需要赡养，其妻无正式工作，儿子目前正读大学，其本人现在每月收入只有 4 000 多元，接下来的治疗困难重重。

　　考虑到陈××同志的家庭现状和经济承受能力，分公司工会现向全体员工发出倡议：大力弘扬中华民族乐善好施、扶危济困的传统美德，体现一方有难、八方支援的互助精神，伸出援助之手，奉献一片爱心，以捐款方式为陈××同志提供关怀和帮助。

　　愿我们的点滴付出汇成爱心暖流，让暗淡生命重新迸发灿烂霞光。我们热忱地期盼您量力援助！"爱人者，人恒爱之。"感知您的关爱，致以诚挚的谢意！

　　捐款接收处：三分公司工会

　　联系人：××× 联系电话：×××××××

三分公司工会

2019 年 6 月 16 日

【简析】 这是呼唤爱心倡议书。

　　该例文的显著特点是，倡议方为受助对象倡议捐款的缘由阐述得非常充分，并且极力营造出一方有难、八方支援的人道主义精神氛围。最后的倡议号召质朴简洁，既短促有力，又情真意切，引用恰到好处，富有感染力。

第五节　推荐信　求职信

一、推荐信

（一）文种述要

　　推荐信，是向有关单位或人员介绍推荐相关产品、项目、技术、人员而写的书信。

推荐信的目的用于推荐人或物,以使对方任用或接纳。当前,大多数推荐信用于向有关单位推荐人才。用人单位可以根据推荐信提供的人才信息,找到适于职位的最佳人选。

推荐信的最大特点就是介绍性。推荐的目的是为了让对方了解,引起对方重视,为达目的,写作中要实事求是,并充分介绍被推荐人的能力、特长、优势,以利于用人单位遴选。

(二) 写作结构

1. 标题

直接写文种,或是"事由＋文种"。有时如果写、收推荐信的双方关系密切,可省略标题。

2. 称谓

顶格写接受推荐信的单位或个人。若是个人,常在姓名前面加上"尊敬的"等敬语。

3. 正文

推荐信的正文一般包括以下三部分内容:

第一部分简单介绍推荐人的情况,包括姓名、工作单位、职位以及与被推荐人的关系等,并简要介绍推荐的缘由。

第二部分是推荐信的重要内容,要详细介绍被推荐者的具体情况,包括其特长、能力、优缺点、主要成绩及本人对被推荐者的评价等。

第三部分写明推荐人意见,再次表达自己希望能办成此事的愿望。

文末可用"即颂 时祺"、"此致 敬礼"等祝颂语作结。

4. 落款

正文右下方写上推荐人姓名和日期。

二、求职信

(一) 文种述要

求职信是用于求职者向有关单位提出供职请求,希望得到任用的专用书信。

当前社会中的择人与择业双向选择机制,使求职信在企事业单位、就业市场中被广泛使用。它是每一个谋职者推销自己、使别人了解自己、最终能聘用自己的一件法宝。

求职信有两个鲜明特征:

一是针对性。写求职信要针对本人以及用人单位的具体情况进行表述,恰如其分地向对方介绍自己的成绩、特长和优势,展示自己胜任工作的条件和能力。

二是明确性。求职信的目的是为了向某单位求职,故要有的放矢,明确提出理由与请求,以便达到行文目的。

求职信可分为两种,即自荐信和应聘信。自荐信是谋职者根据自己的条件和意向向可能聘用自己的单位所写的书信;应聘信是在已获知用人单位需求信息后,根据用人单位的具体岗位需求有目的地表达求职的愿望与特长。

(二) 写作结构

1. 标题

通常在首行居中直接写"求职信"三字。

2. 称谓

根据收信人的身份、地位选择恰当的称呼。由于求职者往往不知对方的详情,一般写较为笼统的称呼,如"××单位领导"、"××公司负责人"等。为礼貌起见,可视情况使用"尊敬的"等修饰语。

3. 正文

开头部分,常常说明自己写信的目的、缘由,同时要简单介绍相关的个人信息。表述时应诚挚、简洁、明确,给人以干脆利落、洗练明快之感。

主体部分,这是求职信的核心部分,重在推销自己。要着力呈现自身的优势和特长,具体陈述所具备的知识、经验、能力、业绩,还可以适当提及适应所求工作性质的兴趣爱好、性格特点等。

结尾部分,表明愿意从事这项工作的愿望和信心,以及如何开展工作等。

4. 结语

可以写"此致 敬礼"、"敬颂 时祺"等。也可以视不同的对象,选择其他更恰当的祝颂语。

5. 落款

署名前要加上"求职人"、"自荐人"、"应聘人"等字样。姓名后面可加上"敬上"、"谨启"等,以示礼仪。姓名下方写上日期。

拟写求职信时要注意以下几点:一要实事求是。介绍自己时要符合实际,不要自吹自擂,以免给对方以浮夸的印象。二要突出重点。特别是与用人单位所需要的专业、能力、特长相一致的地方要详细着墨。三要富有个性。要新颖而不落俗套,起到吸引和打动对方的作用。四要真诚得体。以真诚的态度、得体的方式和语言,给对方留下良好印象。

范例评析

★ 例文 1

推荐信

××大学:

欣闻贵校最近要招收一批学以致用的年轻教师,我谨推荐××同学到贵校工作。

××同学于 2012 年 7 月毕业于××大学旅游管理专业。在校期间严格要求自己,刻苦努力,锐意进取,各科成绩优异。××同学于 2013 年 9 月考入本校旅游管理专业攻读硕士学位跟从本人专攻旅游规划与开发研究方向,科研成果丰硕,发表论文 3 篇。

××同学对旅游管理尤其是对云南旅游业的发展管理有较深的理解,经过文献查阅、开题报告、课题实施等系统培养,已经具备较好的科研能力,富有刻苦钻研的精神。该同学在校期间,协助本人做好本科生《旅游企业管理》课程建设、教学工作。他有志于旅游管理的研究,希望能学以致用。

恩请贵校能采纳我的推荐意见,录用他为贵校教师。

××大学教授、硕士生导师 ×××
2015年12月15日

【简析】 这是一封向用人单位推荐优秀毕业生的推荐信。作者的身份为该生的导师,因此推荐信比较有说服力。

例文以"欣闻贵校最近要招收一批学以致用的年轻教师"作为前言,后转入推荐事项;主体部分,详细介绍了被推荐者的具体情况,包括本科学业、研究生学业、科研水平和能力、实践能力等;最后表达自己希望能办成此事的愿望。

文章概括而不流于抽象,重点突出,语言质朴,谦恭得体。

★ **例文2**

推荐信

××××大学:

本人是××大学××学院教学院长,现应我院14级××专业××同学的请求,推荐其到贵校进行研究生阶段的学习。

××同学于2014年9月进入我院学习,学习成绩优秀。本人于2015—2016学年曾担任其《××××》及《××××》课程的授课教师,在与该同学课堂内外的互动中,发现该同学表现比较突出,不仅上课认真听讲,能提出很有独创性的问题,而且对我提出的案例分析题,能勇于上台发言,清楚地阐述自己的观点。该同学还具备了一定的科研工作能力,曾经主持参与大学生创新性科研项目数项,并取得了优异的成绩。通过学术研究可以发现,该同学做事刻苦勤奋,认真负责,有着较强的独立思考能力;思维活跃,能运用现有知识,并查阅相关文献来解决研究中出现的问题;总结分析能力和文字表达能力极强,工作能力十分出色。

××同学还曾担任我院的××××等工作,有着较强的统筹能力,踏实严谨。相比于其他学生干部,该同学善于沟通交流,能与不同背景的同学进行良好高效的沟通与合作。在个人品质方面,该同学尊师敬长,团结同学,为人谦虚礼貌,自强不息,在困难面前不曾言放弃,有着较强的进取心。

经过近两年的了解,可以看出,××同学有专长,有潜质,综合表现优异,故予以推荐,望审核通过!

推荐人:×××
2018年9月12日

【简析】 这是向有关高校推荐学生进行研究生阶段学习的推荐信。

例文正文部分首先交代了推荐者的身份(××大学××学院教学院长)及与被推荐者的关系(师生关系),接着对被推荐者作了较为全面的介绍和评价,包括学习表现、科研能力、思维特点、工作经验、组织能力及个人品行等方面,既写出了被推荐者的专长及与众不

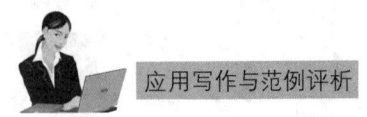

同之处,又反映出其发展能力,并以充分、具体的事例作为佐证。最后表达自己希望能办成此事的愿望。

文章内容翔实,观点明确,态度诚恳,措辞得体。

★ 例文 3

求职信

尊敬的××公司人力资源部经理:

  我是×××,是××大学汉语言专业(商务文秘)一名应届毕业生。恕我冒昧,向您自荐,如能拨冗审阅,不胜感激。我得知贵公司正在招聘一名办公室文员,特应聘该职位。

  在大学四年里,我认真刻苦,勤奋踏实,十分注重能力培养,为就业求职打下坚实基础。"好学笃行,厚德致远"为我校的校训,面对诸多机遇和挑战的今天,"有理想,去实践"便是我的人生格言。大学期间获得四级秘书资格证。为提升计算机技能,通过努力,我熟练掌握了如Word、Excel、PowerPoint等现代办公软件的基本操作,中文打字达到60字/分钟,英文100单词/分钟。同时,我也不断提升自己的英语水平,大二期间通过全国大学生英语六级考试;并且不断提高口语表达能力,取得全国口语测评三等奖的好成绩。大学期间,担任校报记者、学生会宣传部干事,积极参与校园活动,提高组织、沟通和协调能力。

  寒暑假期间,我还到多个实习单位实习。在××报社实习期间,独立完成多篇报道,如《民工讨薪记》等几篇报道得到不错的社会反响。我还曾经到××公司实习,担任见习行政助理,帮助领导协调工作,处理办公事宜。在实习期间,得到单位领导和同事的一致好评。

  莱布尼茨说,"现在是伟大的,因为它有未来。"即将跨入职场的我,非常渴望得到贵公司的肯定和认可,渴望有机会与贵公司共同争取未来的进步。我自认为已具备一个入职者的知识结构和能力素质,不会辜负您和贵公司对入职者的希冀。

  再次向您表示衷心的感谢,希望得到您的进一步垂询,并祝您事业顺利!

  谨祝

顺达

求职者:×××
2019年4月18日

【简析】 这是一份典型的求职信,是在已获知用人单位需求信息后,根据用人单位的具体岗位需求有目的地表达求职的愿望与特长的应聘信。

  开头部分简要介绍了相关个人信息,写信的目的、缘由,以及所要应聘的岗位;主体部分具体陈述了大学期间的学业、专长与实践经验,展示自己胜任工作的条件和能力,给人留下一个年轻好学、热情活泼、实践能力强、参与意识强的深刻印象;最后表达愿望和决心。

  例文注重自我展示和推销,具有较强的针对性,在处理自我表现性和真实性方面做到了统一。行文流畅简练,稳健得体,不卑不亢。

★ 例文 4

求职信

尊敬的×××校长：

您好！

我是××外国语学院俄语系 2019 届毕业生。近日从网上看到贵校招聘教师的消息后非常高兴。因为立志从教是我多年的夙愿，而贵校招聘的条件又非常适合我自己。因此，特向贵校申请俄语教师这一工作岗位。

献身党和人民的教育事业，做一名光荣的人民教师，并不是我一时的冲动，而是实现自己崇高理想和人生价值的职业选择。

我出身于教育世家，祖父和父母亲都是教师。父辈们用他们的精神追求和人格魅力深深地影响了我。从小浸润在这种精神花苑和文化氛围中，使我对教师职业有了更多的理解和认识，也坚定了自己教书育人的志向。

在大学阶段，我学的是俄语语言文学专业。四年系统的专业知识学习，使自己的专业基础、语言技能和知识视野，都有了较大的提高和拓展。在国家俄语专业八级考试中，自己以 86 分的优异成绩顺利通过；四年来各门功课考试成绩均在 80 分以上，获俄语语言文学学士学位。

除了专业学习以外，重视自身综合素质的提高。我从大学二年级起，就担任我系学生会学习部部长。任职期间，在老师的关心帮助和同学的大力支持下，我组织了我系的俄语角、学习经验交流会等活动，受到了师生的好评。我还利用假期时间，进行了几次家教实践，使自己得益匪浅。大学阶段的出色表现，使我两次获得三好学生、一次获得优秀学生干部的荣誉称号。

由于钟情教师这一职业，我便有意识地选择了教育学、心理学等相关知识的学习，进一步拓宽自己的知识领域。但是，我深知教师是一个需要终身学习和不断奋进的职业，不仅要有理论知识，更要重视实践经验。我愿意把自己的满腔热情和全部智慧奉献给我所热爱的事业。

恳切盼望您能在百忙之中阅读我的自荐材料，假如贵校给予我效力的机会，我将竭尽努力，不负厚望。

　　顺颂

祺安

　　　　　　　　　　　　　　　　　　　　　　　　求职人：××

　　　　　　　　　　　　　　　　　　　　　　　　2019 年 6 月 12 日

【简析】　这也是一份求职信中的应聘信。

从格式上讲，称呼、问候、敬语、署名、日期都写得正确、完整，符合书信的规范。

从内容上讲，一是善于推销，态度真诚。求职者在开篇写明交代自己的简历与写信缘由后，指出"立志从教是我多年的夙愿"，第二段再次强调是"实现自己崇高理想和人生价值的职业选择"，第三段具体说明立志从教是"教育世家"家庭环境的熏染，字里行间给人留下一个态度真诚、有理想、专业思想牢固的深刻印象。二是着力展示,重点突出。求职者将自己在校的学习成绩以具体数字进行展示,并重点突出了自己的组织与实践能力,以及教育学、心理学等相关知识的学习,重在展示自己能胜任教师工作。

全文各部分安排得井然有序,行文流畅,真诚得体。

实训设计

一、选择题(单选或多选)

1. 有些专用书信的结尾有习惯写法,"恭请莅临指导"用于(　　)
   A. 邀请信　　　B. 推荐信　　　C. 感谢信　　　D. 自荐信

2. 在受到他人帮助与支持时,向对方表示谢意的文书是(　　)
   A. 贺信　　　　B. 慰问信　　　C. 感谢信　　　D. 表扬信

3. 向对方表示关怀、慰问的礼仪文书是(　　)
   A. 贺信　　　　B. 慰问信　　　C. 感谢信　　　D. 表扬信

4. 向对方取得重大成绩、面临重大喜讯表达祝贺之情的专用文书是(　　)
   A. 贺信　　　　B. 表扬信　　　C. 感谢信　　　D. 慰问信

5. 在《劳动报》创刊60周年之际,上海市领导致(　　)表示热烈祝贺。
   A. 贺信　　　　B. 慰问信　　　C. 感谢信　　　D. 表扬信

6. 春节期间,中共中央总书记向祖国边防战士致(　　)表达党中央对边防战士的美好祝愿。
   A. 贺信　　　　B. 慰问信　　　C. 感谢信　　　D. 表扬信

7. 结语"请予接洽"用于(　　)
   A. 证明信　　　B. 求职信　　　C. 推荐信　　　D. 介绍信

8. 求职信开头称呼不正确的是(　　)
   A. 我尊敬的××公司经理　　　B. 尊敬的××公司经理
   C. ××公司经理　　　　　　　D. ××公司负责人

9. 有一位毕业生在求职信结尾这样写道:"如蒙录用,请速回信告知。"这句话(　　)
   A. 语言不得体　　　　　　　　B. 语言准确,表达了作者急切心情
   C. 语言谦恭,文明有礼　　　　D. 语言规范,属求职信常用语

10. 贺信的主体内容一般由(　　)构成。
    A. 表达祝贺之情　　　　　　B. 歌颂成就
    C. 表达谢意　　　　　　　　D. 致以美好祝愿

11. 慰问信的内容可以是(　　)
    A. 鼓励　　　　B. 节日祝贺　　C. 感谢　　　　D. 安慰

12. 求职信的写作要(　　)
    A. 实事求是　　B. 突出重点　　C. 个性突出　　D. 态度谦卑

二、判断题

1. 邀请信只适用于商务邀请,所以其使用范围没有请柬广泛。(　　)

2. 感谢信只适用于个人与个人之间。（   ）
3. 感谢信的正文内容由简述基本事实、强调帮助意义与表达诚挚谢意三部分构成。（   ）
4. 慰问信是在受到他人帮助与支持时，向对方表示自己谢意的礼仪文书。（   ）
5. 对作出杰出贡献的集体或个人表示慰勉的慰问信属于安慰性慰问信。（   ）
6. 贺信是向对方表示关怀、慰问的礼仪文书。（   ）
7. 贺信的目的是为了祝贺对方，因此语言表述要颂扬、赞美，尽量拔高。（   ）
8. 介绍信的最大特点是中介性和凭证性。（   ）
9. 个人出具的证明信，其证明人必须是知情人或亲历者。（   ）
10. 一份申请书可以表达多个愿望或者多个请求。（   ）
11. 申请书可以开宗明义，先把申请的事项写清楚。（   ）
12. 倡议书具有公开性和鼓动性的特点。（   ）
13. 推荐信结尾要表达自己希望能办成此事的愿望。（   ）
14. 求职信重点介绍自己的专业特长，不需要介绍个人的特点和爱好。（   ）
15. 求职信是有求于对方，所以写求职信的态度应尽量谦卑，从而达到受聘目的。（   ）

三、简答题

1. 简述邀请信与请柬的异同。
2. 感谢信的正文包括哪几方面内容？
3. 简述慰问信的写作要求。
4. 倡议书的正文包括哪几方面内容？
5. 推荐信的正文包括哪几方面内容？
6. 简述求职信的写作要求。

四、阅读评析题

1. 阅读下面的感谢信，指出存在的问题。

感谢信

××中学：

  我的孩子今年3月患了严重的心肌炎，不得不住院治疗。在住院期间，你校领导、老师和学生多次来医院探望、慰问。校团委与学生会还发动全校师生为我的孩子捐款，帮助我们解决困难。你们的大恩大德，我们全家人永远不会忘记。

  最后，祝你们工作顺利，学习进步，万事如意！

学生家长　赵××
×月×日

2. 下面这篇申请书有多处错误，请找出问题并指正。

晋升申请书

尊敬的领导：

  我于2018年7月2日进入公司，到今天已经有三个多月的时间了。作为一名优秀的应届毕业生，我以极高的热情和自信投入到工作中，付出了常人难以想象的努力。

  在过去的几个月时间里,我勤奋工作,严格要求自己,认真及时地做好领导布置的每一项任务,同时主动为领导分忧;专业和非专业上不懂的问题虚心向领导和同事学习请教,不断提高和充实自己,希望能尽早独当一面,为公司作出更大的贡献。

  我的工作主要是代表处的业务。在开展业务的过程中,我不断学习和揣摩做好市场工作的方法,如对新客户做跟踪计划,对老客户进行定期回访,对暂时没有业务的客户宣传公司理念等等。在工作过程中,我尽心尽责,已经尽力将工作做到最好,我的思想和工作能力都有了很大程度的提高。

  中国有句俗话:"人往高处走,水往低处流。"我希望我所付出的努力可以被领导看到,我的能力可以得到领导的赏识。只要有一个机会出现在面前,我想无论是谁,只要他有自信和信心,就一定不会放过这个机会。

  根据上述情况,我提出晋升的申请,请领导尽快回复。另外,到公司工作以来,由于业务量大,通信费用大幅增加,请领导速给找解决通信补贴,否则将会耽误公司的业务联系。

申请人:××
2018 年 10 月 27 日

3. 下面这篇推荐信有多处错误,请找出问题并指正。

推荐信

尊敬的先生或女士:

  我代表刘珊写这封推荐信。我是她在××学院的老师,在这两年期间,我看着她不断进步,一点点地蜕变成长。这封信是推荐刘珊,一个我过去的学生,推荐她到××大学继续学习!

  在课堂上,善于思考,思维活跃,能够在老师的点拨指导下完成教学任务,她是最出色的学生之一,当然我相信在其他课程的学习态度也是极好的。课下我们没有更多的接触,但是凭着她对计算机软件的兴趣,我相信刘珊在计算机这个专业,肯定有进一步发展的潜力!

  最后,看她在本学院以前的成就,我坚信,刘珊肯定能顺利地完成将来的学业。我愿意推荐刘珊到贵大学继续深造。如果您需要任何有关她的更多信息,请与我联系。

××学院教师:王××
2019 年 4 月 1 日

4. 阅读下面一封求职信,完成后面的练习。

求职信

尊敬的公司负责人:

  当我即将毕业走向工作岗位,四处奔波而找不到一份称心如意的工作时,偶然从《××晚报》上看到贵公司的招聘启事,不禁欣喜万分。特毛遂自荐,应聘贵公司技术部经理或公关部经理一职。

  我是××大学××专业的本科生,现已学完全部课程,学习成绩优秀,各门功课平均成绩在 80 分以上(成绩表复印件附后),曾担任系学生会纪检委员,工作认真负责,曾被校学生会评为优秀学生会干部(荣誉证书复印件附后)。我有广泛的爱好,在书法、足球方面尤有特长,是系足球队主力队员。身体健康,能够从事重体力劳动。我善于处理人际关系,在大学四年,从未跟同学和师长闹过别扭。

  我应聘贵公司的职务、主要目的是想干一番事业,并不计较福利待遇和个人得失。我研究过贵公司的背景材料,发现贵公司有一套独特的经营管理之道,在实行过程中,虽然难免有不完善之处,但只要不断总结经验教训,就能逐渐形成贵公司的经营管理特色。我在学校辅修经济管理专业,在这方面有自己的一些不成熟的思路,盼望能有一个付诸实践的机会。这也是我向贵公司积极应聘的原因之一。如能如愿以偿,我将努力勤奋工作,在本职岗位上创造出骄人的业绩。我坚信您是不会失望的。恳请您在×

第七章 社交文书

月×日前给我答复。

此致

敬礼

×culture×大学××系 ××

2019年4月18日

(1) 上述求职信中作者对求职目标、求职缘起、求职条件的认识与读者的要求有什么差距？

(2) 分析说明这封求职信的人际功能主要是积极的，还是消极的，对实现写作目的有什么作用。

五、情景写作题

1. 学院将举办"翰墨丹青，流香人生"书画大赛，拟邀请著名书法家刘建功先生、著名画家张青择先生做评委。同时邀请学院党委书记、院长、副院长到教学楼一号大厅参观本次获奖书画作品展，请你设计一份符合主题并具有创意性的邀请函，邀请以上专家或学院领导中的一名。邀请函的时间、地点、内容自拟。

2. 新年即将来临，请你代某公司总经理给客户拟写一封感谢信，感谢客户长期以来对公司的支持和信任，并祝福新年。

3. 春节即将来临，请你代某公司总经理拟写一封给全体员工和离退休老同志的春节慰问信，可追溯公司员工的业绩，并致以春节祝愿。

4. 今年暑假，××大学将拟派××学院的张成与黄晓伟两位教师到省教委参加教学改革课程培训，请你拟一份介绍信。

5. 根据以下材料，请以××县委、县政府的名义写一封贺信。

(1) 近日，2017中国500强企业高峰论坛在江西南昌举行，会上发布了"2017中国企业500强"榜单，××实业集团以营收330亿元的业绩名列427位，系第六次入围500强榜单，较去年提升13个位次，在光伏行业中排名首位，在河北省企业中排名第19位。同时，××位列2017中国制造业企业500强第200位，较去年提升20个位次，在河北企业中排名第12位，是邢台市唯一一家入围企业。

(2) ××集团成立以来，牢记"开发太阳能，造福全人类"的企业宗旨，经过21年的艰苦奋斗，成长为一个拥有3万余名员工、30多家子公司、核心技术指标领先同行6～12个月、产品远销六大洲百余国家的世界一流光伏强企。

6. 根据下列材料，请你为小张拟写一份申请书，要求措辞得当，内容完整，格式规范。

小张是一名大二的学生，热爱民族舞蹈，想要在学院范围内多交一些喜爱民族舞的朋友，相互切磋学习。但是，她发现学院有各种各样的社团，却没有民族舞蹈社团，因而决定组建一个社团，把喜爱民族舞蹈的同学都召集起来。她经过多方咨询，了解清楚了学院组建新的社团的流程，接着向学院团委提交了一份组建社团的申请。

提示：

(1) 根据自己的兴趣爱好，可以选择成立其他社团，如心理社团等。

(2) 认真学习《××大学学生社团管理条例》，了解学生社团成立相关条件、社团章程等条例。

(3) 申请书中主要包括成立民族舞蹈社团的缘由、意义、条件、名称、组织机构、规章制度、活动方式、财务管理原则等。

7. 根据以下材料，拟写一份倡议书。

上课铃声响起，很多同学手拿早点急匆匆往教室走去，走到教室，狼吞虎咽地吃起了早点，教室里空气中弥漫着包子、面包等味道。下课后，教室抽屉里堆满了塑料袋、果壳、纸屑等杂物，教室地面随处可见被随手抛洒的各种杂物。

校园里同学们损坏花草树木、消防设备,争抢电梯等不文明现象时有发生。

请你以学生会的身份或个人名义向全校同学发出倡议,共同建设文明校园。

8. 根据材料,请你以班级辅导员的身份,为李欣同学写一份推荐信。

材料1:

易科电子有限公司的人事经理张先生想向学院招聘几名文秘专业实习生,要求如下:

(1) 有较强的沟通、表达、协调能力和独立处理事务的能力。

(2) 熟练运用现代办公软件,熟练操作计算机。

(3) 为人诚实、勤奋,工作责任心强,有上进心,有较强的团队合作精神。

材料2:

李欣,2016级文秘专业学生。在校期间成绩优异,表现良好,曾获得学业一等奖。参加全国大学生英语竞赛荣获二等奖,以及2018年学院计算机基本技能大赛中荣获院级二等奖。取得了初级秘书职业资格证书。另外,还担任了学院学生会的副主席,暑假期间积极带领同学们参加"三下乡"活动,具有较强的组织协调能力。

第八章 事务文书

本章导读

事务文书是国家党政机关、企事业单位、社会团体或者个人用来推行政务、安排工作、总结经验、研究问题、沟通信息等使用的文书。事务文书是党政公文之外处理组织日常事务不可或缺的文书种类,它与党政公文共同组成各类组织管理的左臂右膀。

与党政公文相比较,事务文书内容上的事务性较强,行文格式也没有党政公文那么严格,作者也相对灵活,可以是法定作者,也可以是个人作者。事务文书种类繁多,大体有下面几种类型:计划安排类,包括计划、规划、安排、设想等;报告总结类,包括调查报告、述职报告、工作研究、总结等;记录简报类,包括会议记录、大事记、简报等;规章制度类,包括条例、规定、办法、公约等。

本章主要介绍计划、总结、调查报告、述职报告、简报等常用事务文书的写作。通过本章学习,学习者要熟悉这些文种的文体属性,掌握其写作方法与要领,提高写作事务文书的实际能力与水平。

第一节 计 划

一、文种述要

（一）概念

计划是机关、团体、企事业单位和个人对一定时期内的工作作出筹划和安排的事务文书。在日常生活中,为了更好地完成学习、工作、生产等任务,经常要制订计划。有了计划,工作就有了明确的指导思想,行动就有了统一步骤,工作就能有节奏地开展。

计划是个统称,凡是对未来工作所作的打算安排都可称作计划。如:规划、纲要、设想、打算、安排、要点、方案、预案等,它们只是在目标远近、时间长短和计划内容等方面有所区别。

规划、纲要指时间较长、目标较大、范围较广、内容概括的全面性战略部署,是对未来整体性、基本性问题的思考,考量和设计未来整套行动方案。规划的时限一般在三五年及

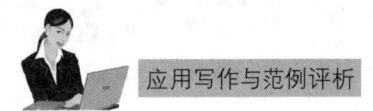

以上。纲要的内容原则性、概括性更强，通常是关于工作方向、目标的概要。如《国家十二五教育发展规划纲要》及我国制定的各个领域的五年、十年规划纲要等。

设想、打算一般是初步的、粗线条的、非正式的计划，有待修订和完善。设想是关于比较长的时间内某项工作的建设性的想法，打算则是对短期内某项工作的初步设计。

安排是时间较短、内容单一而又具体的计划。预定在短时间内要做的某些事情，就可以用安排。

要点是比较简要、概括地对某一时期内的主要工作所作的指导性计划。多用于领导机关对下属单位布置工作任务。

方案是关于某专业性、原则性较强的单项工作的周密计划。它是对近期或短期内某项任务的具体实施，一般从指导思想、主要目标、工作重点、实施步骤、具体要求、保障措施等方面都作出全面策划和具体安排。

预案目前已成为一种独立的新文种，它是为应对某种突发性的紧急重大事件或情况而事先制订的处置办法。

（二）特点

计划具有以下几个特点：

1. 明确性

计划是行动之前为完成预定的任务所作的预想性部署和安排，但这种预想不是盲目的、空想的，而是以上级部门的规定和指示为指导，以本单位的实际条件为基础，以过去的成绩和问题为依据，对今后的发展趋势作出科学预测后作出的。可以说，目标预见是否明确，决定了计划写作的成败。

2. 可行性

计划总是与具体的行动联系在一起，它指导着行动的展开。因此，列入计划的任务和目标，不仅要根据实际需要，而且还应根据客观可能，既要有一定高度，以推动工作的不断进步，又要切实可行，不能脱离实际、难以实现。

3. 规约性

计划一经确定，在其所指向的范围内就具有了规范约束作用，在这一范围内无论是集体还是个人都必须按计划的内容开展工作和活动，不得违背和拖延。当然，在计划执行过程中，有时也需要根据实际情况的变化来调整、修订计划。

（三）种类

按照不同的标准，可以将计划分成不同种类：

按性质划分，有综合计划和专题计划。

按内容划分，有工作计划、生产计划、学习计划、科研计划等。

按时限划分，有年度计划、季度计划、月度计划或短期计划、长期计划等。

按形式划分，有条文式计划、表格式计划和条文表格式计划等。

二、写作结构

（一）标题

计划标题的全部构成要件有四项：单位名称、时间期限、内容范围、文种名称。其中内

容范围、文种名称为最基本的构成要件。如《××区教育局2019年中学职业教育计划》《2019年第一季度防治禽流感工作计划》《图书馆工作人员业务培训计划》等。

(二)正文

条文式计划分为前言、主体、结尾三部分。

1. 前言

一般简要说明制订计划的目的、依据、指导思想等,即回答"为什么做"的问题,使计划具有某种权威性和严肃性。常用"特制订如下计划"之类语句作承启过渡。

2. 主体

这是计划的核心和灵魂,要回答"做什么"、"怎样做"、"何时做"的问题。一般写明目标和任务、措施和方法、步骤和安排三方面内容,这三个内容也叫计划的三要素。

(1) 目标和任务。回答"做什么"的问题。说明需要完成的任务、要求、预期效果、工作原则等。这部分要定位合理,具体明确,重点突出,分清主次。

(2) 措施和方法。回答"怎么做"的问题。说明完成任务的具体做法,内容包括组织分工、方式方法、主要手段以及条件保障等。这部分要周密细致,切实可行。

(3) 步骤和安排。回答"何时做"的问题。说明任务落实的时限要求,要分清各类工作的轻重缓急,合理安排先后次序,确定时间、目标要求和人力物力安排等。

以上三方面的事项,在计划正文的结构中,不宜机械排列,应视实际情况的需要灵活处理,或分开或结合在一起写。

3. 结尾

可以提出执行的要求,或展望计划实施的前景,勉励大家为实现目标而努力。也可在主体内容表述完毕后自然收尾。

表格式计划在企事业单位的常规性工作中大量使用。由于其制作便捷,内容项目直观明了,因而在有序有效地指挥指导工作方面发挥了重要作用。表格式计划一般无前言和结尾,计划事项体现在表格上。设计表格项目时应考虑周全,正确反映任务需求,分门别类地归纳填写,做到清晰明了。

条文表格式计划以条文为主,表格为辅,以两者结合形式说明计划事项。它往往可以使计划准确清晰、简明直观,这比全部使用条文式要简洁。其前言与结尾的写法可参照条文式计划。

(三)落款

在正文的右下方署上制订计划的单位名称和日期。如是上报或下发的计划,则还需加盖公章。

三、写作要求

(一)要有科学的预见性

制订计划要有科学的预见,根据对客观实际情况的精确分析,对未来一定时期的工作目标作出预想性安排。因为只是一种预想,在实际执行过程中可能会有一些难以预见的因素干扰计划的实施,故制订计划的时候要留有适当余地,不要满打满算,以免发生意外

情况使计划不能如期完成。

(二) 要从客观实际出发

制订计划一定要对本单位、本部门的实际情况作深入细致的调查研究,在综合平衡中正确处理好长远与目前、全局与局部的关系,力求积极稳妥,既不能因循守旧,也不能脱离实际,片面追求高速度、高指标。这样制订的计划才有可能调动大家的积极性和创造性,不至于成为一纸空文。

(三) 要明确具体可执行

计划是管理的先导,是检验效果的依据,其目标、任务、措施、方法、步骤和责任等,都必须表述得十分明确,切忌模棱两可、职责不清。即使是比较长远的计划,也应该有一定的目标、措施,而不能只是一般号召,泛泛而谈。这样,既便于贯彻执行,也便于检查落实。

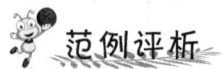
范例评析

★ 例文 1

××市财政局2019年干部教育培训计划

为加强财政干部队伍建设,提升财政干部能力素质,结合当前财政工作需要,特制订2019年财政干部教育培训计划。

一、指导思想

以习近平新时代中国特色社会主义思想为指导,以提升能力和素质建设为核心,以完善干部知识结构和提高理财水平为重点,创新培训机制,丰富培训内容,培养一支政治过硬、业务精通、遵纪守法、廉洁勤政的财政干部队伍。

二、主要任务

按照省财政厅、市委组织部干部教育培训工作的总体要求,结合××财政工作实际,本着精简高效、确保重点的原则,在局机关各科室、局属各单位申报的培训需求基础上,经研究决定,2019年全局计划举办各类培训班共19个,培训干部2880人次(详见附表)。

三、实施要求

(一) 加强组织领导。局机关各科室、局属各单位要从思想上、行动上、措施上高度重视财政干部教育培训工作,切实加强组织领导,互相协作配合,共同完成好今年的各项教育培训任务。

(二) 严格执行计划。局机关各科室、局属各单位的各类培训班应严格按照计划完成培训任务。因特殊情况改变或增加培训计划需报局领导批准。

(三) 突出培训重点。根据局党组提出的2019年财政工作主要任务,重点办好促进财政改革与发展的各类财政业务培训班。同时,要加强财政干部能力建设,切实做好财政政策培训。

(四) 努力求实创新。培训工作务求实效,培训内容力求充实。根据财政工作需要提高培训的针对性和实效性,继续在培训观念、培训管理、培训内容、培训形式、培训方法和培训手段上不断创新,推进干部教育培训工作。

(五)加强党风廉政教育。要把党风廉政教育作为财政干部教育培训的重要内容,通过邀请专家授课、观看教学光盘和教育片等形式,对财政干部进一步加大党风廉政教育,使我局党风廉政建设的教育和宣传制度化、经常化,不断提高财政干部的拒腐防变能力。

(六)注重培训实效。按照培训任务,联系实际创新思路,精心设计培训方案,优化培训内容,改进培训方法,加强培训管理,做好培训质量评估,及时总结培训经验。

附件:2019年××市财政干部教育培训计划表

××市财政局
2019年1月14日

附件:

2019年××市财政干部教育培训计划表

主办科室	培训班名称	培训内容	培训天数	培训对象	培训人数	期数
机关党委	党务知识培训	习近平新时代中国特色社会主义思想	4	党员干部	120	2
办公室	综治、信访、信息公开、保密工作培训	相关业务知识培训	2	全局党员干部	130	2
(下略)	……	……	……	……	……	……

【简析】 这是年度工作计划。这类计划有条文、表格或条文加表格等表达方式。本文属于条文加表格的方式。

本计划的标题由时间期限、单位名称、内容范围、文种名称组成,要素齐全。前言简要交代了发文背目的,并用"特制订2019年财政干部教育培训计划"过渡到下文。主体部分对工作的指导思想、主要任务、实施要求作了全面部署。

请注意文末的附件。附件采用表格的形式,从培训部门、培训内容、培训周期、培训对象、培训人数等方面对培训任务进行了细化。附件表格的设置很重要,它可以超越一般文字表述的结构优势,简明直观地说明计划相关内容,使计划清晰、简洁。

★ **例文 2**

××大学××学院2019级新生入学教育工作安排

(第一阶段)

日期	时间	内容	参加人员	地点	主讲人
8月28日	22:00—23:00	到宿舍看望新生	院部领导、各部助理、班主任	学生公寓	
8月29日	8:30—11:30	各班班会;近期安排及组建班委	全体新生	各班教室	班主任
	15:00	开学典礼	全体新生	体育馆	
	22:00—23:00	到宿舍看望新生	院领导、班主任	学生公寓	

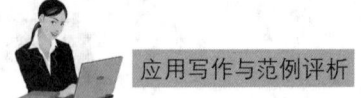

(续表)

日 期	时 间	内 容	参加人员	地 点	主讲人
8月30日	8:30—11:30	讲座:学院改革与发展,学籍管理制度	全体新生	体育馆	李×× 王××
	14:00—16:00	讲座:实践教学专题	全体新生	体育馆	余×× 胡××
	16:30—18:30	讲座:职业认证、国际化培养及职业基本技能培养	全体新生	体育馆	陆×× 宁××
	20:00—21:30	主题班会:校纪校规教育、安全教育	全体新生	各班教室	班主任
备注	1. 所有讲座或活动,班主任组织好学生提前10分钟入场,并保持会场纪律。 2. 以上安排中没有进行入学教育的时间段以班级为单位自行安排内容。 3. 校纪校规教育和安全教育以《新生导航》内容为主,结束后学生要进行考试。 4. 入学教育分两个阶段,第一阶段为8月28—30日,第二阶段的专题讲座安排在本学期的行知讲坛中(具体另行通知)和《职业认知与学习规划》课程中(按课表进行)。 5. 8月29日9:00—19:00,各班抽空余时间到图书馆一楼领取教材。				

【简析】 这是表格式计划。

表格式计划常用于任务具体、时间性强、程序性强的计划,如销售计划、月计划等,这些计划大多属工作安排性质。本计划即是关于××大学××学院2019级新生入学教育的工作安排。

本例文无前言无结尾,活动事项以表格体现。具体包括时间、内容、参加人员、地点、主讲人等。全文内容一目了然,清楚明白,表格设计合理,语言简洁。

第二节 总 结

 知识精讲

一、文种述要

(一)概念

总结是对过去一段时间内的工作、学习或某项任务进行系统回顾,分析评价,找出经验教训,从中得出规律性认识,为今后提供借鉴和指导的事务文书。

总结的作用在于认识事物发展的客观规律性,指导未来的实践,以增强实践的自觉性。一件工作完成后,干得好不好,原因何在,往往不是一下子就认识得很清楚,常常是知其然而不知其所以然,停留于感性认识的阶段,认识是零碎的、片面的。只有通过总结,认真地加以"去粗取精、去伪存真、由此及彼、由表及里"的分析研究,才可以肯定成绩,发现问题,从中吸取经验教训,借以指导今后的实践行为。

（二）特点

总结的特点有：

1. 自我性

总结是以自身工作实践为材料，按照一定的标准进行自我对照，对完成的工作情况进行自我评价的文章。它采取的是第一人称写法，其中的成绩、做法、经验、教训等，都有自指性特征。

2. 实践性

总结是对前段工作实践的系统回顾，其内容都是对自身实践活动的忠实反映。这种忠实反映表现在两个方面：一是总结的材料完全真实，不能虚拟借用或添枝加叶；二是总结的观点是从自身实践活动中总结出来的认识和规律，不能硬贴标签，或任意拔高。

3. 理论性

总结应忠实于自身实践活动，但其不是工作实践活动的记录，不能完全照搬工作实践活动的全过程。它是对工作实践活动的本质概括，要在回顾工作实践活动全过程的基础上，进行分析研究，归纳出能够反映事物本质的规律，把感性认识上升到理性认识，这正是总结的价值所在。

（三）种类

根据不同的分类标准，可将总结分为许多不同类型。写作上，一般按性质划分，将之分为综合总结和专题总结。

综合总结是比较全面地总结一个地区、一个单位或一个部门在一段时间内各方面情况的总结。一般是反映工作全貌，内容广泛，篇幅较长。既要肯定成绩，又要找出差距；既要有经验做法，也要有教训体会；常常还要对下一步工作作出具体安排。

专题总结是对一段时期内某项工作或某一方面的经验、问题进行的专门总结。内容比较集中、单一，偏重于总结经验，介绍做法，要求写得具体细致，有一定思想深度。

二、写作结构

（一）标题

总结的标题有如下两种写法：

1. 公文式标题

通常由单位名称、时限、内容、文种四个元素组成。如《××镇派出所2019年治安管理经验总结》等。有的标题可以省略单位名称或时限，具体视实际情况而定。

2. 新闻式标题

此类标题是对总结内容的概括，其作用是突出总结的中心。具体有两种形式。

一是单标题，用来揭示总结的主旨，如《科技立厂，人才兴业》。

二是正副标题，正标题揭示总结主旨，副标题点明单位、时限、内容和文种，如《翻山越岭而来，我们提炼感动和坚强——中国作协抗震救灾体验生活小分队总结》。

（二）正文

1. 前言

即开头部分，概述基本情况。简要介绍所要总结工作的背景、意义、依据、指导思想

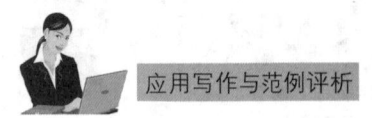

等,或概括总结主要成绩和经验做法,为主体部分的展开做必要铺垫。开头力求简洁,开宗明义。

2. 主体

这是总结的中心部分,一般包括以下几个方面的内容。

(1) 成绩和经验。具体叙述工作的进展情况,做了哪些工作,采取了哪些方法、措施和步骤,取得了哪些成绩,并分析取得成绩的主客观原因,从中可以得到哪些经验,供今后的工作参考借鉴。

(2) 问题和教训。总结既要看到成绩,又不能忽视存在的问题和不足之处。要在总结成绩、经验的基础上,找出工作中的差距,分析失误的原因,以期达到吸取教训、改进工作的目的。

(3) 今后的打算。即针对前面指出的问题和教训,提出切实可行的改进措施或今后的努力方向。这部分内容多数写得比较简略,因为制订解决问题的具体方案是计划的任务。

总结主体部分的写作内容,要根据写作需要对其进行灵活安排,不必面面俱到。如是综合总结,就要以工作情况、主要成绩、存在问题为主;如是经验总结,就要以主要经验和体会为主;一般性专题总结,内容较简单,可以只写开展了哪些工作,取得了哪些成绩;个人小结,侧重写收获较大、体会较深的问题。

主体部分的结构安排可采取以下三种形式:

一是横式结构。即按照工作内容,根据事实性质和规律的不同分门别类地进行总结,使各层之间呈现相互并列的态势。

二是纵式结构。即按照事物或实践活动的过程,将整个工作过程分成几个阶段,根据时间顺序分别对各阶段的状况进行总结。工作周期较长,又有明显阶段性的工作,无论是综合总结还是专题总结,都可用此法。

三是纵横式结构。即在内容安排上既考虑到时间的先后顺序,体现事物的发展过程,又注意内容的逻辑联系,从几个方面总结出经验教训。

3. 结尾

作为总结的结束语,可以归纳呼应主题,指出努力方向,提出改进意见,或表明决心、展望前景。要求简明利索。

(三) 落款

在正文的右下方署上总结的单位名称和日期,也可在标题之下署名。

三、写作要求

(一) 实事求是不臆造

这是写好总结的基础。要如实反映工作中的成绩和问题、经验和教训,对实践工作的评判要准确恰当,对经验教训的分析要实事求是,不能臆造事实、借题发挥、夸大成绩、回避缺点。

(二) 挖掘本质找规律

这是衡量一篇总结质量优劣的重要标志。对所选用的事实材料,要进行深入挖掘、分析和研究,由感性认识上升到理性认识,从中提炼出规律性的东西来,切忌简单堆砌或像记流水账似的罗列材料。

(三) 观点材料相统一

总结写作中提炼出来的带有规律性的观点,必须要有事实材料作支撑。因此在写作总结时,要全面掌握情况,详尽占有材料,在材料中提炼观点,做到观点和材料的和谐统一。否则,总结就会失去应有的说服力。

(四) 突出重点有特色

总结一定要抓住事物的特点,写出本单位的特色。要根据工作实际、写作目的和总结的性质,在全面介绍工作情况的基础上,突出重点材料,运用典型材料说明问题,切忌面面俱到、不分主次。

范例评析

★ 例文1

2019年度政务公开工作总结

2019年,市代建局政务公开工作在市政府办的正确领导下,认真贯彻新《政府信息公开条例》,以公正便民、勤政廉政为基本要求,切实推行政务公开工作。

一、加强组织领导,建立政务公开的长效机制

为使政务公开工作更加规范、有序、高效,我局着眼于建立政务公开长效机制,推进政务公开工作常态化、制度化。一是成立政务公开领导小组。由书记×××、局长×××任组长,副局长×××、××任副组长,各科室负责人为成员,领导小组下设办公室,由局综合科负责日常工作。二是建立健全各项制度。通过编制《××市代建局政府信息公开目录》《××市代建局政府信息公开实施方案》《××市代建局政府信息公开指南》等一系列文件,明确政务公开的内容、形式和制度,做到有章可循。目前已建立了预先审查和预先公开制度、责任考评制度、责任追究制度、监督评议制度、电子政务公开制度等。三是建立健全政务公开审查程序。对公开的政务信息要由科室负责人、主管领导严格把关,保证符合国家法律政策规定,保证公开内容真实有效。

二、推进"四个公开",提升政务公开的工作实效

一是加快推进决策公开。建立健全行政决策法定程序,确定不能公开的要及时做好解释说明工作。以预先审查和预先公开制度为依据,把能否公开、怎样公开、在什么范围公开等作为必须审核的内容;对不能公开的事项说明理由,准确把握公开的内容、范围、形式、程序、时限等。以责任考评制度为依据,实行重大事项决策征询制、执行监督制和结果通报制,推动政务信息公开工作制度化规范化发展。二是加快推进执行公开。推进重大建设项目执行情况公开,对于我局项目的审批结果,招投标、项目进展、设计变更、质量安全,以及竣工验收等信息进行适当公开。如信息涉及两个以上单位,其中任何一个单位公开该信息前都应当与所涉及的其他单位进行沟通、确认,保证公开的信息准确一致。三是

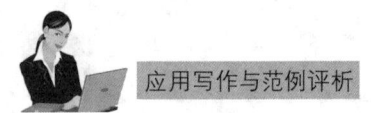

深入推进结果公开。主动公开重大项目的决策、重要政策的落实。公开一段时间后进行跟踪调查,调查落实情况以及所达到的效果,确保实实在在让人民受益。同时,以电子政务公开制度、监督评议制度等为抓手,要求政务信息在最短的时间内予以公开,明确规定了各科室每月上报政务信息的时限和数量,确保了网上政务信息的及时更新和充实,并自觉接受社会各界的监督,主动听取群众意见和建议,不断改进工作质量,提高办事效率。

三、加强宣传引导,营造政务公开的良好氛围

一是多次组织全体干部、职工学习政务公开的有关规定,明确把此项工作作为全局加强作风建设的一项重要内容来抓,并要求全局各科室、各个工作人员要把此项工作作为本科室的一项基本工作抓紧、抓实。二是积极协助配合办公室,及时上报公开内容,把政务信息公开工作上升到全面加强机关作风建设的高度上认识,全面完成各项任务。三是对照上级关于政务公开检查的内容对公开的文章进行了认真的审核,适时公布了网上服务、查询、举报、信访等全面的联系方式,实现了为民服务、信访举报、反映问题和咨询的功能。

四、目前存在问题和不足

虽然我局在政务公开上做了一些工作,政务公开执行情况有了较大改善,但仍然存在一些不足之处。主要表现在:一是因人员编制少,无专人专职负责政务公开工作,如遇中心工作,往往导致有的事项未能及时公开。二是政务信息公开途径还不够多,渠道还不够畅通。三是有的公开内容不规范、不具体,重点不突出,许多应事前公开的内容变成了事后公开。

在今后的工作中,我们要继续积极贯彻落实上级有关文件精神,做好本单位政务信息公开工作,不断完善栏目设置,丰富信息内容。争取建成本单位自己的网站,为推进政务信息公开作出不懈努力。

××市工程项目代理建设局
2019年12月17日

【简析】 这是一篇专题总结,由××市工程项目代理建设局总结年度政务公开工作。

例文前言部分开宗明义,概括介绍了政务公开的工作思路与成效。主体部分按照横式结构形式撰写,重点总结了推行政务公开工作的三点举措,并用翔实的事实材料作支撑。三点举措虽是并列式结构,但在内容上却体现出内在的逻辑联系。在肯定成绩的同时,查找了问题和不足,并指出了今后的努力方向。这部分略写,言简意赅,使全文达到了结构布局合理、详略得当的效果。

例文善于提炼观点,各部分的观点句精练醒目,句式齐整。对于事实的叙述也精于概括提炼,使全文形成"立片言以居要、纲举目张"之势。全文结构完整,重点突出,观点醒目,简明清晰。

★ 例文2

打好三大攻坚战　维护稳定促和谐(节选)
——××公司确保两节稳定纪实

元旦将至,春节来临,又是一年岁末之时。为全面落实省委、省政府维护稳定通知要

求,确保元旦春节两节期间的和谐稳定,××公司未雨绸缪,早部署、早防控、早行动、早处理,打好"三大攻坚战",确保稳定和谐。

防控结合,打好安全生产攻坚战

自开工建设以来,经过全线上下的共同努力,××至今没有发生一起重大安全责任事故,安全生产一直稳控有序,实现了"零伤亡"的责任目标。之所以能取得如此成绩,主要得益于××上下齐心协力,齐抓共管,切实做到"四个到位"。

责任到位。为确保安全责任到位,××在原来成立的公司、监理处、施工单位三级安全生产领导小组和签订的《安全生产管理目标责任书》基础上,严格实行三级技术交底,进一步明确安全责任,形成一级抓一级、层层抓落实的安全管理机制,要求切实做到"四真""三铁",坚决遏制安全生产事故发生。通过安全生产责任落实,大大强化了安全管理责任和管理意识,实现了事事有人抓,事事有人管,消除了安全管理的"真空带"。

防范到位。健全完善的安全管理制度是安全生产的保障,为此,××建立完善了一整套安全管理体系,使得安全工作有章可循,有法可依。同时,未雨绸缪,建立预警机制,做好防范工作;定期组织对重大危险源进行检查、评估,排查安全生产隐患,实现对重大危险源动态监控;购置监控设备,实施对全线重点工程进行视频监控等,确保防范到位。

检查到位。为了抓好隐患排查,××狠抓各项安全制度的执行和落实,每天有巡检、每周有专项检查、每月有综合检查、每季度有全面检查,及时排查事故隐患,严格考核奖惩,积极消除隐患。经全面排查,目前除××外,其他施工标段的重大危险源工程已全部解除危险,顺利实现了重大危险源的销毁处理。

整改到位。为确保安全工作稳控有序,××通过下发安全隐患限期整改通知书、预警通知、安全监理工作指令等形式,提前督促,限期整改,收到了很好的预防效果。据统计,今年××在安全检查中就较大安全隐患问题共下发了8份《安全隐患限期整改通知书》,对施工建设中普遍存在的安全问题先后印发了38份预警通知,提前预警,防患于未然。目前,整改率达到100%,收到了很好的效果。

监督落实,打好民工工资攻坚战

民工工资关乎民工家庭、关乎社会稳定,容不得半点马虎,使不得丁点懈怠,必须以大局为重,以民生为念。为打好民工工资这场攻坚战,××切实抓好监督落实,具体念好"快、稳、好"三字经。

以"快"为先。"快",就是全力以赴,快速推进,不左顾右盼,不等待观望。为此,××制定了涵括限时办结、联席沟通等具体可行的方案,加强监督,狠抓落实,确保及时、足额把民工工资发放到民工手中,让民工快快乐乐、安安心心回家过节。

以"稳"为重。"稳",就是要坚持未雨绸缪,想得周到,做得到位。对此,为防止施工单位拖欠民工工资而引发闹事上访,××提前做好准备工作:要求各施工单位上报了施工队名单,复印存档了劳务合同,预先截留了部分计量资金,确保不打无准备之仗。

以"好"为上。"好",就是运行良好,取得实效。对于民工这类弱势群体,××想其所想,急其所急,一贯关爱有加。为此,我们成立了以安全副经理为组长的领导小组,组建了专门接待办公室,制定了接待规定。我们的目标就是以"好"为上,接待好来访、安排好人

员、解决好欠薪,热心帮助民工领到"血汗钱",让他们忧心忡忡而来,高高兴兴而去。

纠建并举,打好综合治理攻坚战

社会治安综合治理是在党委、政府统一领导下,组织和依靠单位和群众的力量,综合运用政治的、经济的、行政的、法律的、文化的、教育的等多种手段,通过加强打击、防范、教育、管理、建设、改造等方面的工作,实现从根本上预防和治理违法犯罪,化解不安定因素,维护社会治安持续稳定的一项系统工程。为了更好地推进这项工作,××重点是攻克规范管理之坚、问题排查之坚、查办案件之坚。为此,××纠建并举,坚决抓好"三个一批",打好综合治理攻坚战。

完善一批制度。(略)

排查一批问题。(略)

进行一批奖惩。(略)

维稳促发展,平安增发展。综合治理工作是一项长期性的社会系统工程,在即将到来的两会期间,××将打好这场攻坚战,为维护稳定和谐,确保一方平安做出应有的贡献。

××公司
2019年12月25日

【简析】 这也是专题总结,是一篇针对性强的维护稳定、促进和谐的经验材料。

例文开门见山,介绍了维稳工作的背景、根据、意义以及主要成绩和经验,简洁有力。以"战"喻之,生动贴切,维稳之难可见一斑。主体部分也是运用横式结构,通过三个小标题概括了打好"三大攻坚战"的经验做法。第一部分以责任、防范、检查、整改四个到位,说明"安全生产攻坚战"打得漂亮。第二部分通过通俗易懂、简明扼要的形式,突出"快、稳、好"三点,语言形式切合及时、足额支付民工工资的内容主题。第三部分用"三个一批"概括纠建并举抓综合治理的具体举措。结尾展望前景,干脆利索。

例文在结构上,前后呼应,严谨缜密;语言上,行文简练,概括精当,体现了作者较好的综合概括能力和过硬的"写"外功夫。

第三节 调查报告

一、文种述要

(一) 概念

调查报告是人们在工作中对某一问题、某种现象或某个事件等进行有目的的调查研究分析而写成的反映客观事物本质,揭示其规律的书面报告。也称"调查"或"考察报告"。

调查报告是实际工作中常用的一种为决策服务的事务文书,也是报刊上常用的一种

新闻文体。调查报告能够为党和国家的路线、方针、政策的制定提供依据,为上级领导机关的科学决策提供参考;也可以用来扶植新生事物,推广典型经验;还可以用来揭露社会问题,批评丑恶现象,澄清事实真相。

(二)特点

调查报告的特点有以下几点:

1. 针对性

调查报告有明确的目的指向性,相关的调查研究都是围绕某一时期党和国家的中心任务,根据客观实际需要,有针对性地对某一具体事件或具体问题进行调查研究,回答广大群众所关心或迫切要求解决的问题。

2. 客观性

调查报告是客观现实的如实反映,不论是反映情况、传播经验,还是揭示事实真相,必须以充分、确凿的事实为依据,不夸大、不缩小、不歪曲,重视以客观的态度陈述事实,以发挥调查报告应有的作用。

3. 指导性

调查报告在反映情况的同时,还可以为人们解决工作中遇到的问题提供参考和借鉴。调查报告往往是对大量典型材料进行分析研究,从中探索事物的规律,找出解决问题的办法,这对今后的工作具有很大指导作用。

(三)种类

调查报告根据反映内容的不同,常可分为情况调查报告、典型调查报告、问题调查报告、市场调查报告等类型。

情况调查报告旨在系统、深入、全面地反映某一社会基本情况,为领导机关制定政策、作出决策提供参考和依据。

典型调查报告主要用于反映先进单位或个人的典型经验,以供人们在贯彻执行党的方针政策时学习、借鉴。

问题调查报告主要是针对社会中存在的某一问题进行深入细致的调查,探究问题发生的原因,分析问题的症结所在,提供解决问题的思路和方法。

市场调查报告旨在通过对商品生产、交换、消费及相关因素的调查研究,分析市场对商品的需求状况,揭示市场运行的规律、本质。

二、写作结构

调查报告一般由标题、正文、落款三个部分构成。

(一)标题

调查报告的标题有如下两种写法:

1. 公文式标题

通常由调查范围、调查内容及文种三个元素组成。如《××市乡镇企业发展情况调查报告》。

2. 新闻式标题

分单标题和双标题。

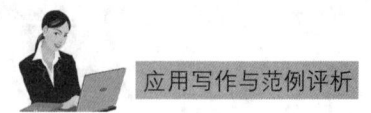

单标题一般概括文章内容,揭示文章主题。如《国有大企业连年亏损的原因何在?》《从一个贪污案看××商厦工作中的漏洞》。

双标题即正副标题,正题揭示调查报告的主题,副题表明调查的对象、内容和文种。如《百花吐芳 清香四溢——越剧发展现状调查》《关键是强化管理——河南宋河酒厂调查》。

(二)正文

1. 前言

这是调查报告的开头,一般要根据主体部分组织材料的结构顺序来安排,常用的有以下几种类型:

(1)提要式。将被调查对象的主要情况及调查者的主要观点用概要的文字叙述清楚。这种写法能提纲挈领,统摄全文。

(2)介绍式。简单介绍调查的背景、目的、时间、范围、方式等,使读者在开篇就了解调查的过程和基本情况。

(3)设问式。开篇提出问题,引起读者对调查课题的关注,引发读者深思,让读者循着作者的思路,明了问题的实质。

以上这些方式可单独运用,也可以把多种方式结合起来综合运用。

2. 主体

主体是前言的延伸和发展,这部分要通过具体的事例,确凿的数据,针对文章中提出的问题加以阐释分析,并作出明确回答。根据调查目的和写作意图的不同,常见的结构方式有以下几种:

(1)以观点串联材料。从调查材料中提炼观点,再用观点统帅材料,以基本观点将调查报告自然分割成几个部分。这种写法理论性强,材料和观点有机结合,容易写出深度。典型调查报告常采用这种写法。

(2)以材料的性质归类分层。有些材料提炼观点比较困难,作者要清晰地表达内容,可以根据材料的不同性质进行归类,每一种类型的材料集中在一起进行表达,形成一个层次,以序码或小标题标示。情况调查报告常采用这种写法。

(3)以调查的过程为顺序。围绕某一中心事件进行的调查,通常按照调查的目击过程来组织材料,类似于记叙文的时间顺序写法。这种写法现场感强,容易组织材料,但要注重材料的剪裁,切忌写成"流水账"。问题调查报告常用此法。

3. 结尾

调查报告结尾的写法灵活多样。或总结全文,深化主题;或提出问题,启发思考;或指明方向,提出建议。如果主体部分已把有关内容讲清楚了,可自然结尾。

(三)落款

内部使用的调查报告一般在正文后署调查者的名称和日期。公开发表的调查报告可署名在报告的标题之下。

三、写作要求

(一)深入调查,广泛占有材料

深入调查,全面、详尽地占有材料是写好调查报告的决定性基础,没有通过调查得来的大量材料,就没有有价值的调查报告。调查时,要明确调查目的,拟定调查提纲,安排调查方法,如问卷调查、开调查会、个别交谈、实地考察、查阅资料等。要通过多层次、多方位、多渠道地了解情况,尽可能充分、全面地掌握第一手材料,切实弄清事物本来面目。只有这样,在写作调查报告时,才会得心应手,不至于出现捉襟见肘的现象。

（二）认真分析,揭示本质规律

写作调查报告时,仅仅占有大量的、详尽的材料还是不够的,调查所获得的材料,往往是纷繁复杂、菁芜并存的。必须在正确思想的指导下,用科学的方法,对调查所得的材料进行分析研究。在对材料的研究过程中,要对材料进行反复核实,确保材料的真实性、准确性。经过"去粗取精、去伪存真、由表及里"的过程,分清主要与次要、现象与本质,找出成绩与缺点,辨明真实与虚假等,从中提炼出规律性的东西。只有这样,写出的调查报告才会有理论深度,才会有普遍的指导意义。

（三）立足事实,观点材料相统一

事实是立论的基础,事实包括数据、情况、例证等。调查报告的观点和结论,都应从大量的事实材料中提炼形成。如果只罗列材料,不提炼自己的观点,不仅材料失去了其意义,调查报告也就失去了它存在的价值;倘若无材料,也就谈不上提炼观点,揭示客观规律。因此,写作调查报告,一定要立足事实,把观点和材料统一起来,用观点统帅材料,用材料说明观点。只有这样,达到水乳交融、虚实结合,做到观点和材料的完美统一,调查报告才能发挥其应有的作用。

★ 例文1

××市大学生网络分期消费现状调查报告（有删减）

自2013年以来,大学生的校园网络分期消费市场快速发展,这在改变大学生消费模式的同时也存在一系列风险和问题。笔者通过网上问卷调查、实地走访在校大学生等手段,对××市的××大学、××农业大学、××电力大学三所高校大学生网络分期付款消费现状进行调查分析,发现问题,并提出完善大学生网络分期付款消费的建议。

一、××市大学生网络分期消费现状

（一）调查统计情况（略）

（二）调查结果分析

1. 大学生的月消费金额多处于中低水平。调查结果显示,每月生活费在800元（包括800元）以下的有195人,约占42%;在800~1 200元之间的有201人,约占44%;在1 200元（包括1 200元）以上的有65人,约占14%。由此得出,800~1 200元为多数大学生每月的消费水平,这表明大学生的自身消费能力较弱,以中、低水平消费为主。

2. 大学生主要通过小广告了解网络分期消费。约有83%的学生表示了解网络分期消费模式,而17%的学生对于这种消费模式不了解。其中,通过校园小广告了解网络分期消费占调查总体83%中的26%;通过网络广告了解占其中的29%;通过媒体报告占其中的24%;通过同学交流占其中的21%。从中可以看出,大学生主要通过一些小广告媒体等接触了解网络分期消费。

(三)调查结论

随着大学生对于高端电子产品的消费欲望不断增加,不断更新的高档手机、平板电脑等越来越成为大学生消费的热点。同时,大学生的消费水平有限,而校园网络分期消费手续简单方便,这为大学生购买一些中高档物品时选择网络分期消费提供了现实的潜在需求。许多厂家为了拓展大学市场,纷纷推出各种网络分期消费等新的营销模式,在校园内投放大量小广告以及通过互联网进行轰炸式宣传,这往往诱导着大学生选择网络分期消费进行消费。

二、大学生网络分期消费存在的问题及其成因

(一)大学生网络分期消费存在的问题

1. 成本较高,信息透明度低。网络分期购的利率较高,……(略)。在没有信息披露规范与标准的情况下,不同平台信息披露的真实性、准确性与完整性也可能存在较大差异。根据本次调查显示,约有83%的大学生通过校园小广告和网络等了解过网络分期消费,这些网络分期消费平台看似大量信息的公布实际上并未给大学生提供有效参考。

2. 助长非理性攀比心理,增加家庭负担。由于大学生还未完全从心理上走向成熟,许多大学生是刚刚离开父母走出家庭,其自身的独立能力和抗诱惑能力较低,加之在新的环境里和新的同学间极易产生攀比心理,这导致大学生的非理性消费很容易增加。……(略)。由于目前大部分大学生使用网络分期消费购买的都是单价较高的电子产品,还款金额往往也比较大,这部分支出对于一些条件不是很好的家庭来也说是一笔不小的支出。

(二)大学生网络分期消费问题的成因

1. 大学生层面。大学生没有固定的收入来源,并且由于社会经验履历浅薄导致其还款意识不强。经调查可知,……(略)。目前大学生的消费能力有限,其还款能力较弱,这在一定程度上说明了大学生在进行网络分期消费时存在很高的违约还款风险。同时,很多大学生忽视过度消费的后果,不具备理性的理财消费规划意识能力。

2. 企业平台层面。许多企业平台并未建立能够客观真实评估大学生信用的安全体系。企业平台为了能够增加自己的销售量往往降低对大学生信用评估门槛,致使许多本身并没有还款能力的大学生进行非理性的超前消费,这不仅大大增加了在进行网络分期消费时的还款违约风险,而且许多企业平台往往会增加其服务费用或者从分期还款的利率上有较高的规定,这种网络分期消费的还款利率往往要高于同期银行等同类金融机构贷款利率的一倍之多,增加了大学生的还款成本。

3. 社会法律法规层面。目前,我国互联网金融发展迅猛,而相应的国家法律法规并未完善,针对大学生网络分期消费方面存在诸多的法律盲区,相关法律法规更是有许多需要亟待完善的地方。当前大学生网络分期消费当中出现的诸多问题与不确定风险,传统的金融法律法规很难解决;一旦出现违约还款、商品质量等问题,当前的法律法规往往不能很好地保护商品交易双方尤其是大学生的相关合法权利和利益。

三、完善大学生网络分期付款消费的对策建议

（一）大学生要树立健康的消费观念和责任诚信意识。（略）

（二）学校应加强对大学生关于网络消费的思想教育。（略）

（三）企业平台建立完善信用评估体系，引导正确的网络消费氛围。（略）

（四）政府完善相关法律法规。（略）

【简析】 这是一篇关于大学生网络分期消费情况的调查报告。

正文的前言运用介绍式，简要交代调查的背景、方式、对象、内容和目的，使读者在开篇就了解调查的过程和基本情况。主体部分以材料的性质归类分层。第一部分介绍了××市大学生网络分期消费的现状，通过一系列数字的如实呈现，进行概括的定性分析；第二部分，分析了大学生网络分期消费存在的问题及其成因，注重事例与数据的佐证，以材料说明观点；第三部分，分别从大学生自身、学校、企业平台以及政府四个维度提出了具体的对策建议。

全文观点鲜明，结构清晰，语言简洁。结论多以事实和数字作支撑，做到了观点与材料的水乳交融。

★ 例文 2

大连现代农业示范区建设考察报告（有删减）

为进一步学习借鉴发达地区现代农业发展的经验和先进模式，推动我区国家现代农业示范区建设，5月29日至6月8日，××区现代农业示范区建设考察培训班在辽宁省大连市举办。区政协副主席×××以及部分乡村干部和涉农部门负责人共50余人参加了考察学习。考察团参观了晋湾新区现代农业示范园建设基地，与大连市农业局相关人员、园区业主进行了交流座谈。现将考察结果报告如下。

一、大连市现代农业示范园区建设基本情况（略）

二、晋湾新区现代农业示范园区建设考察情况

（一）蔬菜大棚生产基地面积广、品种新。晋湾新区总面积3 248平方公里，仅蔬菜面积就达20万亩，其中设施蔬菜面积18万亩，日光温室6万多座，年产蔬菜76万吨。在晋湾凡适宜发展设施农业的土地，已全部建成了大棚。全区先后引进推广蔬菜新品种500多个。政府有关部门带头做好新品种、新技术的引种试验和推广工作，鼓励和引导农民种植新、优品种，品种选择始终走在全国蔬菜种植前列，成为全国蔬菜种植的风向标。

（二）水果产品以基地、企业、品牌方式联合打造现代水果产业发展新模式。全区形成了以北部地区以苹果为主，中部地区以桃子为主，南部地区以大樱桃、葡萄、李、杏等鲜食品为主的产业布局。全区现有水果40余万亩，年产45吨以上……（略）。理想、真心、头牌、兴隆等16家企业形成了东北地区水果罐头加工产业集群，年产量12吨，出口量3万吨，林家铺子、红塔、味品堂等罐头品牌畅销国内外。

（三）畜牧业发展以建立现代产业体系、科技服务体系和品牌体系为抓手。全区年养生猪300万头，家禽5 500万头，貂狐100万头，牛羊70万头（只）……（略）。雪龙集团代表当今世界肉牛养殖的最高水平，繁育世界上最优良的品种，采用世界上最严格的质量标

准,每一块牛肉都可以通过条码找到每一头牛的每一个部位,被中国南极科考团选用,并打破欧美国家对高端市场的垄断,成功供应北京奥运会、上海世博会。

(四)农产品着重以质量求生存、求发展。为保证蔬菜产品质量安全,在全区实施了网上农业投入品登记备案制度……(略),农产品质量安全的属地管理得到大力强化。在基地内部,推行生物菌肥培肥地力、生态循环、生物综合防治等绿色有机蔬菜生产关键技术,建立起了以绿色有机生产技术规程为基础,以园区生产管理五项档案、四项制度为补充的蔬菜生产标准体系。目前,全区"三品"认证基地面积达71万亩,国家地理标志产品8个,绿色、有机食品品牌290个。

三、对我区现代农业园区建设的几点启示

我区现代农业园区建设刚刚起步,要做的工作还很多,大连市现代农业取得的成绩和经验值得深思和借鉴。

(一)深化农业园区建设规划。立足我区实际,围绕农业转型升级和农民增收,以"五个××"建设、"五个年"活动和"联村联户,为民富民"行动为依托,在农业主导产业相对集中的区域,规划建设一批布局合理、生产要素集聚、科技和设施装备先进、经营机制完善、经济效益和示范带动效应明显的现代农业园区,使其成为我区农业主导产业集聚的示范区、先进科技转化的核心区、生态循环和休闲观光农业的样板区、体制机制创新的试验区。

(二)加强农业基础设施建设。加强农田水利、标准鱼塘、机耕路、排灌渠道、泵站、电网、库房等基础设施建设,完善园区生产配套设施;加强土壤地力培肥和生态环境建设,健全土壤地力、生态环境及产品质量等检验检测管理服务设施。统筹政策、资金、技术、服务等资源,强化现有农业、林业、水利、国土、农业综合开发等项目资金以及科技、建设、交通、环保等涉农建设项目资金的整合,确保70%以上的资金必须扶持现代农业园区建设。

(三)注重农业科技推广应用。坚持产学研结合,加强与大专院校合作,组建以产业为主线、产品为重点、高层次科研机构为依托的技术创新服务团队。组织攻关一批设施农业、农产品加工、标准化生产等重大技术,突破一批节肥、节水、节药、节能的循环农业关键技术,不断提高科技自主创新能力;鼓励引进、集成、运用和示范推广新品种、新技术、新模式,大力推广生态化、机械化、设施化、标准化、废弃物资源化利用等技术;积极推广农牧结合、农渔结合、能量循环养殖等新型种养模式。

(四)强化品牌质量安全。按照"一个园区就是一个品牌"的理念,把品牌建设作为园区发展的重要抓手,研究和实施园区名牌产品的开发、营销、宣传,打造有自主知识产权、有文化品位、有较高知名度的名牌产品。抓好无公害、绿色、有机食品认证,初级食用农产品质量100%达到无公害农产品标准,中、高级农产品质量100%达到绿色、有机农产品标准。普及园区内农业标准化技术应用,农业投入品、农产品质量安全检测手段完善,质量可追溯制度全面推行,保障农产品优质安全。

××乡政府副乡长　×××
2018年6月18日

【简析】 这是一篇考察报告。考察报告是考察主体根据考察目的和意图,在对考察对象进行深入的实地调查后,写出的具有指导性和参阅性的文体。考察报告根据其内容和作用，可分为学习经验的考察报告和工作考察报告。本例文属于学习经验的考察报告。

与例文1一样，本例文的前言部分同样运用介绍式，交代了考察的背景、对象与方式等，简要而明晰。主体部分，首先介绍了大连市现代农业示范园区建设基本情况，接下去着重介绍了考察对象晋湾新区现代农业示范园区建设的境况，重点的把握比较准。作者在深入调查的基础上广泛占有材料，行文中注重用充分的事实作支撑，既有面上的，又有点上的，并且运用了大量精准的数据说明，可谓"事实胜于雄辩"。最后，在大连市现代农业取得的成绩的基础上，提出了己方可资借鉴的四点启示。

文章思路清晰，观点明晰，情况介绍丰实，经验启示得当，充分体现了考察报告的参阅与指导功能。

第四节　述职报告

一、文种述要

（一）概念

述职报告是任职者根据考核标准向有关组织或群众汇报本人在一定时期内履行岗位工作情况以及德能素质的书面报告。

述职报告是近年来产生的一种新的应用文体。它对于上级机关的考核聘用，对于加强群众监督，对于任职者提升自身的工作能力和素质等都具有重要意义。

述职报告不同于工作总结。述职报告重在反映个人履行职责的情况，阐述个人的德、能、勤、绩等方面的表现，它一般只是侧重于客观陈述。而工作总结则往往要上升到理性高度，重在总结出经验和体会，用以指导下一步工作的开展。

（二）特点

述职报告有以下几个特点：

1. 自述性

自述性即自我评述，这是述职报告不同于一般工作总结、工作报告的显著特点。述职内容是述职者在实际工作中执行岗位职责的实绩及其是否称职的自我评价等情况，用第一人称的口吻。

2. 鉴定性

述职报告是述职者对自己一定时期任职工作的陈述和评价，也是有关组织和群众对述职者综合考核的依据之一。所以重在客观陈述，事例、数据越具体越好，主观方面只宜适当介绍工作态度和感受。

3. 限定性

述职报告的主体内容重在"述职"，既要述履行职责的做法，又要解剖、评价工作的效

果。它有着比较明确的标准,主要以组织部门规定的岗位职责目标和任务为依据,不在职责范围内的成绩少谈或不谈。

(三)种类

述职报告分晋职述职报告和例行述职报告两大类。

晋职述职报告是在职位晋升时应用的报告;例行述职报告是在工作告一段落后,述职者向有关组织报告履职情况的常规报告。这两类报告各有侧重。

晋职述职报告侧重于对过去履职情况,特别是对即将升任的职位能否胜任的德能素质的陈述,它是新形势下选拔人才的一个必经程序。

例行述职报告则侧重于报告履职情况,对自己某一阶段任职的工作业绩、存在问题及今后工作设想进行汇报。

二、写作结构

(一)标题

可有三种不同的写法。

第一种是文种式,直接写"述职报告"。

第二种是公文式,由述职者、时间、内容、文种构成,其中前两项可省略。如《××办公室主任2019年述职报告》《××述职报告》。

第三种是复合式,采用正副标题,正标题概述文章的主要内容,副标题用公文式。如《抓住机遇,开创××新局面——×××公司总经理述职报告》。

(二)称谓

述职报告是在特定场合面对面进行的,有明确的听众对象,应根据听众对象的不同而采取不同的称呼。如"各位领导,同志们"、"各位代表,同志们"等。

(三)正文

1. 开头

一般包括两方面内容:一是任职简介,说明自己的任职情况,并对述职的内容和范围作必要交代;二是简要概括评价考核期内的工作情况。然后用转接语引导下文,如"现将本人任职期间的情况报告如下"等。

2. 主体

具体报告履行职责的情况,写明评估任期内的工作业绩,对自己工作规律性的认识等。

具体说来,要突出以下几个方面:

一是思想政治素质:述职人任职期间对党和国家的路线、方针、政策、法规的执行情况,敬业爱岗精神,工作态度和作风等。如果担任领导职务,还需说明廉洁行政等情况。

二是主要工作成绩:述职人如何按岗位要求履行职责,对上级交办任务的完成情况,工作中解决了哪些问题,取得了哪些阶段性成果,社会效益和经济效益如何,有无开拓创新精神,自己的业绩获得哪些评价、奖励,自己总结了哪些工作经验,发现了哪些规律性的东西。

三是存在的不足及原因:指出履职期间存在的问题和不足之处,找出主客观原因,提出今后改进的意见和措施。

这部分的撰写一般有以下三种结构安排方法：

（1）以时间阶段为顺序。即把相关内容按时间顺序分成几个阶段，再对每个阶段的工作进行归纳陈述。任期述职报告多用这种模式。

（2）以工作类别为顺序。即把自己所做的工作按性质分为几个方面，如生产方面、销售方面、后勤方面等，依次进行陈述。

（3）以逻辑内容为顺序。即把述职内容分为主要工作、成绩效益、经验教训、存在问题和对策等几个部分，逐一展开。

3. 结尾

做简要的自我评价，并表示自己将更加尽职尽责，做好本职工作。最后写结束语，如"以上报告，请予审议"、"特此报告，请领导、同志们批评指正"等。

（四）落款

正文右下方署上述职者名称和述职日期。

三、写作要求

（一）实事求是，客观公正

述职是人员考核的重要一环。述职报告要真实地反映述职者的工作业绩与德能素质，使组织部门更全面地了解情况，更好地利用人才。述职又是任职者自觉地接受群众监督的一种方式，如果内容失真，就达不到述职的目的。因此，在述职时，一定要实事求是，既不夸大，也不缩小；既不推功揽过，也不推过揽功，要真实客观地反映情况。

（二）突出重点，详略得当

一年或一个阶段以来，述职者一定做了许多工作，取得了诸多实绩。述职既要全面反映各方面的工作内容，又不能面面俱到，主次不分。而应围绕岗位职责目标，精心选择"闪光点"，突出任职期间的重要成绩和创造性业绩，以表明自己的胜任和事业心。对主要工作、主要成绩应写得详细具体，突出写好取得优异成绩的措施和手段，对一般工作略作介绍。

（三）朴实庄重，态度中肯

述职是一件严肃而庄重的工作，旨在让上级和群众对自己的工作进行全面了解和公正评价，进而达到交流思想、沟通情况、虚心接受群众监督，进一步提升自我的目的。因而，述职报告的写作要力避空话、套话，力求讲真实话、心里话，做到朴实庄重、谦虚谨慎、以情感人、以诚动人，从而以中肯的态度、坦诚的胸怀赢得群众的谅解和支持。

★ 例文 1

述职报告

尊敬的各位领导、同事们：

2018 年，企业管理部在公司领导的坚强带领下，在各部门的通力合作下，在全体员工的辛勤努力下，各方面工作取得了新的成绩，有了新的进步。根据公司安排，我于2018年1月到企管部就职，全面负责公司绩效考核、制度体系建设、流程管理等方面的业务，现将2018年履行职责的情况汇报如下。

一、加强科学管理，提高执行力，打造高绩效团队

1. 学以致用，科学管理，强化领导力。我于2018年度修完了MBA的各门课程，顺利获得毕业证书。通过主动学习，掌握了先进的管理思想和理念。在工作中，加强科学管理，强化领导艺术。

2. 清正廉洁，以身作则，提高执行力。工作中自觉与公司领导班子保持高度一致，不折不扣贯彻执行公司领导班子的决策和部署，按照公司战略发展的需要，注重与公司各级领导保持良好沟通，尽心尽力开展工作。严格遵守公司的有关规定，廉洁从业，公正处事，坦诚待人。

3. 以文化为手段，打造高绩效团队。按照创建学习型社会的要求，结合企业经营管理需要，积极倡导建设学习型单位，采取"请进来、走出去"多种形式的学习教育培训方式，使在岗人员经过培训人人持证上岗，以良好的学习氛围带动员工愿学乐学好学的热情，从而使企业整体文化水平与业务素质得到全面快速提升，为企业发展奠定坚实的文化基础。

二、立足本职，尽心尽力，完成公司布置的各项任务

1. 制度管理有序推进。出台《神东集团公司制度管理办法》，明确了公司制度的管理原则，规范了制度制定的流程。全年共整理公司有效制度339个，废止22个制度，167个制度需要修订后执行，需要新增74个制度。

2. 卓越绩效与体系管理全面提升。对体系进行再次修订，通过融入新的管理方法，使××的体系管理达到纵向统一、横向协调。11月份，通过了中国质量协会组织的四体系运行情况审核。

3. 绩效考核效果显著。根据全年目标任务进行层层分解、人人细化，按照"多劳多得、按劳取酬"的原则，制订合理的薪酬分配方案。按照技术含量、劳逸程度、责任大小、工作贡献等系数指标适当拉开岗位分配差距，绩效工资细化考核到每一岗位。同时强化考核体系，加大考核力度，奖勤罚懒，激发企业内在活力，调动职工工作的主动性、积极性与创造性。

4. 流程管理长足进步。按照总体规划、分步实施的方案，建立了全公司的流程管理体系和机制，下发了《业务流程管理办法》《业务流程知识手册》等系列相关制度。举行业务流程和绩效考核知识竞赛，使流程管理理念深入人心。

三、存在的问题和不足

1. 流程管理项目的应用水平不高，阶段化成果没有完全转化为核心能力。业务流程节点多，管理链条长，运行效率低，与公司快速发展的要求不相适应。

2. 绩效考核的关键指标设置有待继续完善，奖罚力度需继续加大，绩效考核的激励与约束作用还需进一步强化。

四、今后努力的方向

1. 充分应用项目成果,完善流程管理体系。力争2019年上半年顺利开展业务流程第2期工作,同时及时对业务进行流程梳理和优化,使流程管理常态化。

2. 强化绩效考核,充分调动员工的主观能动性。加大奖励力度,调动员工的积极性,提升公司的绩效管理水平。

展望未来,我必当加强各项工作的学习,尽心尽职勤勉工作,不断开拓进取。

以上报告,请予审查。

述职人:×××
2018年12月26日

【简析】 这是例行述职报告,属于个人的年度述职报告。

例文的开头简要介绍了任职者的基本情况、所负责的工作任务,并对工作情况进行了总体评价。"在公司领导的坚强带领下""在各部门的通力合作下""在全体员工的辛勤努力下"等语言表述真诚得体,拉近了与听众的距离。述职报告要以述职为主,问题剖析为辅,简要说明下一步工作思路。本例文紧扣主题,用了近四分之三的篇幅叙述履职情况,符合述职报告的写作规范。在履职部分,该报告从个人的管理水平、执行能力以及工作业绩等方面提纲挈领地总结提炼了年度工作,重点明确。存在的问题与今后的努力方向写得具体实在,最后的展望朴实真诚,结束语庄重得体。

全文思路清晰,结构完整,符合文体规范与写作要求。

★ **例文2**

2015年基层党建工作述职报告

各位领导:

2015年,在县委的正确领导下,我认真履行职责,加强领导,创新举措,以抓班子、带队伍、树形象、创业绩为重点,强化管理,狠抓落实,党建工作计划水平进一步提高,党建工作取得了一定成果,现汇报如下。

一、抓好党委班子建设,发挥示范作用

强化三种意识,争创三型班子:

1. 强化思想解放意识,争创务实型班子。扎实开展"解放思想、自我加压、激情创业"活动,树立干部敢谋事、敢干事、干成事的思想。

2. 强化突破发展意识,争创创新型班子。要求班子全体树立突破发展意识,实现人无我有,人有我强,人强我精的突破发展观念。

3. 强化主动服务意识,争创服务型班子。领导干部切实转变作风,定期深入基层深入一线检查指导工作,在干部和群众面前树立了榜样作用,全县上下形成了想方设法谋发展,千方百计抓管理,一心一意上质量的浓厚氛围。

二、突出"三个加强",提高干部队伍和党员队伍整体素质

1. 以"学习实践科学发展观""干部作风建设年"活动为契机,加强政治和业务学习,提高广大干部和党员的思想政治素质和业务水平。

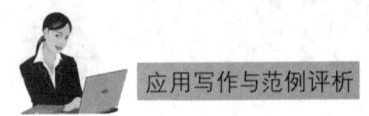

2. 加强制度建设。根据省委、省政府提出的建立完善"五项制度"要求,进一步完善了首问负责制等规章制度,并辑印成《机关工作规则》,人手一本,使机关工作进一步规范,机关纪律更加严格,工作效率明显提高,有力地推动了各项工作的开展。

3. 加强干部队伍和党员队伍建设,不断提高战斗力。今年共发展党员11名、积极分子28名。强化干训师训工作,学校管理水平和教师整体素质得到大幅度提升。

三、加强党风廉政建设,树立教育干部良好形象

首先,做到严格自律。作为领导班子的"班长",认真贯彻落实党风廉政建设和廉洁自律的各项规定,严格按照规定程序办事,充分发挥好干净干事的榜样作用。其次,严格落实党风廉政建设责任制,形成党委统一领导、党政齐抓共管的领导机制和工作机制。把党风廉政建设与教育执法、查处违法违纪案件结合起来,解决了一批群众关注的热点难点问题。最后,认真搞好政务、校务公开和党员履行义务"五公开"工作,广泛接受社会监督。

四、存在的不足

虽然在党建工作中取得了一定的成绩,但也存在着一些不足,具体表现在:

1. 对党建工作重视不够、研究不深。

2. 党支部建设抓得不够,工作督查不紧,重建轻管。

3. 对党员培训不够,党员服务能力素质还不够好。

五、今后努力的方向

1. 进一步加强党性修养,提高自身的素质,强化党建工作认识,重视党建工作,把党建工作放在首位。

2. 加强对总支和各支部管理,强化基层支部建设,努力改善基层支部各种设施和条件。

3. 加强党员培训,提高党员素质,增强党组织和党员干部服务群众的能力。

4. 多学习、多研究、多向其他同志学习,提高我自己抓党建工作的能力,把抓党建工作形成常态化,经常深入支部、党员内部进行调查研究,虚心听取意见和建议,使今后的工作更上一层楼。

不妥之处,请批评指正。

述职人:×××
2016年1月10日

【简析】 这是某基层党支部关于党建工作的年度述职报告。

这篇述职报告前言部分简要交代了过去一年工作的主要情况和成绩,用"现汇报如下"自然转承到述职事项。事项部分采用条款式,条下有款,陈述有序,重点介绍了工作情况与成绩,也说明了存在的不足与努力方向。结尾用"不妥之处,请批评指正"作结,大方得体。

全文写作规范,思路清晰,条理有序,重点突出,在结构形式、具体内容和语言表达上,对写好党建述职报告很有借鉴意义。

第五节　简　报

一、文种述要

（一）概念

简报是党政机关、企事业单位、群众团体等为及时反映情况、传播信息、交流经验、汇报工作而编发的简短的内部小报。又称"动态"、"简讯"、"摘报"、"工作通讯"、"内部参考"等。

简报不是一种独立文体，在简报中刊登的文章，可以是消息、总结、调查报告、讲话、报告、纪要等文体中的一种，也可以是多个文种的集合体。简报也不是一种刊物，而是一种格式固定、内容专门的内部快报。

（二）特点

简报具有一般报纸新闻性的特点，同时又具有本身的特性。

1. 内容专业

公开的报纸一般是综合性的，内容广泛。简报一般由有关单位、部门主办，内容的专业性十分明显。通常由主办单位组织专人撰写，传递某项具体工作的各种信息，从而使行业人员相互了解信息，掌握动态，取长补短，改进工作；也可以使决策机关及时了解下情，在制定政策、指导工作时提供参考。

2. 篇幅简短

这是简报的显著标志。虽然所有报纸篇幅都有限，文章都较简短，但相较而言，公开的报纸一般都有8版以上，数万余字。而简报则更为简洁，要求内容精粹、篇幅短小。一期简报甚至只登一篇文章，几段信息，或一期几篇文章，总共一两千字，长的也不过三五千字，以适应现代快节奏工作的需要。

3. 内部交流

一般报纸面向全社会，内容是公开的，没有保密价值，读者越多越好。简报则不同，它一般在编报机关管辖范围内各单位之间交流，不宜甚至不能公开传播，特殊机关主办的简报更是如此。有的简报，往往是专给某一级领导人看的，有一定的保密要求，不能任意扩大阅读范围。

（三）种类

按性质划分，简报通常分为常务简报、专题简报、会议简报三种。

常务简报，又称日常工作简报，主要反映本系统、本部门的日常工作情况。如部门工作进展情况，工作中的新人新事新气象，新经验、新问题、新办法，先进事迹或错误倾向等，以指导、推动本系统、本单位的工作。

专题简报，又称中心工作简报，它是专门报道机关单位某一时期的中心工作或某项专门任务的工作动态、进展、经验、问题的简报。这类简报所报道的事件相对比较单一，内容比较集中，工作业务性强。

会议简报，这是一种临时性简报，专门报道特定会议的筹备进展情况，反映与会者的意见、建议及会议决定等。规模较大、时间较长的会议常要编发多期简报，以随时报道会议进展情况。小型会议一般在会议后期编发一次性综合简报。

二、写作结构

简报在多年实践的基础上，大体形成了约定俗成的格式：报头＋报核＋报尾。

（一）报头

简报的报头与公文的文头格式相近，占简报首页上部1/3的位置，用红线隔开。一般包括：报名、期号、编发单位、编印日期。

报名：即简报的名称，用套红大字印刷。

期号：一般是按年度依次编排，标明"第×期"，有些简报还注明总期数，如"第18期（总第199期）"，位置在简报名称的正下方。

编发单位：即简报的编制印发单位，位置在期号的左下方。

编印日期：即简报印制发行的日期，用阿拉伯数字写明年、月、日，位置在期号的右下方。

有些简报报头除这四项主要内容外，还需加注编号和密级。

编号根据文件印制数量确定标识位数和数字序号，用阿拉伯数码顶格标识在版心右上角第1行。需要在一定范围内保密的简报可标识编号。

密级包括"绝密"、"机密"、"秘密"，或"内部文件"、"内部资料，注意保存"等。需要在一定范围内保密的简报，可标识密级及保密期限，顶格标识在版心左上角，如"机密"、"机密★3个月"等。

（二）报核

报核也叫报身，是简报的内容部分，由目录、按语、标题、正文、署名等几部分构成。

1. 目录

对包括有多则文章的简报来说，应当标示目录（或要目），以起到指点阅读的作用。

2. 按语

按语也叫"编者按"，是表明编报机关编发意图和主张的文字，对刊发文章带有引导和指导作用。它视需要而使用，并非每篇必有。位置在目录后，文章前。

按语代表编报机关立言。常见的有说明性按语、提示性按语、批示性按语。说明性按语说明材料来源、编发原因和发送范围等；提示性按语一般加在重要稿件前，说明编者意图，以帮助读者提纲挈领地抓住文章中心，领会其精神；批示性按语一般用于在重大稿件前声明意义、表明态度，并对下级提出要求或提供办法。

3. 标题

简报中的每篇文稿都应有标题。简报标题类似于新闻标题，要求既能准确揭示主题，又简明醒目，准确生动。可用单标题，也可采用双标题。

4. 正文

因体式各异,结构有所不同。简报中运用最多的文体是消息,这里以消息为例,说明正文的写法。

导语:用简洁的语言概括介绍全文的主题或主要内容,给读者以总括印象。写法一般有叙述式、描写式和结论式等。

主体:具体阐述观点或说明事实。应当用典型的、有说服力的材料把导语内容加以具体化,同时,视情况注意背景材料的穿插,以帮助读者对消息内容的理解。这部分的阐述要注意逻辑严谨,条理清晰。

结尾:或指出事实的意义,对全文作概括小结;或提出建议、希望等。如果主体部分已经言尽意止,不必硬加结尾。

5. 署名

一般而言,由编发单位撰写的简报文稿不需署名,如是从有关部门征集来的稿件,则应署名。位置在文末最后一行后(加上括号)或正文右下侧。

(三) 报尾

末页下方1/3的位置用分隔线与报核隔开,注明本期发放范围——"报、送、发"的单位名称,末行右侧注明本期印发份数。

附:简报基本格式

密级		编号
	简报名称 第×期(总第×期)	
编发单位		编印时间
	目录 按语 标题 ××××××××××××××××××(正文)。	署名
报: 送: 发:		

三、编写要求

(一) 明确编写思想

简报基本上属于新闻写作,但它是机关单位内部的"公务新闻"。新闻是面向社会公开发布,讲究发行量和受众群,具有浓郁的商业性。简报编写中要突出简报的严肃性和公务性,立足当前形势,围绕中心任务,把典型的动态情况和最为行业人员关注的内容作为报道对象,以指导、推进工作的开展。

（二）注重编写时效

简报是传达最新情况的文体，简报能否发生作用或发生作用的大小，关键看它能否及时报送。只有讲究时效，报道及时，才能使领导和有关机关及时了解动向，把握情况，加强领导，科学决策。这就要求简报的编写必须快写、快审、快编、快发，会议简报尤其如此。这样，对交流信息、指导工作才有意义。

（三）选好编写角度

简报的内容要有新鲜感，因而报道的角度非常重要，编写者应该在"新"字上下功夫。必须把新情况、新问题、新思路反映在简报中，给阅读者以新的启发。编辑中也要讲究艺术，必要时可把相近相类的材料编为一辑，集成一束，引人注意，或把相反的材料编在一起，形成对比，发人深思。总之，要有所引导和指导。

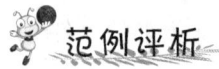范例评析

★ 例文 1

创卫工作简报

第 9 期

××镇创卫办编　　　　　　　　　　　　　　　　　　　　2016 年 4 月 14 日

三创办开展对河滨大道乱堆乱放大整治

为了改善居民人居环境，提高镇民生活质量，确保把××打造为一个宜居、宜游、宜商、宜业的"四宜乡镇"，2016 年 4 月 13 日我镇三创办对河滨大道沿线的乱堆乱放进行全面整治，迎接市创文办的检查。具体工作如下：

一、请铲车 1 辆对河滨大道因安置区房屋修建而乱堆乱放的建筑材料进行 3 个半小时的清理整治，确保还给河滨大道一份干净，还给镇民一份清洁。

二、三创办主任带头，聘请临时小工 8 人次以及环卫工人和三创办工作人员对河滨大道乱倾乱倒的泥土、建筑垃圾、建筑材料进行清理整治。

三、出动洒水车对政府大院以及河滨大道泥尘进行冲洗，确保车辆经过无扬尘现象，以免影响居民身体。

通过对河滨大道大力度的整治，河滨大道恢复了原来的面貌，扬尘减少，大道不再因为乱堆乱放而脏乱不堪，车辆停放有序。

报：××镇党政办。

送：各工委，村镇直各工作部门。

共印×份

第八章 事务文书

【简析】 这是××镇的一则创卫工作简报,属于专题简报。简报编写方是××镇创卫办,报头是该部门制发的专项报头。

文章内容是一则消息,准确报道了三创办对河滨大道沿线的乱堆乱放进行全面整治的情况。导语部分概括交代了整治目的、时间与主要内容,主体部分条分缕析地进行了具体介绍,结尾总结了整治工作的意义。报尾表述也规范清晰,分别写明了需要"报"和"送"的相关部门。

例文条理清晰,语言精练,只用了300余字,符合简报"简"的特点。

★ 例文2

××县××保安服务有限公司

简报

第2期

××县××保安服务有限公司综合管理办公室编　　　　　　　　2018年4月14日

本期要目

　★ 公司动态　飞雪送春归　克服困难迎新年
　★ 队伍管理　抓好驾驶员的安全教育整顿工作
　★ 交流平台　大力开展春节业余文化生活

编者按:本期简报编发了公司动态、队伍管理、交流平台三个栏目。我们可以从中了解到公司春节前后的工作情况:公司确定了金融大队副大队长、中队长及车组长,××金融押运大队组织驾驶员开展了安全教育整顿活动,××金融押运大队与××县建行举行了联谊活动等内容。

[公司动态]

飞雪送春归　克服困难迎新年

本月,××县保安服务公司为了客观、公正、正确评价公司各部门领导班子(业务骨干)政治素质、业务素质和履行岗位职责的情况,首先根据业务和队伍的拓展,本着能者上、庸者下的原则,确定金融大队副大队长、中队长及车组长人选,并签订岗位目标责任书,形成三级管理四级监督模式。

今年全国大部分地区出现的极端气候,××地区及各县、市连降大雪,气温降至历史最低气温,民爆中队、××和××金融押运大队员工为保证准时准点完成当日工作,每日早上提前到达工作地点,进行车辆预热,做出车前准备工作,使本月守押工作圆满完成。

在春节来临之际,各部门领导根据公司会议精神,及时安排对各中队人员进行节前安全教育,使队员度过了一个平安快乐的春节。

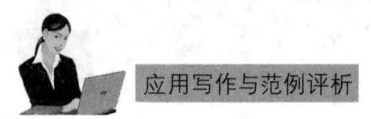

[队伍管理]

抓好驾驶员的安全教育整顿工作

金融押运是车轮上的经济,车辆的安全对大队的创收至关重要。进入2018年以来,××金融押运大队组织驾驶员开展了安全教育整顿活动,大队领导班子就如何确保安全进行了专题教育,并提出了五点要求。最后要求大队全体驾驶员针对车辆的安全行驶写出心得,保证自己年内不发生任何安全问题。

[交流平台]

大力开展春节业余文化生活

春节是中华民族传统节日,为了丰富××金融押运大队全体队员的业余文化生活,×
×金融押运大队和××县建行举行了联谊活动,组织了一场别开生面的茶话会。双方畅谈友谊,共叙未来,最后组织乓乒球、扑克、象棋比赛,双方赛出了友谊,赛出了风格。

××建行瞿行长亲临现场参加比赛成为这次活动一道亮丽的风景。本活动充分体现了互通、互爱、互勉。双方都表示要多举办类似的活动,既可以交流感情,又可以增进友谊。

(编校:×××　××)

报送:××保安协会、厅三处保安技防科
　　　××地区公安局治安经文保支队
　　　××县政法委
　　　××县公安局各主管领导
　　　××县公安局治安科

共印×份

【简析】　这是工作简报,定期编发。该简报编发了多篇文章,属于多文简报。

简报的使用范围宽泛,各级政府及其职能部门、各企事业单位与社会团体都可使用。本例文的发文单位是公司,也同样可以使用简报形式履行公务活动。

例文主要反映××县××保安服务公司的常务工作情况,与例文1不同的是,本例文主体不是一则消息,而是消息汇编,它分为三个栏目,将三篇消息汇集在一起,每一篇冠以标题,这是多文简报常常采用的形式。

例文有要目、编者按,编者按向读者提示了本期简报的提要。全文以"本期要目"与"编者按"勾连起各节内容,使其贯通一气,联成一体。例文信息饱满,具有可读性。

 实训设计

一、选择题(单选或多选)

1. 本单位对较长时间内的工作任务作粗线条、非正式的安排,应用(　　)
  A. 规划　　　　　　　　　B. 安排
  C. 设想　　　　　　　　　D. 方案

2. 为了利于实施和检查,计划的内容要写得( )
   A. 具体、明确   B. 简要概括,留有余地
   C. 高屋建瓴,条项清晰   D. 全面周密,不遗漏细节
3. 《发掘内部潜力　实现扭亏增盈》这一总结标题属于( )
   A. 公文式标题   B. 新闻式标题
   C. 复合型标题   D. 双标题
4. 根据事物发展过程或时间先后顺序安排结构属于( )
   A. 横式   B. 纵式   C. 纵横式   D. 综合式
5. 写作调查报告的一条毋庸置疑的原则是( )
   A. 罗列事实   B. 用事实说话
   C. 用观点说话 D. 条列观点
6. 写好调查报告的决定性基础是( )
   A. 大量占有材料   B. 用典型材料阐明观点
   C. 认真分析研究材料 D. 注意表达方式
7. 调查报告的复式标题由正题和副题组成,其中副题用于( )
   A. 概括调查的主旨或要回答的问题 B. 概括调查的过程和情况
   C. 标明调查的范围和方法   D. 概括调查的对象、内容和文种
8. 下列不属于述职报告特点的是( )
   A. 指导性   B. 自我性   C. 鉴定性   D. 限定性
9. 起着反映情况、传播信息、交流经验作用的事务文书是( )
   A. 总结   B. 计划   C. 简报   D. 调查报告
10. 下列几项内容中不属于简报报头的是( )
    A. 简报名称   B. 期数   C. 印发份数   D. 编发单位
11. 下列不属于计划类文书的有( )
    A. 关于与××公司的谈判方案   B. 对党校总结的一些意见
    C. 某学科期末考试复习要点   D. 毕业生分配工作安排
12. 下列可使用主副标题的文种有( )
    A. 通知   B. 计划   C. 总结
    D. 调查报告   E. 简报

二、判断题

1. 规划与方案有相似的地方,都是对某项工作的预见性安排,但规划相对具体,方案相对概括。( )
2. 计划正文的开头部分一般要解决的问题是"为什么要制订计划"。( )
3. 总结的内容主要写"为什么做"、"做什么"、"怎样做"。( )
4. 写总结要忠于实际,如实记录工作实践活动的全过程。( )
5. 调查报告的针对性强,要针对人们普遍关心的事情或亟待解决的问题而写。( )
6. 调查报告叙述的材料内容,必须具有绝对的客观性。( )
7. 述职报告重在客观陈述,事例、数据越具体越好。( )
8. 写述职报告要全面反映各方面的工作内容,力求面面俱到。( )
9. 简报要求"快",要迅速及时,快编快发。( )

10. 简报一般在编报机关管辖范围内各单位之间交流,不宜公开传播。( )

三、简答题

1. 计划的主体部分要写清哪些内容?
2. 简述计划的写作要求。
3. 简述总结的含义与特点。
4. 简述总结的写作要求。
5. 什么是调查报告?根据内容的不同,可分为哪些种类?
6. 简述调查报告的写作要求。
7. 简述述职报告的写作要求。
8. 简述简报的写作要求。

四、阅读评析题

1. 下面这份计划订得好不好?请根据计划的写作要领作简要评析。

启兴公司推行××岗位责任制先进经验工作方案

一、目的意义

××岗位责任制是整顿和改进企业管理的样板,我们要认真学习,积极推行。通过这次学习,有关方面负责人提高了认识,认为有必要向××学习,建立、健全我公司的生产责任制,使我公司的生产更上一层楼。

二、方法步骤

1. 总的要求:从7月上旬开始,利用一个半月至两个月的时间,大体完成这项任务。
2. 具体安排:①7月上旬,公司员工学习、讨论××经验,提高认识,找出差距,7月15日左右听汇报;②7月下旬,各部门、科室提出方案;③8月上旬,综合平衡,进一步充实完善;④8月中旬,开展检查评比。

三、措施和要求

1. 开好3个会。动员会(7月2日),经验交流会(7月下旬),总结表彰会(8月下旬)。
2. 搞好试点。公司以××科为试点,进行改革。希望能搞好这个点,为公司树立一个榜样。
3. 组织员工认真讨论,充分发扬民主。俗话说:三个臭皮匠,顶个诸葛亮。群众的智慧是无穷的,让群众提出岗位责任制的初步方案,科室、部门进行讨论,领导审查批准。

四、组织领导

党委统一领导,各部门、科室具体负责。公司要定期研究、讨论;一级抓一级,力争提前完成任务。

20××年6月12日

2. 下面是一篇大一学生写的大一学年总结,试分析其存在的问题。如果你是老师,在讲授总结时应提醒学生注意总结写作中的哪些问题?侧重让学生掌握哪些方面的知识和能力?请谈谈你的想法。

总　结

光阴似箭,日月如梭。不知不觉进入大学快接近一年了,再过一个月大一生活就要结束了。现在我对我自己的一个总结就是迷茫。

进入大学学习了这么久,我仍然没有找到自己的发展方向,没有目标,迷茫地度过了一天又一天。

大一的上半期,课程很少,基本上是一天中整个上午都没有课,所以要么是一觉睡到中午,然后到食堂吃个饭,要么就是起床打开电脑,上上网,玩玩游戏。然后就这样日复一日地过。当然,在这近乎颓废的日子里,我还是做了一些相对而言比较有意义的事情,比如参加了学校文明劝导队的策划部,部长教了我们要怎么去策划一个项目,怎样才能做好。每当学院有活动的时候,便是我们出谋划策的时候了。我还进入了学院的××物流公司,在这个公司里,我收获很多,比如学会了怎样去寄一个包裹,学会要以什么样的态度面对客户。但是,我觉得更重要的是,我认识了这里的员工,他们都是优秀的,有了他们,我在大学里也多了一份欢乐。

在这悠闲的大学里面,时间磨灭了我们曾经的热情,让我们更主观地看待生活,不再有曾经的幼稚,面对的问题更现实。同时也让我们有更多时间来考虑自己今后该走的路,找到自己的目标,然后为之奋斗。我,在经历了这大一的颓废生活后,感觉这样只能让我们越来越失去自我,离进入社会的道路越来越远。所以今后的学习生活,我一定要好好学习知识,特别是专业知识,然后努力把该拿的证书都拿到,同时也要多参加一些实践活动,提高自己的实践能力。应对学校的教学宗旨,把自己培养成应用型人才!

×××
××年×月×日

3. 请对下面这篇调查报告进行分析,指出其不当之处。

大学生课外阅读情况的调查

阳光下、草坪上、教室里、图书馆,到处都可以看见书不离手的大学生,他们脸上洋溢着满足自信的笑容。

"你课外阅读的主要目的是什么?""你最喜欢阅读哪种类型的书籍?""你平时看一本书要用多长时间?"……近日,我们对大学生的阅读取向进行了一次访问式调查,目的是了解当代大学生读什么书,读多少书和怎样读书的问题。

通过调查发现,部分学生进行课外阅读主要是为了休闲。他们认为"平时专业课程的阅读量已经很大了,课外阅读当然选择内容放比较放松的课外书籍,以缓解读书的压力"。这样的大学生大约占44.9%。还有部分同学进行课外阅读是为了拓展知识面,这样的学生所占比例较少,只有8%。

大学生不青睐具有专业知识的书籍是否合理呢? 不少招聘企业都感慨,现在的大学生专业能力很薄弱,学以致用的能力较差。在学校期间不注重专业知识的积累和专业技能的训练,不阅读、不关注相关专业课外书籍是造成这种现象的原因之一。

在回答"你最喜欢阅读哪种类型的书籍"时,大多数学生选择报刊。报刊始终占据大学生阅读排行榜的首位。多数学生选择此类书籍的原因大多是因为"阅读起来方便"和"信息量大、来源广泛、易获得"。调查中发现,学校为学生免费提供的《文汇报》成为阅读人次最多的报刊,《青年报》《环球时报》《参考消息》《电脑报》《读者》也有一定的市场。在阅读内容上,阅读新闻占42%,领先于其他三项,阅读生活信息占24%,阅读文学作品占16%,阅读评论文章占18%。

目前大学生的阅读结构对大学生正确世界观、人生观的形成非常不利,亟须加以正确引导。

五、情景写作题

1. 为迎接"五四"青年节的到来,××大学团委拟在全校范围内举办有奖征文比赛活动。请你代表校团委拟写一份计划书。要求:按计划的写作要求写成条文式,计划的各要素要齐全。

2. 回顾入学以来,自己在学习、工作、思想上哪方面的收获最大,选一个专题,写一篇专题总结。

3. 从下列题目中任选一题,选择恰当的调查方法,收集调查材料,写成一篇调查报告。

(1) 本院同学消费情况调查。
(2) 本院同学患近视眼情况调查。
(3) 本院同学业余爱好情况调查。
(4) 本院同学课外阅读情况调查。

4. 如果你曾担任学校、学院或班级的干部(如学生会主席、干事、班长、组长),请你将工作情况拟写成个人述职报告。

5. 根据下述火灾材料,编写一篇简报稿,供《消防动态》刊用。

9月26日凌晨4时多,位于××路177号二楼挂靠梅花街私人承包的大都夜总会发生特大火灾。烧毁彩电、投影机、音响设备、空调机和沙发等物品一大批。受灾面积达400多平方米,经济损失81万多元。幸好是在非营业时间起火,故未造成人员伤亡。起火原因待查。

10月3日,××医科大学东门小卖部,由于冰箱开关接触不良引起火灾,烧毁一台电冰箱,损失3 000元。

10月5日下午,南方××广场首层管理部由于60 W的灯泡与临时堆放的纸板箱接触,产生高温引起火灾。受灾面积12平方米。

10月5日19时许,××镇南街1号四楼民房由于电线短路引起火灾,受灾面积130平方米。

10月7日凌晨5时许,××市××路15号民房起火。受灾4户14人,烧毁建筑面积180平方米。火灾原因和经济损失在调查中。

10月8日晚上6时15分,××市第一人民医院急诊部4楼女临时工宿舍,由于女临时工在宿舍内用酒精炉煮饭不慎酿成火灾。受灾面积48平方米,损失约8 000元。

10月9日14时41分,××中路92号××菜馆厨房起火。消防部门共调出三个消防中队六台消防车到现场扑救,至15时才将火扑灭。烧毁面积200平方米。

市一人民医院继10月8日宿舍失火后,10月9日中午2时许该医院厨房又发生火灾。

10月9日11时许,××中路11号601室一老人在使用煤气炉煮饭时,由于老人病发,昏倒在煤气炉旁,不省人事;并且由于老人衣服被炉火烧着,火烧至腿部,烧伤面积达30%。至12时,其女儿下班回家才发现老人已死亡。炉火仍在烧,未烧着其他东西。

10月10日凌晨1时10分,××路农贸市场发生火灾。烧毁个体摊7档的服装、粮油及金鱼缸、加氧泵等。受灾面积70多平方米,经济损失初步统计为4万元。起火原因是金鱼缸加氧泵电线短路所致。

第九章 法律文书

本章导读

法律文书是指国家司法机关(公安机关、检察院、法院和司法行政机关)或法律授权的专门组织、当事人,在处理各项法律事务中,依法制作的具有法律效力或法律意义的文书总称。

法律文书与其他机关常用文书相比,具有制作的合法性、内容的法定性、形式的程式性、语言的规范性等特点。法律文书的种类很多,其中有司法、检察、公安机关所使用的判决书、裁决书、调解书、起诉书、起诉意见书等;有诉讼当事人使用的各种诉状、答辩状、申请执行书、授权委托书等;辩护人使用的辩护词、代理人使用的代理词、保证人使用的保证书、公证处使用的公证书等。

本章着重选取了起诉状、上诉状、答辩状、辩护词、代理词5种文书进行讲析。通过本章学习,学习者要熟悉这些法律文书的文体属性,掌握其写作方法与要领(重点是起诉状和答辩状),提高写作法律文书的实际能力与水平。

第一节 起诉状

一、文种述要

(一)概念

起诉状是诉讼当事人为维护自己的合法权益,依法向人民法院提出诉讼请求的文书,简称"诉状"。

任何公民认为自己的民事权益受到侵犯或与他人发生争议时,都依法享有起诉权,都可以制作民事起诉状,向人民法院提出维护自身合法权益的请求。起诉状不仅是公民行使诉讼权利、维护自身合法权益的重要手段,而且是法院对案件进行审理和调解的依据和基础。

(二)种类

起诉状因当事人的身份和诉讼目的不同,分为民事起诉状、刑事自诉状和行政起诉状三种。

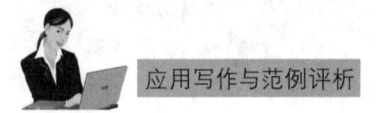

民事起诉状是指民事纠纷的原告认为自己的权益受到侵犯或者与他人发生争议，依法向人民法院提出诉讼请求的文书。赡养、离婚、各种经济纠纷、劳动纠纷等适用于民事起诉状。

刑事自诉状是刑事案件的被害人或其他法定代理人为追究被告人的刑事责任或刑事附带民事责任，依法向人民法院递交的提出诉讼请求的文书。刑事案件的起诉分自诉和公诉两种。公诉权属于检察机关，绝大部分刑事案件由公安机关侦查、由检察机关提起公诉。刑事自诉状适用于由人民法院直接受理的告诉才处理和其他不需要进行侦查的轻微刑事案件。

行政起诉状是认为行政机关和行政机关工作人员的具体行政行为侵犯其合法权益而向人民法院提起诉讼的文书。行政起诉状的原告可以是公民、法人或者其他组织，而被告只能是作出具体行政行为的行政机关。

二、写作结构

起诉状的结构包括：首部、正文、尾部。

（一）首部

包括标题、诉讼参与人基本情况两个部分。

1. 标题

可直接写起诉状种类名称，如《民事起诉状》《刑事自诉状》《行政起诉状》。也可以在起诉状前写明纠纷的具体内容，如《经济合同纠纷起诉状》。

2. 诉讼参与人基本情况

具体写明诉讼参与人的姓名、性别、年龄、民族、籍贯、职业、工作单位和住址。如果当事人是机关、团体、企业事业单位，则写清楚单位名称、地址、法定代表人姓名及职务。如有委托代理人的，在原告的下一栏将委托代理人的基本情况写清楚。

（二）正文

包括诉讼请求、事实和理由、证据和证据来源。

1. 诉讼请求

主要是针对被告的具体行为提出的民事、刑事、行政的具体要求，是原告提出诉讼所要达到的目的，也是原告要求人民法院解决的问题。诉讼请求若不止一项，可用序码标列。在刑事自诉状的这一栏之前，还要加"案由"，变成了"案由和诉讼请求"。案由即控告的罪名，如"被告人×××犯重婚罪"。

2. 事实和理由

这一部分是起诉状的核心部分，是请求人民法院依法裁决的重要依据。要求摆事实、讲道理，写明足以支持诉讼请求的事实、理由和证据材料，以证明其诉讼主张的合法性和合理性。

事实方面，主要应写明被告人作出侵权行为的具体事实或者当事人双方权益争执或纠纷的具体内容，以及被告所应承担的责任。

理由方面，主要是依据民事权益争执的事实和证据，概括地分析其纠纷的性质、危害、结果及责任,同时提出诉讼请求所依据的法律条文,以论证上述请求事项的合理性。

3. 证据和证据来源

列举证据是起诉状的法定要求。2013年1月1日施行的新《民事诉讼法》第121条第四项规定,起诉状应当载明证据和证据来源,证人姓名和住所等内容。原告在起诉状中应当提供能够证明案件事实和自己主张的各种证据。证据包括物证、书证、人证。涉及证人证言的内容要写明证人的基本情况,如姓名、性别、年龄、工作单位、家庭住址等。

(三)尾部

包括受诉法院名称、附项和落款。

1. 受诉法院名称

在正文之后,另起一行空两格写"此致",再另起一行顶格写致送法院名称。

2. 附项

在受诉法院名称后,另起一行,空两格写明本诉状副本的份数。

3. 落款

右下方写明具状人姓名或盖章,注明具体的年月日。

三、写作要求

(一)诉讼请求要明确、具体

诉讼请求是诉讼所要达到的目的。目的明确,法院和被告才知道原告想干什么,以便进行审理和答辩。目的不明确,诉讼就无法进行。请求内容要表述具体,不宜笼统地写"请求法院秉公而断,保护我(原告)的合法权益"之类的话。诉讼请求的文字要简明扼要,不要在此解释原因、阐述理由。

(二)事实要客观、清楚

起诉状的重点内容和关键部位是事实与理由。写作时须如实客观地反映双方纠纷或对方侵犯自己的实际情况,以便法院了解事实真相,依法作出判决。叙事清楚,一是要讲清楚案件当事人之间的法律关系,如雇佣关系、合同关系等,为叙述案情作铺垫;二是要讲清楚案情各要素,包括起因、时间、地点、侵权行为、侵害过程、侵害结果、争执的焦点等。

(三)理由要有法律依据

理由是起诉状中的说理文字,是对案情进行深入分析后,得出的合法、合理、合情的结论。起诉状在阐明理由时,必须遵循"以事实为依据,以法律为准绳"的原则。特别是要援引有关的法律、法规条款为理论依据,以证明起诉的合法性,增强起诉状的说服力。援引的条款要与案情相吻合,针对性强,不生拉硬凑。

(四)证据要确凿、充分

证据在起诉状中起着重要支撑作用。在起诉状写作中必须注意边叙述事实边列举证据,以期证明所提供的事实是无可辩驳的。证据要确凿,这是指原告提供的证据必须查证属实,也就是证据本身还要有能证实自身真实的证明,即证明自己是真凭实据。这是防止伪证、确保司法公正的必要措施。证据充分,是指证据要有一定的数量,足以证明事实的客观存在。

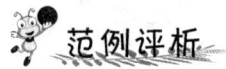

范例评析

★ 例文 1

民事起诉状

原告：×××有限公司,法定代表人：李×旭,职务：董事长,地址：×××市××区×culture×大厦 C 座 1809,电话：××××××××

被告：×××旅行社,法定代表人：王×,职务：总经理,地址：×××市××区×××号

诉讼请求：

1. 判令被告向原告赔偿各种损失共计 51 328.38 元。
2. 判令被告承担本案诉讼费。

事实和理由：

2018 年 9 月 17 日,原告与被告签订了 35 人单独组团×××一日游的旅游合同,其后原告单位职工依约参加了该旅游行程。10 月 5 日在××风景区进行游玩时,车辆出现故障,翻到××路旁,造成原告单位职工李××和薛×受伤昏迷,经抢救该两人得以生还。这两人分别在医院住院治疗 23 天和 26 天,同时也使原告单位职工随身携带的大量财物毁坏。原告为此支付了医药费 41 534.38 元、财产损失费 6 408.00 元、误工费 7 600.00 元、车辆使用费 1 786.00 元,共计 51 328.38 元。

该次事故是由于被告派出的导游、司机没有尽到责任所致,对原告单位的人身、财产造成了极大的损失。根据《合同法》《民事诉讼法》相关规定,请求人民法院根据查清事实,判令被告赔偿原告的各种损失,保护原告的合法权益。

证据和证据来源

1. 丢失物品清单 1 份
2. ××市医院关于李××和薛×的病例复印件各 1 份

此致

×××市××区人民法院

附：本诉状副本 1 份

原告：×××有限公司

法定代表人：李××

2018 年 12 月 5 日

【简析】 这是一份涉及经济纠纷的民事起诉状。

首部写明了标题和双方当事人的基本情况,因当事人是单位,故写清了单位名称、地址、法定代表人姓名及职务。正文部分,写明了诉讼请求、事实与理由、证据和证据来源。诉讼请求明确具体,事实叙述清楚明白,理由合情合法,并据以相关法律作为理论支持。列举了相关证据,对事实予以有效支撑。尾部,写明了致送法院名称、附项与落款。

全文格式规范,结构完整,请求具体,事实清楚,语言简约。

★ **例文 2**

刑事自诉状

自诉人:王××,女,1993年2月1日生,汉族,××省××市人,××市××公司工人,住××市××路××号。

被告:李××,男,27岁,汉族,北京人,××市××公司工人,住××市××路××号。

案由和诉讼请求:

被告人犯侮辱罪、诽谤罪,请求人民法院依法追究其刑事责任。

事实与理由:

自诉人与被告人都是××公司三车间工人,平时在工作上有一些联系,关系一般。2015年2月,被告人写信向自诉人求爱,遭到自诉人婉言拒绝,被告人仍不死心,又连续两次写信向自诉人求爱。为摆脱被告人的纠缠,自诉人找被告人谈话,给予严肃批评,并告知被告人说:"我已有男朋友了,请勿自作多情。"谁知被告人便怀恨在心,伺机报复。2015年10月2日,被告人从车间主任赵××处打听到自诉人与本市××公司工会干部秦××正在恋爱,便于10月6日上午,将一张侮辱自诉人人格的小字报贴在厂食堂门口醒目处,午饭时许多群众围观,轰动全公司。被告人在小字报中捏造事实,无中生有地诽谤自诉人,胡说自诉人不讲道德,见异思迁,无情地割断了与被告人的恋爱关系。还造谣说自诉人与秦××建立恋爱关系是为了骗取钱财,才认识秦××几天就在××公园乱搞两性关系,当场被警察抓住,受到罚款处理。完全是胡编乱造,毫无事实根据。

10月6日下午,公司保卫科人员经过调查,很快掌握了可靠证据,证实了小字报是被告人自写自贴。于是,保卫人员对被告人进行了严厉批评,被告人表示愿意在车间大会上向自诉人赔礼道歉。当日下午5时下班后,车间主任召开大会让被告人检查,被告人态度忽然蛮横起来,当众胡说八道:"小字报说的是事实,绝对可靠!"并回过头来用极为恶劣的语言对自诉人破口大骂,又一次公然侮辱、诽谤自诉人,其气焰之嚣张,实令人难以容忍。

自诉人认为,拒绝被告人求爱是行使公民的权利,行为正当,无可非议,被告人因此怀恨在心,采取卑劣手段发泄私愤,造谣生事,足见其灵魂肮脏;被告人表面上愿意在会上作检查,向自诉人赔礼道歉,实际上借开会之机,又一次在大庭广众之下对自诉人进行侮辱诽谤,其行为十分恶劣。被告人的行为侮辱了自诉人人格,败坏了自诉人名誉,在不明真相的群众中造成了难以挽回的坏影响,在精神上给自诉人造成了很大打击。其行为已触犯了《中华人民共和国刑法》第246条之规定,构成侮辱罪和诽谤罪。自诉人特提起诉讼,请依法判处,追究被告人的刑事责任。

证据和证据来源：

1. 被告人张贴的小字报影印件1份
2. 公司保卫科调查材料复印件10份

此致

××市××区人民法院

附：本诉状副本1份

自诉人：王××

2015年10月30日

【简析】 这是一份刑事自诉状。刑事自诉状适用于由人民法院直接受理的告诉才处理和其他不需要进行侦查的轻微刑事案件。

例文首部与例文1有所不同，民事起诉状双方当事人一般采用"原告"、"被告"之表述，而刑事自诉状双方当事人常采用"自诉人"、"被告"的形式。本文当事人是公民，所以依次写了姓名、性别、年龄、民族、籍贯、职业和住址。刑事自诉状的正文除诉讼请求、事实和理由、证据和证据来源外，还应交代案由。本例文的案由即"被告人犯侮辱罪、诽谤罪"。

这份起诉状对案件发生的来龙去脉交代得一清二楚，对被告造谣生事、侮辱诽谤的事实作了具体阐述，清楚明白，同时对被告行为的性质以及对自己精神所造成的影响作了概括分析，并以《中华人民共和国刑法》第246条作为理论支持，为实现诉讼请求奠定了坚实基础。

全文请求明确，事实清楚，理由充分，语言准确，格式规范。

第二节 上诉状

 **知识精讲**

一、文种述要

（一）概念

上诉状是民事、行政案件的当事人和刑事案件中有权提出上诉的当事人，或者他们的法定代理人，不服地方各级人民法院的第一审判决或裁定，在法定上诉期内，向原审法院的上一级人民法院对案件进行二审而制作的书状。

上诉是法律赋予当事人的一项权利，上诉状是当事人行使上诉权，维护自身合法权益的有力工具，也是二审人民法院受理和审理案件的依据。通过对上诉案件的重新审理，有利于二审人民法院对下级法院审判工作的监督。它对匡正误判，实现整个社会司法公正，充分保护当事人的合法权益，具有不可忽视的重要作用。

我国法律规定,案件实行二审终审制。当事人对第一审判裁不服,有权提出上诉,任何人不得以任何借口剥夺其上诉权。提出上诉必须在法定的期限之内。不服刑事判决的上诉期限为10天,不服刑事裁定的上诉期限为5天;不服民事判决与行政判决的上诉期限为15天,不服民事裁定与行政裁定的上诉期限为10天。逾期上诉无效。

（二）种类

根据案件性质的不同,上诉状可分为民事上诉状、刑事上诉状和行政上诉状三种。

二、写作结构

上诉状的结构包括:首部、正文、尾部。

（一）首部

1. 标题

根据案件的性质确立上诉状的名称。如《民事上诉状》《刑事上诉状》《行政上诉状》。

2. 当事人基本情况

此部分应根据案件性质作不同处理。如是刑事公诉案件,只写上诉人的基本情况;如是刑事自诉案件、民事案件和行政案件,则应分别写上诉人和被上诉人的基本情况。具体写法与起诉状当事人的项目相同。此外,还应将当事人在一审中所处的诉讼地位即原告、被告或第三人用括号加以标明。

3. 上诉案由

这是过渡段,一般用程式化语句:"上诉人因×××一案,不服××人民法院×年×月××日(××)法××字第×号民事(刑事、行政)判决(或裁定),现提出上诉。"

（二）正文

包括上诉请求、上诉事实与理由两项。

1. 上诉请求

即上诉所要达到的目的。应当写明撤销或变更原审判决(裁定)的全部还是第几项,然后提出改判或变更的具体主张。

2. 上诉事实和理由

这是上诉状的中心内容。应以上诉请求为中心,针对原审判决或裁定中的不当之处进行说理。往往是针对一审裁判在事实认定、证据、适用法律、法定程序等方面存在的问题,加以分析论证,逐一辩驳,从而证明原裁判有误,以及上诉请求的合法性和合理性。论述时要有针对性,即针对一审判决或裁定,有的放矢。

这一部分的结尾处,一般应概括前文,写明:"综上所述,原审法院××××××(裁判的主要错误),为此提起上诉,请求你院××××××(撤销或变更裁判)。"

上诉状,从文体角度说,是一篇驳论性的议论文。正文部分应以论理为主,即使是叙述事实,也不能散漫无归,而必须落实到反驳原审裁判的"理"上。只有依据法律抓住原审裁判中的关键问题针锋相对地把道理说透,足以从事实和法理上全部或部分推翻原审裁判,上诉才能达到预期目的。同时,反驳论证的过程还应逻辑严密,条理清楚。

(三) 尾部

写明致送的上诉人民法院的名称、附件的名称和份数(本上诉状副本的份数)，上诉人署名或盖章，上诉日期。

范例评析

★ 例文 1

民事上诉状

上诉人(原审原告)：×××，男，汉族，住址：××市××区××路××大厦××号

被上诉人(原审被告)：××××公司，法定代表人：××，住所地：××市××区××××大楼

上诉人因不服××区人民法院(2018)深宝法民二初字第1446号《民事判决书》，提出上诉。

上诉请求：

判决撤销原判，支持上诉人在一审中的全部上诉请求，并由被上诉人承担一、二审全部诉讼费。

上诉事实与理由：

今年2月17日上诉人意欲预订3月5日的机票，却在被上诉人官方网站误订成3月7日的机票。误订后不到1分钟上诉人即致电被上诉人的客服要求变更，但该客服回答是"不改签、不退票"。经协商，被上诉人同意退回机场建设费及燃油附加费。随即上诉人重新预订了3月5日的机票。上诉人就被上诉人"不退票"提起诉讼后，一审法院经审理，判决驳回了原告(上诉人)的诉讼请求。对于一审判决，上诉人认为存在以下明显错误：

1. 一审判决缺乏事实依据，适用法律错误

原告(上诉人)与被告(被上诉人)协商解除了双方之间的运输合同(一审判决书第10页倒数第6至第5行也明确予以认定)，根据我国《合同法》第91条"合同解除后，尚未履行的，终止履行；已经履行的，根据履行情况和合同性质，当事人可以要求恢复原状、采取其他补救措施，并有权要求赔偿损失"的规定，上诉人与被上诉人解除运输合同后，上诉人支付给被上诉人的机票款属于已经履行的义务，上诉人有权要求返还以恢复原状。此外，上诉人与被上诉人协商解除合同是在上诉人订票后的1分钟之内，一审法院并未查明也未认定原告(上诉人)"逾期办理退票或者变更手续"的情形。因此，一审法院依据我国《合同法》第295条"(旅客)逾期办理(退票)的，承运人可以不退票款，并不再承担运输义务"的规定驳回原告(上诉人)的诉讼请求，明显系没有事实依据和适用法律错误。

2. 一审判决违反了有关法律基本原则

原告(上诉人)在本案中自认违约，并就此愿意按机票价款720元的20%承担违约责

任。而被告(被上诉人)没有证据证明因原告(上诉人)的违约损失了720元,其拒不向原告(上诉人)返还机票款720元,违反了我国《合同法》第113条"当事人一方不履行合同义务或者履行合同义务不符合约定,给对方造成损失的,损失赔偿额应当相当于因违约所造成的损失,包括合同履行后可以获得的利益,但不得超过违反合同一方订立合同时预见到或者应当预见到的因违反合同可能造成的损失"的规定。一审法院判决没有辨明被告(被上诉人)"不退票行为"本质上属于"没有损失却要求损失赔偿"的违法行为,而适用《合同法》第39条有关"格式条款"的法律规定驳回原告(上诉人)的诉讼请求,不但再次错误地适用了法律,而且严重违反了我国民法关于"没有损失不得要求赔偿"的基本原则。

综上,一审法院驳回原告(上诉人)的诉讼请求,适用法律错误,违反法律基本原则。为此上诉贵院,请求判决支持上诉人的上诉请求。

此致

××市中级人民法院

附:本上诉状副本1份

上诉人:×××
2018年4月18日

【简析】 这是一份属于购、退票纠纷的民事上诉状。

首部写明了标题和当事人基本情况,并注明在原审中所处的地位。用案由"上诉人因不服××区人民法院(2018)深宝法民二初字第1446号《民事判决书》,提出上诉"进行了过渡。主体部分,包括上诉请求、上诉事实和理由。上诉人不服一审判决,在重新澄清事实的基础上,列举了两点理由,从一审判决"没有事实依据和适用法律错误"、"违反法律基本原则"两个方面进行了说理批驳。在辩驳过程中,数次清晰引用相关法律条文,可谓有的放矢,有理有据。

例文以说理为中心,抓住原审判决中的关键问题,依据法律明辨道理,针对性强,格式规范,条理清楚,逻辑严密。

★ **例文 2**

刑事上诉状

上诉人(原审被告人): ××,男,现年32岁,汉族,××市××县人,××县供销社干部,住××县和平路18号,现羁押于××看守所。

上诉人因收受贿赂一案,不服××县人民法院(2018)×法刑字第50号判决,提出上诉。

上诉请求:

1. 撤销××县人民法院××年×月×日第50号刑事判决。
2. 宣告上诉人××无罪。

上诉事实与理由:

1. 原审判决书认定我"身为国家干部,不务正业,利用职务之便推销商品"没有根据。我帮助推销商品,一没有打着供销社干部的旗号,二没有利用工作关系,三没有利用自己的身份、手中的权力强求任何一方出售或购买商品,与自己的职务没有任何联系。只不过是利用业余时间,传递商品供销的信息,以中间人的身份介绍双方业务,促成双方成交,与《刑法》第185条关于利用职务之便收受贿赂之规定明显不符。根据最高人民法院、最高人民检察院《关于当前办理经济犯罪具体应用法律的若干问题的解答(试行)》中规定:国家工作人员没有利用职务之便而为他人推销商品、购买物资、联系业务,以"酬劳费"等名义索取、收受财物的,不应定受贿罪而属于行政处罚的范围。

2. 上诉人帮助××公司推销了大批积压棉布,为××公司的地毯找到了销路,加快了上述公司的资金周转,提高了经济效益,另一方面也满足了买方的需要。我们现在缺乏有效的交易市场,流通渠道不畅,商品信息交流不发达,我的活动客观上对商品经济活动有利。上诉人并没有索取"酬劳费",虽然是错误的,但根据"两院"《解答》的精神只是一般违反党政机关工作人员工作纪律,可由所在单位给予行政处理,不应以受贿定罪。

3. 一审判决书对上诉人的行为适用全国人大常委会《关于严惩严重破坏经济的罪犯的决定》显属不妥。适用这一《决定》是以罪犯为前提的。上诉人的行为并不构成受贿罪,自然不能比照受贿罪论处。

综上所述,特提出前列上诉请求。鉴于上诉人已在本案宣判之前被捕,实属无罪受押,恳请二审法院尽快依法作出无罪的终审裁判。

此致
××市中级人民法院

上诉人:××

2018年4月8日

【简析】 这是一份刑事上诉状。因为属于刑事公诉案件,故首部当事人只写上诉人的基本情况。

该例文的特点有二:一是分析有理,批驳有据。上诉人不服一审刑事判决,理由有三:一是原审判决认定我"身为国家干部,不务正业,利用职务之便推销商品"缺乏根据;二是上诉人帮助××公司推销了大批积压棉布,为××公司的地毯找到了销路,加快了上述公司的资金周转,提高了经济效益,另一方面也满足了买方的需要,不应以受贿定罪;三是以全国人大常委会《关于严惩严重破坏经济的罪犯的决定》比照显属不妥。上诉状从三个方面驳斥了原审判决确认的受贿罪的错误认定,反驳论据充分,说理也很客观,有理有据,具有一定的力度,故最终提出"尽快依法作出无罪的终审裁判",显得合情合理又合法。二是简明扼要,条理清晰。本上诉状否定一审有罪判决,但文书却没有长篇大论,而是针对原判定罪的事实依据,从三个方面指出其事实不符或依据不足。考虑到上诉状只是引起二审程序的文书,更详细的事实证明和法理分析有待二审中进行,故上诉理由点到为止,简明扼要,有助于尽快向二审法院传递要求上诉的信息。

这份上诉状格式规范,要素齐全,逻辑严密,次序清楚,语言简洁准确。

第三节 答辩状

一、文种述要

(一) 概念

所谓答辩状,就是被告或被上诉人、被申诉人针对起诉状、上诉状或申诉状的诉讼内容,进行答复和辩驳时所使用的诉讼文书。

答辩是法律规定的一种应诉行为,也是被告或被上诉人依法享有的诉讼权利,体现了当事人的诉讼地位和诉讼权利平等的原则。它有助于人民法院辨明是非正误、合法违法,以保证法律的正确实施。因此,被告方或被上诉方应依照法律规定,充分利用答辩权利,认真制作答辩状,以维护自己的合法权益。

根据我国民事诉讼法和行政诉讼法的规定,人民法院应在规定时间内将起诉状副本和上诉状副本送达被告或被上诉人。被告人或被上诉人应在法定时间内向人民法院递交答辩状,否则就被视为放弃答辩的权利,不影响人民法院对案件的审理。

(二) 种类

答辩状一般分为一审答辩状、上诉答辩状和申诉答辩状。一审答辩状是被告人针对一审程序中原告起诉状的内容提出的答辩状。上诉答辩状是被上诉人针对二审程序中的上诉状提出的。申诉答辩状是针对审判监督程序的申诉状的内容提出答复和辩驳。

二、写作结构

由首部、正文、尾部组成。

(一) 首部

包括标题、答辩人基本情况和案由说明三部分。

1. **标题**

属于一审程序的,按案件性质写为《民事答辩状》《刑事自诉案件答辩状》等;属于二审程序和审判监督程序的,还应在标题中注明审判程序,如《民事上诉答辩状》《刑事申诉答辩状》等。

2. **答辩人基本情况**

公民依次写明姓名、性别、年龄、民族、籍贯、职业、工作单位和住址等;法人或其他组织写明名称、地址、法定代表人姓名及职务等。

3. **案由说明**

主要写明对原告(或上诉人、申诉人)为何纠纷案件起诉进行答辩。具体可表述为"因原告(或上诉人、申诉人)××提起××××(案由)诉讼一案,提出答辩如下"或"因×××

×(案由)一案,提出答辩如下"。

(二)正文

包括答辩理由和答辩意见。

1. 答辩理由

主要是根据对方诉状提出的诉讼请求及依据的事实和理由进行答复和辩驳,并阐明自己的见解和主张。这部分的写作应仔细分析对方诉状的内容,抓住问题的要害。涉及事实有误的,要提出证据,说明事实真相。涉及事情的性质及法律责任问题,要依据法律讲清道理,辨明是非。可逐条批驳,也可综合答辩。

2. 答辩意见

即在充分阐述答辩理由的基础上,通过归纳,客观明确地提出自己认为应当如何处理纠纷的意见和主张。一般来说,这项内容可以分几层来写:(1)根据事实和法律,说明自己行为的合理、合法性;(2)指出对方指控的失实之处及诉讼请求的不合理之处;(3)提出自己的主张,请求依法公正裁判。这部分要写得简明扼要,切忌笼统含混。

(三)尾部

写法与起诉状相同,包括受诉法院名称、附项和落款。

三、写作要求

(一)针锋相对,有的放矢

答辩状是"应诉"文书,是针对诉状进行的回答和反驳,其写作的针对性和目的性非常强。写作时要立足于驳,针对对方诉状提出的事实和理由有理有据地进行答复和辩驳。要注重抓住双方在案件中争执的焦点,避开枝节,突出重点,在驳中阐明自己的观点和意见。

(二)澄清事实,依事论理

答辩要遵循实事求是的原则,真实反映所争执事实的固有面貌和实质,真实客观地罗列自己所持有的反驳理由和各种证据。诉状如果在事实的叙述上没有出入,答辩状也要根据事实,从正面阐述自己的意见,特别是在双方争执的焦点上一定要表明自己的观点,依事论理。

(三)语言犀利,推理严密

答辩状重在对对方诉状的辩驳,因此要善于用尖锐有力的语言、精当严密的表述找出对方的矛盾和破绽,以求击中要害。但语言尖锐不等于意气用事,不能感情冲动、用词偏激,甚至搞恶意嘲讽或人身攻击,要平心静气,以理服人。

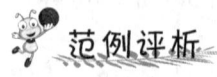

★ 例文 1

民事答辩状

答辩人:××人民医院

地址:××市××路七号

法定代表人：××，院长，电话××××××××

因×××要求×××人民医院人身损害赔偿一案，现提出答辩意见如下。

1. 答辩人与×××之间不存在直接的合同关系。答辩人2018年1月10日与××第二建筑安装工程公司订立了一份口头合同，由××第二建筑安装工程公司负责把答辩人的一个高压电表柜拆除，×××是受××第二建筑安装工程公司的委托来拆除高压电表柜的，与答辩人之间不存在直接合同关系。

2. ××的伤害赔偿应由××二建筑安装工程公司负责。其一，根据我国法律和有关司法解释规定，××第二建筑安装工程公司对其职工在履行合同的范围内所受到伤害应负责任，×××的伤害并不是由于合同客体以外的事物造成的。其二，受××第二建筑安装工程公司委托的×××在拆除高压电表柜的过程中，存在着严重违反操作程序的行为，未尽一个电工应尽的注意。

3. 答辩人对×××伤害赔偿不应承担责任。根据我国《民法通则》的规定，从事高度危险作业的人致他人损害的，应负赔偿责任。而本案中答辩人与××第二建筑安装工程公司订有合同，高度危险来源已通过合同合法转移给××第二建筑安装工程公司。××第二建筑安装工程公司成为该危险作业物的主体，××在操作过程中受到伤害，这是××第二建筑安装工程公司在履行合同过程中，合同客体造成自己员工的伤害行为，与答辩人无关。

综上所述，×××人民医院为不适合被告，请贵院依法驳回原告起诉。

此致
××市中级人民法院

附：本答辩状副本1份

答辩人：×××人民医院
2018年4月2日

【简析】 这是一份民事答辩状，××人民医院就公民个人人身伤害赔偿一案进行答辩。

答辩人站在客观立场澄清事实，阐述理由，从三个方面进行答辩：一是答辩人与×××之间不存在直接的合同关系，二是××的伤害赔偿应由××二建筑安装工程公司负责，三是答辩人对×××伤害赔偿不应承担责任。三方面乃紧紧针对对方诉状提出的事实和理由而诉，鲜明阐明了自己的观点，具有极强的针对性。在此基础上，提出了答辩意见，即"×××人民医院为不适合被告，请贵院依法驳回原告起诉"。

全文事实清楚，理由充分，态度平和，表述严密，格式规范。

★ 例文2

行政诉讼答辩状

答辩人：××市城市管理执法局
地址：××市××路×号

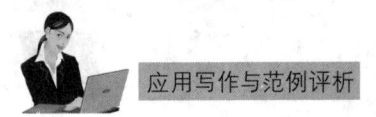

法定代表人：×××，该局局长，电话 ××××××××

因原告冯××提起行政诉讼请求撤销2018年6月17日答辩人对其作出的行政处罚，答辩如下。

一、答辩人对行政处罚相对人冯××的行政处罚于法有据、程序合法

2018年4月25日答辩人接××市市容环境卫生管理处报案称，行政处理相对人原告冯××在××城区××街从事经营服务，该经营户未按政策规定缴纳垃圾处理费。经责令限期改正，原告仍未按规定缴费。答辩人于2018年5月4日向行政处罚相对人原告冯××送达行政处罚前期通知书，行政处罚相对人冯××在规定时间内仍拒不缴垃圾处理费。至此，答辩人于2018年6月17日对行政处罚相对人冯××依法作出行政处罚决定。并于2018年6月17日送达行政处罚相对人。答辩人对行政处罚相对人作出的行政处罚事实证据充足、于法有据、程序合法。

二、原告冯××诉求事实理由不足

1. 我们向行政处罚相对人冯××作出的行政处罚决定书是行政执法人员亲自上门送达到冯××经营门面。当时其妻子和雇员在场，并非其诉称在地上拾到了一份行政处罚决定书现象。

2. 行政处罚相对人冯××以环卫部门未按照《××省城市生活垃圾处理收费管理办法》中的第六条第一项的规定对其经营店定费，理解错误。其一，对于垃圾处理费收费项目标准政策的制定其职权不在答辩人。其二，《××省城市生活垃圾处理收费管理办法》第七条明确规定，城市生活垃圾处理费分收集费、运输（中转）费和处置费。收费标准由城市（含县城）所在地价格主管部门会同建设（环境卫生部门）结合本地实际制定，报城市人民政府批准执行，并报省物价、建设部门备案。依据此规定，答辩人责令行政处罚相对人冯××限期整改不缴纳垃圾处理费的行为。答辩人又向其送达行政处罚前期通知书，行政处罚相对人冯××仍不缴费，至此答辩人依法对行政处罚相对人作出行政处罚决定。其三，答辩人责令行政处罚相对人缴纳城市生活垃圾处理费，数额标准没有违法，没有超标准，且程序合法。

综上，原告诉求事实证据不足，理由不充分，恳请贵院法官明察，驳回原告诉请。

此致

××市人民法院

附：本状副本1份

答辩人：××市城市管理执法局

2018年9月25日

【简析】 这是一份行政答辩状。

该答辩状由××市城市管理执法局就原告冯××不服答辩人对其作出的行政处罚一案，从执法程序与客观事实两个方面进行了有力批驳，即"行政处罚于法有据、程序全法"，"原告冯××诉求事实理由不足"。事实叙述客观清晰，分析论证有理有据，特别是关于冯××对行政处罚定费理解错误的论述，清晰透彻，说服力强。经过充分阐明理由之后，简

要归纳了答辩意见。

本文事实清楚,论据有力,逻辑严密,陈述客观冷静,文字准确精练,要言不烦。

第四节　辩护词

一、文种述要

辩护词是辩护人在法庭辩论阶段为维护犯罪嫌疑人、被告人的合法权益,根据事实和法律,提出证明犯罪嫌疑人、被告人无罪、罪轻或者减轻、免除其刑事责任所作的综合性发言。

根据我国法律的有关规定,辩护是被告人的一种诉讼权利,除自己可以行使辩护权外,还可以委托律师或法律规定的其他人为其辩护。辩护人在法庭上发表辩护词是其履行职责的重要手段。

辩护词的作用,主要集中体现在两个方面:一是能够维护被告人的合法权益,使被告人不受枉法裁判。如果被告人是无罪的,应列举事实理由,依据法律条款,详加论证,使无罪的人不受惩罚。如果被告人有罪,可以从认罪态度、检举立功等方面对被告人进行从轻惩罚辩护。二是能够有力地保证办案质量。辩护词是与公诉人的公诉词相对而存在的,两者分别从不同角度剖析案件事实,论证案件性质,并提出使用的法律意见,能够使审判人员在充分听取公诉人的正面意见和辩护人的反面意见中,去客观地采用证据,准确地认定事实,恰当地运用法律,作出公正判决。

二、写作结构

（一）标题

可直接写文种名称,也可以由案由名加文种构成。如《关于×××(姓名)×××案的辩护词》。

（二）称谓

一般为"审判长、审判员(陪审员)"或"各位法官"等。

（三）正文

包括前言、辩护理由及结束语。

1. 前言

即"开场白",通常应写明三方面的内容:一是辩护出庭的合法身份,即辩护权的来源。讲明或是接受被告人的委托,或是接受法院的指定;二是出庭之前的准备工作,即简要叙述辩护人为出庭辩护进行的各项准备工作,如阅读起诉书,会见被告人,阅读案卷材料,进行调查收集证据等活动的有关情况;三是表明对本案的基本看法,简要而明确地概述辩护人的辩护观点。

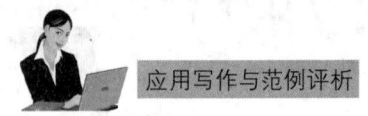

2. 辩护理由

这是辩护词的核心。通常针对起诉书或自诉状的指控，围绕被告人是否构成犯罪、构成何罪，有无从轻、减轻、免除刑事责任的法定情节、酌定从轻情节，被告人刑事责任能力，以及诉讼程序是否合法等方面进行分析论辩。如果起诉书认定的事实清楚，证据确凿，适用法律正确，程序合法，还可以从危害后果不严重，目的、动机等具体情节不甚恶劣，犯罪情节的客观因素等方面考虑。

与一审辩护主要针对起诉书不同，二审辩护主要针对的是一审判决或裁定，辩护理由的考虑角度与前者不完全一样。但不管怎样，二者选择辩护理由都应当以定罪量刑为主，不纠缠枝节问题。

3. 结束语

一般需要讲清两个内容：一是对所作出的辩护发言进行归纳总结，强调其基本观点；二是对本案如何处理，向法庭提出自己的看法、要求和建议。

（四）落款

写明辩护人姓名，注明日期。辩护词当庭宣读时，不必通报姓名和日期，但向法院递交的书面辩护词，则应写上这一部分。

三、写作要求

（一）紧扣论点，深入论证

辩护词无论是正面说理，还是反驳论辩，都必须紧紧围绕论点，抓住案件关键性和实质性问题，深入剖析，充分论证，使辩护词具有鲜明的针对性和辩驳性。

（二）遵循法律，实事求是

辩护人应当忠于事实和法律，站在国家和人民的立场上履行辩护职责，遵循"以事实为依据，以法律为准绳"的原则，维护法律的正确实施，维护被告人的合法权益，而不能满足被告人不正当的无理要求。

（三）观点鲜明，有理有据

辩护人主张什么，反对什么，支持什么，必须十分明确，一目了然，切忌似是而非，模棱两可。分析事理，要做到合乎分寸，言之有理，持之有据，切忌在枝节问题上纠缠。

（四）态度端正，语言文明

辩护人在态度上一定要心平气和，不卑不亢，以理服人。既要做到坚持原则，又要做到用词准确，语言文明，分寸得体，决不允许对他人讽刺嘲笑，指手画脚，更不允许攻击公诉人或法庭审判人员。

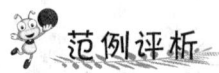

辩护词

审判长、审判员：

我受被告人吕××亲属委托并经被告人同意担任其涉嫌抢劫罪一案的一审辩护人，

出席法庭履行辩护职责。通过查阅案卷材料、会见被告人和参加今天的法庭审理综合分析后,辩护人认为公诉人指控被告人吕××犯抢劫罪明显适用法律错误,被告人因不满十六周岁应不予刑事处罚,现发表具体辩护意见如下。

一、公诉人指控被告人犯抢劫罪追究其刑事责任,适用法律错误

透过未成年被告人吕××于2007年6月27日晚,酒后无事生非,随意挑衅拍打受害人耍威风,后又和其他被告人追逐殴打两被害人并强拿硬要两被害人手机的行为,不难发现其主观上具有以强凌弱、无事生非、肆意挑衅,寻求低级精神刺激的流氓目的,不具有抢劫故意。被告人吕××在寻求低级精神刺激的动机支配下实施的强拿硬要行为更符合《刑法》关于"强拿硬要或者任意损毁、占用公私财物,情节严重的"行为构成寻衅滋事罪的规定。

抢劫罪是指以非法占有为目的,采用暴力、胁迫或者其他方法使他人不能抗拒,强行将公私财物抢走的行为。而寻衅滋事罪则是指无事生非,起哄闹事,肆意挑衅,随意骚扰,破坏社会秩序的行为。《刑法》第293条关于寻衅滋事罪具体规定了四种法定情形:(1)随意殴打他人,情节恶劣的;(2)追逐、拦截、辱骂他人,情节恶劣的;(3)强拿硬要或者任意损毁、占用公私财物,情节严重的;(4)在公共场所起哄闹事,造成公共场所秩序严重混乱的。通过对抢劫罪和寻衅滋事罪的对比我们可以看出,抢劫罪的主观故意就是劫财,而寻衅滋事罪的犯罪客观方面与抢劫罪的犯罪客观方面具有一定的重合,寻衅滋事罪也具有使用暴力殴打受害人或者强拿硬要、任意损毁、占用公私财物的行为,但其主观故意却是以强凌弱、无端生事、寻求低级精神刺激。二者的区别就在于犯罪主观方面:寻衅滋事、强拿硬要往往是在大庭广众之下,以强凌弱,占便宜耍威风,不顾及被害人、群众知悉或告发,也不在意财物的价值,寻求精神刺激无端生事;而抢劫则是以非法占有财物为目的,洗劫被害人的财物,并尽量避免被害人辨认或者他人知悉。

综观本案八名被告人,吕××、单××年龄最小15岁,最大的仅一人18岁,这样一伙少不更事的未成年人在县城主要街道上醉酒后因见被害人有手机不服气,出于逞强好胜耍威风,肆意殴打被害人,在怀疑被害人辱骂他们时追上被害人并对被害人实施殴打行为,主观上没有抢劫的故意却有以强凌弱、无端生事、寻求低级精神刺激的主观故意。被告人吕××强拿硬要被害人手机显然也是出于以强凌弱,占便宜耍威风的主观故意支配下实施的行为。依据《最高人民法院关于审理未成年人刑事案件具体应用法律若干问题的解释》第八条"已满十六周岁不满十八周岁的人出于以大欺小、以强凌弱或者寻求精神刺激,随意殴打其他未成年人、多次对其他未成年人强拿硬要或者任意毁损公私财物,扰乱学校及其他公共场所秩序,情节严重的,以寻衅滋事罪定罪处罚"的规定,认定被告人吕××实施的是寻衅滋事的行为更符合立法本意。寻衅滋事罪的犯罪主体必须是年满十六周岁具有刑事责任能力的自然人,被告人吕××出生于1992年3月5日,2007年6月27日实施寻衅滋事行为时刚满十五周岁。依据《刑法》第十七条"已满十六周岁的人犯罪应当负刑事责任,因不满十六周岁不予刑事处罚的,责令他的家长或者监护人加以管教;在必要的时候,也可以由政府收容教养"的规定,公诉人指控被告人吕××犯抢劫罪并追究其刑事责任,明显适用法律错误。

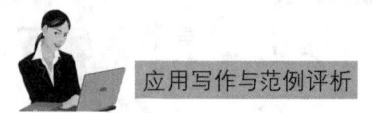

二、公诉人向法庭出示的被告人吕××的讯问笔录不能作为定案的根据

被告人吕××属于未成年人,依据《未成年人保护法》第五十六条第一款"公安机关、人民检察院讯问未成年犯罪嫌疑人,询问未成年证人、被害人,应当通知监护人到场"的规定,广某县公安机关讯问未成年被告人吕××的讯问笔录都没有记载显示讯问被告人吕××时依法通知了其监护人到场,损害了未成年人的合法权益,违反了《未成年人保护法》的规定,××县公安机关讯问行为违法。公诉人以违法行为取得的讯问笔录为依据指控未成年被告人吕××构成抢劫罪,亦损害了未成年人的合法权益。公诉人的举证行为存有严重瑕疵。

依据《最高人民法院关于执行〈中华人民共和国刑事诉讼法〉若干问题的解释》第六十一条"严禁以非法的方法收集证据。凡经查证确实属于采用刑讯逼供或者威胁、引诱、欺骗等非法的方法取得的证人、被害人陈述、被告人供述,不能作为定案的根据"的规定,公诉人向法庭出示的被告人吕××讯问笔录不能作为定案的根据。

同理,公诉人向法庭出示的未成年被告人郭××、姜××、郭××、王××、单××讯问笔录和未成年受害人来××、杨××询问笔录不能作为定案的根据。

三、被告人吕××属于未成年人且初次违法犯错,平时一贯表现良好,具备法定从轻处罚情节

依据《未成年人保护法》第五十四条"对违法犯罪的未成年人,实行教育、感化、挽救的方针,坚持教育为主、惩罚为辅的原则。对违法犯罪的未成年人,应当依法从轻、减轻或者免除处罚"的规定,在对未成年人吕××处以非刑事责任处罚时,请考虑未成年人生理心理尚未发育成熟具有易改造的可塑性,请本着教育感化挽救为主的原则,辅之以惩罚的方针给予从轻处罚。

上述辩护意见,请合议庭给予考虑,谢谢。

辩护人:××律师事务所

律师:×××

20××年×月×日

【简析】 这份辩护词,是辩护人为免除未成年人吕××的刑事责任,而代之以非刑事责任处罚所作的综合发言。

开篇交代了辩护出庭的合法身份,简要叙述了出庭之前的准备工作,明确表明辩护人的辩护观点,即"公诉人指控被告人吕××犯抢劫罪明显适用法律错误,被告人因不满十六周岁应不予刑事处罚"。辩护理由部分,辩护人运用法律理论结合案件事实进行了具体而深刻的论述,并通过充分精要的分析,坚实而严谨的反驳,证明了辩护观点的成立。辩护词从三个方面进行了辩驳:一是公诉人适用法律错误,二是公诉人所举证据不适,三是被告人平时表现良好。三条理由中,重点论述了适用法律错误的问题,周详区分了抢劫罪与寻衅滋事罪的区别,指出公诉人指控被告人犯抢劫罪是不当的。

全文通过摆事实,讲道理,依法分析案情,从而得出己见。条理清晰,言之有理,持之有据,重点突出,语言平实。

第五节 代理词

一、文种述要

代理词是民事案件、行政案件、刑事自诉案件的当事人以及刑事案件被害人的诉讼代理人,为维护被代理人的合法权益,在法庭辩论阶段所作的综合性发言。

诉讼代理人是以被代理人的名义,在一定的代理权限范围内,代理被代理人实施一定诉讼行为的人。诉讼代理是诉讼中维护被代理人的合法权益,保证诉讼正常进行的一种重要的诉讼制度。通过诉讼代理,帮助当事人分析案情和利弊得失,告诉当事人如何行使诉讼权利和履行诉讼义务,或者代为行使诉讼权利或履行诉讼义务,从而达到维护当事人合法权益的目的。同时,对于帮助人民法院正确认定案件事实,准确适用法律,提高办案质量等,具有十分重要的作用。

二、写作结构

（一）标题

直接写文种名称,或是案由名加文种构成。

（二）称谓

称"审判长、审判员（陪审员）"或"各位法官"等。

（三）正文

包括前言、代理理由及结束语。

1. 前言

写法基本同辩护词的前言。概述代理人的身份和出庭代理的法律依据、接受委托以后所进行的工作,简要提出代理的主要观点（也可在文后总结概括）。

2. 代理理由

此部分是代理词的核心,因为这是能否充分阐明起诉理由或反驳对方起诉意见的关键内容。代理理由要根据具体案情、被代理人的诉讼地位、诉讼目的和请求,以及与对方当事人的关系等因素来写。要抓住本案的特点和争执的焦点,通过分析论证,阐明纠纷性质,明确是非责任,提出处理办法或原则。

代理理由的写作应当根据代理对象的不同而灵活处理。如果是代理一审原告方的,要用立论的方法,从事实、证据、是非责任、法律依据方面,论证和补充起诉状请求的合法性、合理性;如果是代理一审被告方的,则以驳论为主,针对起诉状、原告的代理词答辩,论证对方诉讼请求全部或部分不合法、不合理,然后提出己方的主张。

此外，如果是二审代理词，就应当根据代理的对象是上诉人还是被上诉人，分别针对一审法院的判决或裁定在事实认定、证据、适用法律、裁判理由、审判程序方面，或者对方的上诉观点和理由，提出代理意见。

3. 结束语

总结归纳代理观点，提出结论性意见和主张，提请法庭予以采纳。

（四）落款

写明代理人姓名，注明日期。

附：代理词与辩护词的区别

代理词与辩护词同属一种诉讼言词，但它们是有区别的，主要表现在以下三个方面：

1. 两者的法律性质不同。代理词是基于诉讼代理关系的存在，它必须在代理权限之内，体现被代理人的合法意志；而辩护词则是基于指控的存在，它所反映的内容是辩护人本人对案件事实的认识和对适用法律的理解，不受被告人意志的左右。

2. 两者的适用范围不同。代理词较多适用于双方诉讼主体地位平等的案件中，如民事诉讼、行政诉讼案件；而辩护词仅适用于刑事诉讼案件，而且仅仅是刑事案件的被告人才是被辩护的对象。

3. 两者的反映内容不同。前者主要是针对案件事实，为被代理人的诉讼主张进行法律论证，以实现代理目的；后者则是针对起诉指控的内容，阐述被告人无罪、罪轻或者减轻、免除其刑事责任的材料和意见。

民事代理词

审判长、审判员：

依照法律规定，我受原告姚×的委托，担任本案一审的诉讼代理人。开庭前，我听取了被代理人的陈述，查阅了本案的证据材料，今天参加了法庭审理，现发表代理意见如下。

一、本案原被告签订的合同号0000354《××世贸商城（推广名：世贸广场）楼宇买卖认购书》（下称认购书）法律性质为预约合同。原告在合同约定及协议延长的期间内，就签署合同事宜履行了诚信谈判义务。被告拒绝谈判构成违约，应承担违约责任。

1. 本案中的《认购书》是预约合同，是单独的有效合同

《认购书》为合同双方设定的义务是在合同约定的期间或双方同意延长的期间内，履行对签订《房屋买卖合同》事宜与对方进行诚信谈判或磋商的义务，而并不承担必须达成签订《房屋买卖合同》的义务。也就是说，如果当事人诚信地履行了谈判义务仍不能达成合同时，他们不需承担责任；如果当事人违反诚信谈判义务导致不能达到合同时，则必须承担责任。具体到本案来讲，如果是原告不履行诚信谈判义务，则被告可以没收定金；如果是被告不履行诚信谈判义务，则应双倍返还定金。

2. 双方的合同谈判签署期间经协议变更为 5 月 18 日,此期间内原告履行了谈判义务

原告于 2007 年 4 月 25 日与被告签订了《认购书》,交纳定金 10 000 元,约定在 5 月 2 日前谈判并签署合同。但因原告需要代理刘×在同一楼盘购买另一套房子,而且需要谈判和协商的合同内容基本相同,所以被告同意原告把自己订购的房屋和代理刘×订购的房屋一起进行谈判并签署合同,也即双方通过口头协议延长了谈判和签署合同的期间。该事实已为 5 月 3 日原告代理刘×签订的《认购书》(合同号 0000364)所证实。

由于刘×工作繁忙不能按时来××,于是原告在 5 月 10 日代理刘×填写了《特殊情况申请表》,请求延长谈判时间至 5 月 25 日。李××于 5 月 11 日签收。

原告于 5 月 11 日为自己所订购的 2-C-1210 房屋提交了《变更合同申请》,要求对部分合同条款进行磋商,同时,该申请明确显示,双方的合同谈判签署期间经李××同意延长至 5 月 18 日。同日,李××签收了该申请,并未表示反对意见。

3. 原告提交的《变更合同申请》内容合乎情理,被告拒绝谈判构成违约

由于原告的同事袁×在同一楼宇购买过房屋,交房期为 2007 年 9 月 30 日,办理产权证的时间为交付后 270 天。而被告却对原告所购买的房屋单方确定了不同的交房期,而且把办理房产证的时间确定为交付后的 540 天。因此,原告请求按同样的条件签订合同,或要求加大被告方的违约责任,理由非常正当。

但是,在原告书面提交申请后,被告方既不积极回应,也不修改条款,只说是"合同条款不能作任何修改",故意不履行必要的谈判义务,却以单方制定的"霸王条款"阻却双方达成一致意见的可能,明显违反了诚实信用原则,应承担违约责任。

二、原被告双方签订的《认购书》表明,原告交纳的 10 000 元为"定金"。被告单方违约导致合同不能订立,应依法双倍返还定金为 20 000 元。

《合同法》第 115 条:当事人可以依照《中华人民共和国担保法》约定一方向对方给付定金作为债权的担保。债务人履行债务后,定金应当抵作价款或者收回。给付定金的一方不履行约定的债务的,无权要求返还定金;收受定金的一方不履行约定的债务的,应当双倍返还定金。

《担保法》第 89 条:当事人可以约定一方向对方给付定金作为债权的担保。债务人履行债务后,定金应当抵作价款或者收回。给付定金的一方不履行约定的债务的,无权要求返还定金;收受定金的一方不履行约定的债务的,应当双倍返还定金。

最高人民法院《关于适用〈中华人民共和国担保法〉若干问题的解释》第 115 条:当事人约定以交付定金作为订立主合同担保的,给付定金的一方拒绝订立主合同的,无权要求返还定金;收受定金的一方拒绝订立合同的,应当双倍返还定金。

最高人民法院《关于审理商品房买卖合同纠纷案件适用法律若干问题的解释》第 4 条规定:出卖人通过认购、订购、预订等方式向买受人收受定金作为订立商品房买卖合同担保的,如果因当事人一方原因未能订立商品房买卖合同,应当按照法律关于定金的规定处理;因不可归责于当事人双方的事由,导致商品房买卖合同未能订立的,出卖人应当将定金返还买受人。

根据上述法律规定，我们可以看出，原告依《认购书》约定交付给被告的10 000元定金从法律性质上讲，是作为其在约定时间与被告订立购房合同的一个担保，只要原告在约定的时间去和被告商谈具体的购房合同，对于原告而言就已经履行了合同义务。如果双方因合同条款未能协商一致导致不能签订正式的购房合同，这属于司法解释中所说的"不可归责于当事人双方的事由"，应返还定金。但是，在本案中，却是由于被告单方违约不履行诚信谈判义务而导致合同不能订立，因此，被告不予退还原告所交纳定金的理由不能成立，还应当向原告双倍返还。

综上所述，原告的诉讼请求所依据的事实清楚证据充分，请求法庭采纳本代理意见，依法支持原告的诉讼请求。谢谢！

代理人：××律师事务所

律师：×××

20××年×月×日

【简析】 这是一审代理词，系律师代理原告姚×，要求被告承担楼宇买卖谈判的违约责任，双倍返还原告定金。

该代理词的代理理由分为两部分。第一部分，代理人紧紧抓住被告的行为系"拒绝谈判构成违约"这一主线展开辩述，并围绕这一观点多侧面展开论证，从合同的有效性、原告依约履职、被告违约事实等多方面进行分析。在确立被告违约的基础上，第二部分，代理人注重引用《合同法》、《担保法》、最高人民法院《关于适用〈中华人民共和国担保法〉若干问题的解释》、最高人民法院《关于审理商品房买卖合同纠纷案件适用法律若干问题的解释》等法律条文相关规定，依法提出主张，指出原告应双倍返还定金。

这篇代理词根据案件具体情况，抓住争执点，鲜明地提出了代理意见，主旨清晰，重点明确，说理透彻，论证严密，材料翔实。

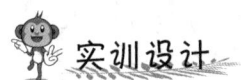

实训设计

一、选择题（单选或多选）

1. 行政诉讼的被告是（　　）
   A. 行政机关　　B. 公民　　　C. 法人　　　D. 社会组织
2. 民事起诉状首部的中心内容必须写明（　　）
   A. 原被告基本情况　B. 证据清单　C. 起诉理由　D. 致送法院
3. 诉讼请求是原告要求达到的诉讼的根本目的，语言要做到（　　）
   A. 准确精要　　B. 正确有据　　C. 明确具体　　D. 简洁有力
4. 民事、行政案件的当事人不服地方各级人民法院的第一审判决或裁定，在法定上诉期内向原审法院的上一级人民法院对案件进行二审而制作的书状称为（　　）
   A. 起诉状　　　B. 上诉状　　　C. 申诉状　　　D. 控诉状
5. 辩护词的结束语应归纳全篇的中心观点，并随之提出自己的（　　）

A. 处理建议　　　B. 处刑年限　　　C. 上诉请求　　　D. 量刑标准
6. 代理词属法庭系统发言，正文常分为前言、(　　)和结束语三部分。
A. 意见　　　　　B. 事实　　　　　C. 理由　　　　　D. 主张
7. 不服地方人民法院的一审判决，有权提出上诉的是(　　)
A. 法定代理人　　B. 原告　　　　　C. 被告　　　　　D. 第三人
8. 起诉状可分为(　　)
A. 行政起诉状　　B. 刑事自诉状　　C. 控诉状　　　　D. 民事起诉状
9. 上诉状的正文包括(　　)
A. 当事人基本情况　B. 上诉案由　　C. 上诉请求　　　D. 上诉理由
10. 答辩状的首部包括(　　)
A. 标题　　　　　　　　　　　　　B. 答辩人基本情况
C. 案由说明　　　　　　　　　　　D. 被答辩人基本情况

二、判断题

1. 行政起诉的原告可以是公民、法人或其他组织。(　　)
2. 诉讼请求是原告针对被告的行为提出的具体要求，反映原告的诉讼目的。(　　)
3. 民事上诉状上诉人身份项，就是原审原告的身份情况。(　　)
4. 行政上诉状、民事上诉状的上诉理由主要反驳对方当事人的错误主张。(　　)
5. 上诉状的写作主要是针对尚未发生法律效力的判决和裁定。(　　)
6. 听说对方已起诉自己就可以向法院递交答辩状，并且何时递交都可以。(　　)
7. 答辩状是一种辩驳类问题，要针对对方提出的事实和理由进行辨析和反驳。(　　)
8. 辩护状仅适用于刑事诉讼案件，且仅是刑事案件的被告人才是被辩护对象。(　　)
9. 辩护词是为维护被告的合法权益，故写作中应极力遵循被告的意志。(　　)
10. 代理词的结束语一般总结归纳代理观点，提出上诉请求。(　　)

三、简答题

1. 简述起诉状的概念和种类。
2. 简述起诉状的写作要求。
3. 简述答辩状的写作要求。
4. 简述辩护词的写作要求。
5. 简述代理词与辩护词的区别。

四、阅读评析题

1. 阅读下面一份起诉状，回答文后问题。

起诉状

原告：张××，女，38岁，汉族，住××市××路××号。
被告：××房地产开发公司。
法定代表人：王××总经理。
请示事项：

1. 判令被告向原告交付房屋及产权证。
2. 判令被告支付违约金30 000元。

事实和理由：

原被告双方于2015年4月8日订立《合同书》1份，确定由原告向被告付款984 000元购买被告所承建开发的住宅1套。双方对住宅地点、位置、面积、单价、付款方式、责任、费用、房屋标准、验收、工期及违约金等情况进行约定。原告依约向被告支付了定金及购房款共计804 000元，履行了约定义务。被告却屡屡违约，其房屋未能依约竣工和交付使用，房屋质量也不符合合同规定。经原告多次交涉，被告仍不履行办理产权和交付房屋之义务，更拒绝承担违约金。至今，该房屋都未能通电和燃气，连水电等设施都未能保证。

原告为维护自身合法权益，在与被告多次交涉未果的情况下，被迫诉至贵院立案受理。明确责任，依法判决被告承担相应的民事责任，以维护消费者的正当权利，确保民事合同法律的严肃性。

此致
××市××区人民法院

具状人：张××
2018年3月16日

(1) 从规范的角度看，本起诉状在格式上存在什么错误？
(2) 本起诉状的事实和理由是否清楚？是否符合写作要求？

2. 阅读下面一份刑事上诉状，评析其存在的问题。

刑事上诉状

上诉人：李××，女，50岁，汉族，××市人，住本市××街××号。

被上诉人：朱××，男，60岁，汉族，××市人，住本市××街××号。

上诉人李××于2017年9月13日向法院起诉，控告被上诉人朱××一家行凶打人，致使其右肋骨折移位，要求法办上诉人朱××。

××法院在审理中，认为上诉人对所述伤害事实提不出确凿的证据。××法院并未深入进行现场调查，在场目睹群众因害怕报复而无人出面证明被上诉人有伤害上诉人的行为。因此，××法院认定本案证据不足，根据《中华人民共和国刑事诉讼法》第一百二十六条第三之规定，驳回起诉的判决是错误的。

上诉人请求人民法院为民作主，将被告人朱××判处有期徒刑2年。如若法院不予判决。上诉人将继续上诉至××地区中级人民法院。

上诉人：李××
2018年1月7日

3. 阅读下面一份答辩状，评析其不正确之处。

答辩状

答辩人：××市公安局××分局　地址：××区××大街34号

法定代表人：王××　职务：局长

委托代理人：李××　××分局法制办干部

被答辩人：夏××　女　住××市××区小红门龙爪村

案由：被答辩人夏××于2013年10月26日7时许，在××区××早市因交税问题与××区国税局二所干部曹××(女，34岁)发生矛盾，同年10月27日7时30分许，××区国税局二所领导将夏××

找到税务所谈话时,夏××用花盆将曹打伤,经医院诊断:胸腰段软组织挫伤,软组织轻度瘀血。依照《中华人民共和国治安管理处罚条例》第22条第一款,××公安分局对夏××处以行政拘留7天的处罚。后夏××于2018年4月10日向我局提出赔偿要求。经我局审查,其要求不符合《中华人民共和国国家赔偿法》的规定,故作出不予赔偿决定。现夏××又对我局提起诉讼,对此,特答辩如下:

1. 夏××因纳税问题用花盆将税务干部打伤,侵犯他人人身权利,造成伤害结果,事实清楚,证据充分,我局依照《中华人民共和国治安管理处罚条例》对其处以行政拘留7天的处罚程序合法,裁决得当,适用法律准确。

2. 我局依法对夏××进行处罚,没有触犯《国家赔偿法》的规定,故对夏××不予赔偿。

综上,我局要求法院依法驳回夏××的诉讼请求,同时诉讼费用由夏××承担。

答辩人:××市公安局××分局

2018年7月14日

五、情景写作题

1. 根据下列资料为原告起草一份起诉状,原被告住址自拟。

2018年5月24日,××市××开发建设公司与××市××区××旅馆订立了1份合同,由××市××开发建设公司对××旅馆经营处所进行装饰工程装修。工期自2018年6月1日至8月31日止。工程总承包费88万元。××旅馆于合同订立第二日支付工程款10万元,于6月30日前支付20万元,全部工程完工后5日内付清剩余工程款58万元。××市××开发建设公司按时完工,经××旅馆验收合格,并已交付使用。而××旅馆共仅付款44.3万元,××市××开发建设公司多次催讨未果,不得已起诉。

2. 根据下列案情写作一份上诉状,不明确的内容以"××"表示。

××县××乡××村村民何××与郭××的承包地相邻。其间有一条一米多宽的小道分隔。何××种的是蔬菜,郭××则自2010年起在其承包土地上改种杨树苗。不出两年,杨树苗长成6米多高。看到郭××杨树苗已影响到自己蔬菜的采光,何××便找郭××协商,请求其移走小路一侧的一批树苗。而郭××却说:"我的树种在自家地里关你什么事!"双方不欢而散。结果当年何××的大白菜就出现了不卷心的现象。初步估算损失达5 000余元。何××找村干部调解,未果。不得不起诉至法院,请求判决郭××移走杨树苗,并赔偿5 000元经济损失。一审法院审理后认为,原被告均有权自主使用其承包土地。任何一方均不能干涉另一方的用地行为,故判决驳回原告诉讼请求。何××不服欲提起上诉。

(法律提示:不动产的相邻各方为了正常的生产和生活,应互相给他方以必要的便利,为此,一方有权利用他方的不动产或请求他方排除妨害。)

3. 根据下列案情,代××中学书写一份答辩状。

2018年12月20日,某石膏模具厂与某市××中学签订了一份联合经营石膏制品合同。合同规定:联合经营期5年,由××中学提供厂房并负责销售,石膏模具厂提供技术和原材料。联营期内,石膏模具厂每月提取纯利润35%。任何一方不履行合同,处以投资总额5%的罚金。联营从2019年1月20日开始。双方都由承办人签字并加盖了公章,然后,双方都同意到公证处办理公证手续。

2018年12月21日双方派人到市公证处。此时,石膏模具厂承办人认为,制作石膏制品的技术不应向外泄露,如果由××中学提供厂房,在该校制作,肯定会将制作技术泄露出去。而××中学正想通过联营学会制作技术,不在校内制作就不联营。于是,双方在公证处发生争执。在这种情况下,公证处未予办理公证,1月20日未投入生产。

2019年4月21日,石膏模具厂向法院起诉。诉称:2018年12月20日,该厂与××中学签订联合

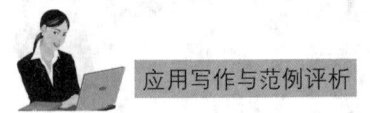

经营石膏制品合同。为了履行合同,石膏模具厂曾派人到外地采购原料和样品,仅差旅费就花去8 000元,××中学不履行合同,构成违约,要求××中学赔偿差旅费8 000元和购置的样品费15 600元,并按总投资的5%交付违约金,还要赔偿35%的纯利润及利息。

4. 根据下列案情材料,作为被告人张×的辩护人制作一份辩护词。

被告人张×,男,1998年7月30日生,汉族,某市高中二年级学生。

2016年7月20日下午,被告人张×在街上闲逛时,碰到邻居李×(男,23岁,无业),李×邀请张×到网吧玩游戏,以后一周几乎每天两人都在网吧玩到天亮。7月28日晚上10时,因无力支付网费被老板赶走,但二人仍玩兴未尽。李×对张×说:"还想不想再玩,我有办法去搞钱来。"当张×得知李×想抢钱时就一口回绝了。李×说:"又不用你动手,我会去搞的,你在旁边看着有没有人来就行了。没你的事情,放心好了。"经过李×的再三劝说,张×答应帮忙。晚上11时许,二人行至偏僻的东岳西路时,遇到某酒店服务员王×独自下班回家,李×在路边捡起一块黄砖,拦住王×,威胁其交出钱,否则砸死她,张×在一边望风。劫得王×100元现金后两人又返回网吧玩到天亮。7月30日晚上11时许,被告人李×带上张×至×新村居民区车库,由张×望风,李×用事先准备的钢筋钳钳断车库门锁,窃得本田摩托车一辆,销赃得款人民币5 000元,李×分给张真1 000元,其余由其支配。8月10日,张×在其母亲陪同下投案,如实交代了自己的全部犯罪事实,并且协助公安机关将李某抓获。

5. 根据下列案情材料,以原告代理人的名义,拟写一份代理词提纲。

被告丁×峰与原告丁×如系兄妹关系。原、被告自幼由父亲丁×成和母亲吴×抚养成人,兄妹二人先后于1993年和1997年成家。结婚后,被告住在其妻子家中,原告住在其丈夫家中,均与父母分居生活。父母靠工资收入维持生活,退休后靠退休金养老,从不要子女负担生活费。原、被告家原住4间旧瓦房,2004年,原、被告父母用多年积蓄下来的钱,将4间旧瓦房翻建成4间新瓦房,屋内装修也比较讲究,耗资7万元。4间新瓦房由父母居住。2006年7月,原、被告的母亲不幸病故,为母亲办丧事所花费用全部由父亲支付,兄妹二人均未花钱。2009年12月,原、被告的父亲突发心脏病住院治疗,兄妹二人轮流在医院护理,尽了子女孝敬老人的义务。父亲去世后,原、被告二人共同负责办理丧事,所花费用二人平均负担。

以上事实,××镇副镇长赵×、××镇××村××组组长赵×以及原、被告的姑母丁×香都有书面材料予以证实。以上3位证人均住在××镇××村××组。原、被告的父亲去世不久,被告丁×峰一家突然搬回家居住,占了父母留下来的4间新瓦房。原告对被告独占父母遗产的行为提出异议,并要求与被告共同等额继承父母遗产4间新瓦房,一人一半,各得2间,却遭到了被告的拒绝。被告说我们镇上从来都是儿子继承父母遗产的。这是几千年的老规矩,不能改变。

原告不服,到×县律师事务所咨询。王××律师听了原告介绍案情后说,丁×峰的做法、说法是不对的,不让女儿继承父母遗产,违反了我国现行法律的规定。我国《继承法》第9条规定:"继承权男女平等。"根据我国《继承法》第10条规定:原、被告都是第一顺序继承人,都有继承父母的遗产。王律师还说,你父亲生病住院期间,你和你兄长都尽了照顾老人的义务,而且平均担了丧葬费用,二人所尽的义务大体上相当,根据权利和义务一致的原则,继承的权利应当是平等的。原告认为王律师言之有理,于是决定委托王××律师作为诉讼代理人,到××人民法院提起诉讼。起诉日期为2010年2月6日。

当事人简况:

原告丁×如,女,44岁,初中毕业,××镇××工厂工人,住××县××镇××组×号,汉族,××省××县人。

被告丁×峰,男,47岁,初中毕业,××镇××工厂工人,住××县××镇××组×号,汉族,××省××县人。

第十章　商务文书

本章导读

商务文书是商业领域中用于处理商务事务、传播商务信息、协调商务活动的文书,又称经济文书。商务文书是从事经济活动的重要手段和工具,随着社会经济的繁荣发展,商务文书已广泛应用于社会经济的各个领域,成为当今经济活动不可缺少的重要组成部分。

商务文书除了具备一般应用文的特点外,还有着鲜明的政策性、专业性特征。商务文书以反映现实的经济活动为基本内容,在写作上必须严格遵循国家的经济政策与法律法规。商务文书写作往往要运用专业术语对有关经济活动进行定性、定量分析,体现出很强的专业性。商务文书也有很多种类,包括产品说明书、商业广告、招标书、投标书、经济合同、意向书、协议书、订货单、可行性研究报告、审计报告等。

本章着重介绍招标书、投标书、经济合同、意向书以及广告文案这些常用商务文书的写作。学习者在学练过程中,要熟悉这些文种的文体属性,掌握其写作方法与要领,提高写作商务文书的实际能力和水平。

第一节　招标书

一、文种述要

(一)概念

招标即招标人对货物、工程和服务项目事先公布采购条件和要求,以吸引众多投标人参加竞争,并按规定程序选择交易对象的行为。招标书指招标人通过公开招标方式征召采购者或合作者的文书,又称招标公告、招标通告、招标启事、招标通知书、招标邀请书等。

《中华人民共和国招标投标法》规定:"在招标投标活动中,招标人必须编制招标文件,投标人据此编制投标文件参加投标,招标人组织评标委员会对投标文件进行评审和比较,从中选出中标人。"由此可见,作为招标文件的主体文件,招标书直接关系到以后各环节能否顺利进行,对整个招投标过程起着重要作用。

（二）特点

招标书具有以下三个特点：

1. 公开性

招标内容公开，发布招标书公开，使招标活动具有较高的透明度，从而有效地防止腐败行为的发生，确保招标项目的质量。

2. 目的性

招标书通过对招标内容及其条件要求等作出具体规定并告知广大投标者，引入竞争机制，实现以最少的投入获取最佳经济效益的目的。

3. 指导性

招标书中招标项目、招标内容及其条件要求等的明示，一方面是为了吸引众多投标者，另一方面也为投标者制订可行的投标方案明确了方向。

（三）种类

按招标发行方式划分，招标书分为两种：公开招标书和邀请招标书。

公开招标书，是招标人以招标公告的方式邀请不特定的法人或者其他组织投标的文书。

邀请招标书，是招标人以邀请书的方式邀请特定的法人或者其他组织投标的文书，也称选择性招标书。招标人采用邀请招标方式时，应向三个及以上具备承担招标项目能力、资信良好的特定法人或其他组织发出邀请招标书。

二、写作结构

（一）标题

通常由招标单位名称、招标项目和文种三个要素构成。如《××大学关于采购学生组合床的招标公告》。也可省略招标单位或招标项目名称，如《建筑安装工程招标书》《××公司招标公告》。

（二）正文

1. 前言

简要说明招标的背景、目的、依据、项目名称（或产品名称）、规模（或批量）、招标范围等。

2. 主体

主体部分要翔实交代招标项目的基本情况、招标条件、招标程序、招标过程中的权利和义务、其他注意事项等内容。

招标项目是招标书的重点和核心部分，要详细介绍招标项目的内容。内容和要求依据招标类别而定。购买大宗商品，要写明标的名称、型号、数量、质量、规格等；工程建设的招标，要写明工程概况、规模、质量、设计、技术、材料、工期的要求和工程验收标准等。

招标条件一般说明招标人应该具备的条件，使潜在投标人明确自己是否成为投标人。

招标程序步骤一般包括招标的起止时间，以及开标的方式、地点、时间等。

最后写明招标过程中的权利义务以及其他注意事项。

3. 结尾

写清招标单位联系方式,包括招标单位名称、地址、联系人、联系电话、传真、信箱、网址等,必要时可写明开户银行和账号。有的招标书将招标人联系方式放至招标事项部分拟写。

(三) 落款

写明招标单位名称(如结尾部分已有招标单位名称,此处可免写)、招标书的制订日期。

范例评析

★ 例文1

××大学电梯维护保养招标公告

根据《中华人民共和国特种设备安全法》《电梯使用管理与维保规则》《××市电梯安全管理暂行办法》等相关安全管理规定的要求,××大学后勤保障部对电梯维护保养进行招标,以公开招标的方式择优选定维保单位,招标公告如下。

一、招标项目号:2016—18

二、招标方式:公开招标

三、招标内容

××大学电梯维保,其中主校区电梯4台,××校区电梯5台,××校区电梯4台,共13台。(详见招标文件)

四、维保期限

三年,自2016年1月15日—2019年1月14日(合同一年一签)。

五、投标人资格要求

1. 投标申请人必须具有独立法人资格,注册资金200万以上(附复印件,原件备查)。

2. 具有国家特种设备安装改造维修许可证、电梯作业证及电梯维保相应资质(附复印件,原件备查)。

3. 近两年高校维护服务的业绩证明(附合同复印件,原件备查)。

4. 投标人拥有稳定的专业技术支持队伍(附材料)。

5. 法人、委托人"近一年无犯罪记录证明"(附合同复印件,原件备查)。

6. 本项目不接受联合体投标。

六、报名领取标书须携带资料

1. 须提供法人营业执照副本、企业税务登记证副本、组织机构代码证副本(复印件加盖投标申请人公章)。

2. 公司简介、企业电梯安装及维修资质证书的复印件并加盖公章。

3. 法人代表授权委托书(企业法人代表除外)以及被授权人的身份证。

七、本项目投标最高限价:9.5万元,投标超过此价格一律废标。

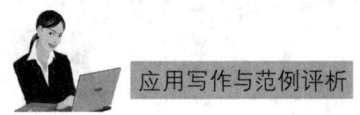

八、领取标书相关事宜

1. 领取标书时间:自公告之日起至2016年1月9日16时止。

2. 招标文件发放:纸质文件。投标单位领取招标文件时,需缴纳资料费每份300元(不退)。

3. 标书领取地点:××市××路×号××大学图书馆138室。

九、投标保证金

1. 投标前领取标书时缴纳人民币5 000元的投标保证金(用信封密封加盖印章),且缴纳单位名称必须与参加投标单位名称一致。

2. 中标的转为履约保证金,未中标的当场退还。

十、投标时间:2016年1月10日9:00—14:00。

十一、开标时间:2016年1月10日14:00。

联系人:×××

联系电话:×××××××

××大学招投标管理办公室

2016年1月6日

【简析】 这是一份比较标准的招标书,属于公开招标的方式。

招标书在前言部分简要说明了招标的依据、招标项目名称,正文部分以条款的形式写明了与招标相关的内容。首先写明了招标编号和招标方式,这让潜在的投标者了解到招标项目的合法性和可靠性。然后详细介绍了招标的内容、维保期限。标书中关于投标方的资格要求、报名领取标书须携带的材料、本项目投标最高限价、领取标书相关事宜、投标保证金、投标时间、开标时间、联系方式等相关信息都给予了具体、准确的说明,这让潜在的投标者都能够顺利有效地参与到投标活动中,体现了招标公开、公平、公正的原则。

本招标书内容详细周全,语言简明扼要,表述准确无误。

★ 例文2

招标邀请书

××××公司:

为保证××车站大修需要,按照路局物资处招投标管理办法的要求,经审核,贵公司符合投标要求,现正式邀请贵公司参加××房产建筑发展有限公司组织的××车站大修断桥铝窗更换投标。

一、招标方式:邀请招标。

二、招标内容:××车站断桥铝窗更换。

三、招标数量及技术要求:详见技术要求。

四、安装完毕日期:暂定2019年6月25日安装验收完毕。

五、供货地点:××火车站。

六、投标截止时间:北京时间2019年5月31日10点。

七、根据有关规定,投标单位要及时提供相关资料和文件,如没有中标不解释落标原

因,不退回投标文件。

八、招标日程安排

1. 标书

领取时间:2019年5月27日。

领取地点:××房产建筑发展有限公司材料科。

2. 开标

时间:北京时间2019年6月4日。

地点:××房产建筑发展有限公司二楼会议室。

其他详见招标文件,如有不详请及时与××房产建筑发展有限公司材料科联系。

联系人:×××

电话:××××××××

××房产建筑发展有限公司

2019年5月20日

附:投标人须知(略)

【简析】 这是一份对特定法人发出的招标邀请书。

该招标书与例文1不同的是,由于邀请对象的特定性,故在行文前有抬头。前言部分简要说明了招标的目的、依据,表明了邀请对方参加工程项目招标的态度。主体部分着重交代了招标方式、招标内容、招标数量及技术要求、安装完毕日期、供货地点、投标时间、招标日程安排等相关信息。其余信息用投标人须知(文中略)的形式告知,力求行文的简洁性。

本招标书结构完整清晰,表达明确,言简意赅,适宜邀请招标使用。

第二节 投标书

一、文种述要

(一)概念

投标书是指投标单位根据招标单位提出的条件和要求,向招标单位表明投标意向并许诺相关标准和条件的方案性文书。

投标书和招标书相对应,是整个投标过程中的关键环节。投标书的作用在于让招标单位了解投标者的资质能力、组织机构、技术力量、报价等基本情况,为评标提供依据。投标是否能获得成功,因素很多,但与投标书撰写得好坏有着直接关系。

（二）特点

投标书的特点主要有二：

1. 竞争性

招标单位对投标者的从优遴选，造成了投标者的竞争。投标书是一个比实力、比技术、比信誉、比价格、比能力、比策略的市场竞争工具。

2. 针对性

投标书应当针对招标书提出的实质性要求和条件作为响应性编制，以实现中标，达到与招标方签约的目的。

二、写作结构

（一）标题

由投标方名称、投标项目与文种三部分组成。如：《××公司承包××大学教学楼建设工程投标书》。也可省略投标单位或投标项目，如《××建筑工程公司投标书》《××建筑安装工程投标书》；或直书"投标书"。

（二）致送单位

即投标书的致送对象，按照招标书注明的联络单位书写，如"××工程招标办公室"。

（三）正文

1. 前言

一般说明投标的缘由，包括投标背景、依据、指导思想、投标意愿等，之后以承启语过渡到主体内容。

2. 主体

投标书的主体即投标事项，这是与招标书的内容相对应的。要紧紧围绕招标书的具体要求进行表述，作出愿意承担招标书所规定义务的意见表示，充分展示出本单位的实力和竞争能力，以便招标单位通盘考虑，认真权衡，从而取得竞标成功。内容通常包括：

项目指标：即承诺招标的内容，有关项目的名称、地点、数量、规格等。

项目报价：完成招标项目的总金额、单项价格。后附详细的报价单及收费项目明细。

完成时间：保证完成项目建设的工期或交易产品的交货期，具体的时间和总天数。

质量保证：能够达到的质量等级和标准以及保证质量的具体措施。

其他事项：回应招标书的其他内容，或提出服务条款等。

在具体写法上，可以采取表格形式，也可采取分条列项的形式，将有关内容依次陈述清楚即可。要注意所用数据明晰准确，所提目标确凿可信，所提措施切实可行。

3. 结尾

写明投标单位名称、地址、邮编、联系人、联系电话、传真等内容，以利于招标人联系。

（四）落款

正文右下方投标者签署、盖章，并注明投标日期。有的投标书还要由上级业务主管部门和公证监督机关签名盖章。

（五）附件

附件是投标书的一个重要组成部分。将有关不便写入正文的内容，如商品规格和价格、工程清单和标价明细表、担保单位名称以及银行开具的保证金保函、有关资格证明文件等，以附件的形式依次编上序号，分别列于文后。

范例评析

★ 例文 1

××水泥厂投标书

××建筑工程公司：

根据贵公司招标编号为 CSSCG－2018－103 的水泥采购招标文件，我方愿意按照招标文件的有关规定参加本批水泥的投标。

一、投标报价：单价 360 元/吨，总价为人民币 720 000 元。

二、我方承诺按照招标文件规定的产品执行标准和招标货物清单的条件要求承包该批水泥的生产、供应，并承担任何质量缺陷责任。

三、一旦我方中标，我方保证于文件规定的交货期 2019 年 12 月 21 日前移交全部货物。

四、如果我方中标，我方将按照招标文件的规定提交上述总价 5% 的银行保证金作为履约担保。

五、除非另外达成协议并生效，贵公司的中标通知书和本投标文件将成为约束双方合同文件的组成部分。

六、我方金额为人民币 20 000 元的投标保证金与本投标书同时递交。

投标单位：××水泥厂（盖章）

单位地址：（略）

邮政编码：（略）

电话：（略）　　　　传真：（略）

开户银行名称：（略）　　银行账号：（略）

开户行地址：（略）

投标单位：××水泥厂（盖章）

法人代表（签字）

2019 年 9 月 6 日

【简析】 这是物品采购投标书。

例文标题采取投标方名称加文种的形式。正文的前言说明了投标的根据，表达了投标意愿；投标事项部分从报价、质量承诺、交货时间、履约担保、约束说明、投标保证金等方面对招标书的条款作出一一响应；结尾处写明了投标单位的名称、地址、邮编、电话、开户银行及账号等。

全文规范醒目，内容周密完备，措辞缜密简明。

★ 例文 2

××单位培训楼工程施工投标书

××学院：

根据贵校兴建培训楼工程施工招标书和设计图的要求，作为建筑行业的×级企业，我公司完全具备承包施工的能力与条件，决定对此项工程投标。具体说明如下：

一、工程概况

工程名称	建筑面积(m^2)	层数	结构类型	跨度(m)	高度(m)	设备
培训楼	10 700	主体6 局部2	框架	全长80 宽40	主楼28 二层9	1. 基础系打桩水泥现浇梁柱板。2. 外墙全部玻璃马赛克贴面。3. 内墙混合砂。

二、标价（略）

三、主要材料耗用指标（略）

四、总标价

总标价××××元，每平方米造价××××元。

五、工期

开工日期：××××年2月5日。

竣工日期：××××年8月20日。

施工日历天数：547天。

六、工程计划进度（略）

七、质量保证

全面加强质量管理，严格操作规程；加强各分项工程的检查验收，上道工序不验收，下道工序决不上马；加强现场领导，认真保管各种设计、施工、试验资料，确保工程质量达到全优。

八、主要施工方法和安全措施

安装塔吊一台、机吊一台，解决垂直和水平运输；采取平面流水和立体交叉施工；关键工序采取连班作业，坚持文明施工，保障施工安全。

九、对招标单位的要求

招标单位提供临时设施占地及临时设施，我们将合理使用。

投标单位名称：××建筑工程总公司

单位地址（略）

邮政编码（略）

电　　话（略）

传　　真（略）

附件：本公司基本情况介绍

投标单位：××建筑工程总公司（公章）

×××年×月×日

负责人：李××（签字）

【简析】 这是工程建设投标书,是投标方根据招标文件的具体要求作出的愿意承包此项工程的投标承诺。

例文前言简要交代了投标依据、本单位资质和投标意愿;主体部分先介绍了工程简况,然后说明了标价、耗材指标、工期、计划进度等,对招标书作出了明确回答。这可以说是投标单位的正式报价单,是评标、决标的依据。本投标书还包括了保证工程质量的措施和达到的等级、主要施工方法、安全措施和对招标单位的要求。最后写明联系方式。文末附上公司基本情况,让对方对己方建立信心。

本招标书内容完整,格式规范,具有可行性和说服力。

第三节　经济合同

一、文种述要

(一) 概念

根据《中华人民共和国合同法》规定,经济合同是指平等主体的自然人、法人、其他组织之间设立、变更、终止民事权利义务关系的协议。

在当今繁荣而复杂的市场经济活动中,经济合同具有非常重要的作用。经济合同的本质内容,在于确认和调整当事人之间在商品生产和流通过程中相应的经济利益关系。经济合同是协作关系的具体反映,是管理经济的有效手段,也是合同各方保证完成经济任务、达到一定经济目的的有效办法。它有利于保护当事人的合法权益,维护良好的社会经济秩序。

(二) 特点

经济合同的特点有:

1. 合法性

合同的订立和履行,应是当事人受到法律保护和监督的合法行为。合同内容必须符合国家有关法律法规要求,即使订立的合同符合当事人双方的意愿,但如果损害国家利益和社会公共利益,也是非法无效的合同。

2. 合意性

合同是双方或多方当事人意思表示一致的法律行为,不是单方面的法律行为。当事人在合同关系中的法律地位是平等的。订立合同,应当遵循平等互利、协商一致的原则,任何一方都不得把自己的意志强加给对方,任何组织和个人不得非法干预。采取欺诈、胁迫手段或乘他人之危,使对方在违背真实意愿的情况下订立的合同是无效合同。

3. 约束性

经济合同是制约性文书,合同生效后,对双方当事人都具有法律约束力。当事人应当

按照约定履行各自的义务,不得擅自变更或者解除合同。当事人任何一方不履行合同,都要承担由此引起的法律后果。

(三)种类

根据《合同法》规定,按照性质和内容的不同,合同可分为15种,即买卖合同、供用电水气热力合同、赠予合同、借款合同、租赁合同、融资租赁合同、承揽合同、建设工程合同、运输合同、技术合同、保管合同、仓储合同、委托合同、经纪合同、居间合同。

二、写作结构

(一)标题

一般由"合同性质+文种"组成,即标明是哪一类合同。如《买卖合同》《借款合同》《租赁合同》等。有的点明标的物,如《建筑安装工程承包合同》。

(二)约首

约首包括合同当事人名称或者姓名。当事人的名称是指法人的名称,即签订合同单位的法定名称;当事人的姓名是指自然人的姓名。在当事人名称或者姓名前后注明双方约定的固定指代,如:"甲方"、"乙方"、"供方"、"需方"、"发包方"、"承包方"、"出租方"、"承租方"、"卖方"、"买方"等。开头空两格上下行排列书写。

(三)正文

正文部分一般包括前言与合同条款两个方面的内容。

1. 前言

主要写明签订合同的目的、依据。常见的写法如:"为了……根据《合同法》及有关政策规定,经双方平等协商,特订立本合同,以资共同遵守。"根据不同的合同内容,这部分在写法上可适当变化。

2. 合同条款

合同条款是合同的主体,即双方协商一致的内容,一般包括以下条款。

(1) 标的

标的是合同当事人权利和义务所共同指向的对象。如:购销合同的标的是货物,建筑工程承包合同的标的是劳务。所有的合同都必须有确切的标的,没有标的或标的不明确的合同,双方的权利和义务也就没有了确指对象,合同也就不能正常履行。

(2) 数量

数量是标的的具体指标,应当做到数字准确,计量单位精确。

(3) 质量

标的的质量需要规定得具体详细,对标的的技术指标、品种、规格、型号、款式、性能、外观、形态等都要有明确、具体和详尽的规定。

(4) 价款或者报酬

要明确规定单价和价款总额,以及由于履行合同所产生的其他各种费用(如包装费、折旧费、运输费、保管费等)的承担。

（5）履行期限、地点和方式

履行期限就是合同的有效期限，是合同法律效力的时限和责任界限。履行期限要明确规定年、月、日，以免引起争议或歧义。履行地点指交货、服务、付款等地点。履行地点要具体明确，不能含糊其词。履行方式是当事人履约的具体方式。履行方式也应具体明确，通常按照有利于实现合同目的的方式履行。

（6）违约责任

这是指当事人违反合同规定，不履行或者不能完全履行义务而应承担的经济责任或法律责任。应当充分估计有可能出现违约的各种现象，明确责任，以维护合同当事人各自的合法权益。

（7）解决争议的方法

执行合同过程中如果发生争议，可由合同当事人各方协商解决，或者由仲裁机构调解，或者由人民法院调解或判决。

以上是合同的主要条款。由于合同种类繁多、标的物复杂，这里的有些条款未必适用，有些内容在以上条款中又包容不了。因此，订立合同时应根据具体情况灵活变通。还可注明："本合同未尽事宜，由双方协商解决。"

（四）约尾

包括当事人的署名、印章、法定代表人签字（或盖章）；双方当事人联系方式、地址、开户银行及账号等；合同的签约地点和日期。

三、写作要求

合同一经签订，双方都得遵守。因此，在拟写合同时，要认真做好以下几点要求。

（一）条款要齐备完善

条款越具体、明确、周密，就越有利于合同的履行。因此，合同中双方的权利、义务以及其他条款都应当力求完备、周详，所有应该有的项目都应该列上，不能缺漏，不能含混不清。不少合同除主要条款外，还有很多其他约定条款，订立时要考虑周全，设想全面。否则，履行过程中就可能会发生争执，甚至最终难以执行。

（二）规定要具体明确

合同是规定双方当事人权利义务的法律文件，是执行的依据，因此，合同的规定必须具体明晰，毫不含糊。如在购销合同中，产品是按日、按旬还是按月、按季交货，计算毛重还是净重，是自提、包送还是代运，按什么比例和标准检验，是否要封存样品对照，等等，都要在合同中规定清楚。内容规定越具体，越有利于合同的履行。

（三）用语要准确严密

语句的表达要明白易懂、意义明确，切忌使用含混不清、模棱两可或可作多种解释的语句，以避免在合同的履行中出现不必要的争执和纠纷。合同中的用字要正确无误，做到不漏字、不多字、不错字。标点符号的使用上也要规范、准确，一字之差和标点错误都会造成履行合同时的争议。数字金额要大写，如果有总有分，至少总数要大写。

范例评析

★ 例文1

购销合同

订立合同双方：

××果品公司（以下简称甲方）

××××果园（以下简称乙方）

为了满足人民生活需要，促进果品生产和流通，经双方协商通过，特订立如下条款，以资共同遵守。

一、产品的名称、价格、数量、交货期

产品名称	单位	单价（元）	数量	交货期（×年×月）		
				上旬	中旬	下旬
青蕉苹果	公斤	1	450 000	200 000	150 000	100 000
酥梨	公斤	1.2	30 000	10 000	10 000	10 000
鸭梨	公斤	1.2	50 000	20 000	15 000	15 000
蜜桃	公斤	1.4	25 000	10 000	10 000	5 000
合计			555 000	240 000	185 000	130 000

合计货款：人民币（大写）

二、产品的规格质量。产品的规格，青蕉苹果和鸭梨每个直径不得低于6厘米，酥梨和蜜桃每个直径不得低于5厘米。碰伤不得超过5%，有虫的不得超过3%。各种水果要求在8成熟后采摘。检验方法以乙方为主。

三、产品的收购价格按上表所列价格执行，在执行过程中，如遇价格明显升降时，要经双方协商，产品的价格可在10%范围内浮动。

四、其包装由乙方负责用柳条筐包装，按时运至甲方所在地。其包装费用和运费均由乙方负担。

五、乙方应按合同的规定分期交货，按旬结算。

六、甲方应在乙方交货后3日内付款。

七、违约责任

甲方应负责任：

1. 如果甲方中途要求变更或撤销合同，应偿付乙方变更或撤销部分货款总值20%的罚金。

2. 根据双方规定的交货期，无故拒绝收货，应偿付乙方该批货物货款总值10%的罚金。

3. 未按合同规定的日期付款,每延期1天,应偿付乙方延期货款总额5%的罚金。

乙方应负责任:

1. 甲方在验收时,如发现水果的规格、质量、包装不符合合同规定的,应由乙方全部负责。

2. 如果在规定期限内不能如数交货的,应偿付甲方不能交货部分货款总值10%的罚金。

八、由于人力不可抗拒或确非单位本身造成的原因而不能履行合同的,经仲裁机关查实证明,免予承担经济责任。

九、以上条款经双方及行政管理机关盖印鉴证后生效,至合同完成时终止。

十、本合同一式三份。甲、乙双方各执一份,公证机关一份。

    甲方   乙方   公证机关

单位:×××(公章) ×××(公章) ×××(公章)

代表:×××(私章) ×××(私章) 经办人×××(私章)

地址:××××   ××××

电话:××××   ××××

电挂:××××   ××××

开户行:××××   ××××

银行账号:×××× ××××

                签订日期:××年×月×日

【简析】 这是一份某公司和某果园签订的水果购销合同。

这份合同标题由合同类别加"合同"组成,点明了合同性质。约首写明立合同人,导言写明立合同的目的,并说明订立本合同双方经过了友好协商。该合同由于涉及货品购销,因此对货品的数量、质量、交货日期、规格、包装、付款日期等方面达成共识,最后约定双方的违约责任。约尾包括双方当事人的名称、法定代表人、联系方式、委托代理人、签约日期。例文采取条款与表格相结合的形式,表格的运用化繁为简,一目了然。

本合同格式规范,条款具体,行文有序,表述尽意。

★ **例文 2**

房屋租赁合同

订立合同双方:

出租方:××××(以下简称"甲方")

承租方:××××(以下简称"乙方")

根据《中华人民共和国合同法》及有关规定,为明确甲、乙双方的权利义务关系,经双方友好协商一致,签订本合同。

第一条 甲方将自有的坐落在××市××街××巷×号第×栋房屋×间出租给乙方作××使用。房屋建筑面积××平方米,使用面积××平方米,类型××,结构等级××,完损等级××。

第二条 租赁期限及终止合同情形。

租赁期共×年,甲方从××年×月×日起将出租房屋交付乙方使用,至××年×月×日收回。

乙方有下列情形之一的,甲方可以终止合同,收回房屋。

1. 擅自将房屋转租、分租、转让、转借、联营、入股或与他人调剂交换的;
2. 利用承租房屋进行非法活动,损害公共利益的;
3. 拖欠租金×个月。

合同期满后,如甲方仍继续出租房屋的,乙方拥有优先承租权。

租赁合同因期满而终止时,如乙方确实无法找到房屋,可与甲方协商酌情延长租赁期限。

第三条 租金和租金交纳期限、税费和税费交纳方式。

甲、乙双方议定月租金××元,按年交,由乙方在每年的×月×日交纳给甲方。先付后用。甲方收取租金时必须出具收租金凭证,无收租金凭证乙方可以拒付。

甲、乙双方按规定的税率和标准交纳房产租赁税费,交纳方式按下列第×款执行。

1. 有关税法按××部发〔××〕号文件规定比例由甲、乙方各自负担;
2. 甲、乙双方议定。

第四条 租赁期间的房屋修缮和装饰。

修缮房屋是甲方的义务。甲方对出租房屋及其设备应定期检查,及时修缮,做到不漏、不淹、三通(户内上水、下水、照明电)和门窗好,以保障乙方安全正常使用。

修缮范围和标准按城建部〔××〕号通知执行。

甲方修缮房屋时,乙方应积极协助,不得阻挠施工。

出租房屋的修缮,经甲、乙双方商定,采取下述第×款办法处理。

1. 按规定的维修范围,由甲方出资并组织施工;
2. 由乙方在甲方允诺的维修范围和工程项目内,先行垫支维修费并组织施工,竣工后,其维修费用凭正式发票在乙方应交纳的房租中分次扣除;
3. 由乙方负责维修;
4. 甲、乙双方议定。

乙方因使用需要,在不影响房屋结构的前提下,可以对承租房屋进行装饰,但其规模、范围、工艺、用料等均应事先得到甲方同意后方可施工。对装饰物的工料费和租赁期满后的权属处理,双方议定:工料费由乙方承担,所有权属甲方。

第五条 租赁双方的变更。

1. 如甲方按法定手续程序将房产所有权转移给第三方时,在无约定的情况下,本合同对新的房产所有者继续有效;
2. 甲方出售房屋,须在三个月前书面通知乙方,在同等条件下,乙方有优先购买权;
3. 乙方需要与第三人互换用房时,应事先征得甲方同意,甲方应当支持乙方的合理要求。

第六条 违约责任。

1. 甲方未按本合同第一、第二条的约定向乙方交付符合要求的房屋,负责赔偿××元。

2. 租赁双方如果有一方未履行第四条约定的有关条款,违约方负责赔偿对方××元。

3. 乙方逾期交付租金,除仍应补交欠租外,并按租金的×‰,以天数计算向甲方交付违约金。

4. 甲方向乙方收取约定租金以外的费用,乙方有权拒付。

5. 乙方擅自将承租房屋转给他人使用,甲方有权责令停止转让行为,终止租赁合同。同时应交纳违约金,违约金标准以约定租金的×‰计,以天数为单位由乙方向甲方支付。

6. 本合同期满时,乙方未经甲方同意,继续使用承租房屋,按约定租金的×‰,以天数计算向甲方支付违约金后,甲方仍有终止合同的权利。

上述违约行为的经济索赔事宜,甲、乙双方议定,在本合同签证机关的监督下进行。

第七条 免责条件。

1. 房屋如因不可抗拒的原因导致损毁或造成乙方损失的,甲、乙双方互不承担责任。

2. 因市政建设需要拆除或改造已租赁的房屋,使甲、乙双方造成损失,互不承担责任。

若因上述原因而终止合同,租金按实际使用时间计算,多退少补。

第八条 解决争议的方式。

本合同在履行中如发生争议,双方应协商解决;协商不成时,任何一方均可向房屋租赁管理机关申请调解,调解无效时,向市工商行政管理局经济仲裁委员会申请仲裁,也可以向人民法院起诉。

第九条 其他约定事宜。(略)

第十条 本合同有效期限:××年×月×日至××年×月×日。

第十一条 本合同未尽事宜,甲、乙双方可共同协商,签订补充协议。补充协议报送市房屋租赁管理机关认可并报有关部门备案后,与本合同具有同等效力。

第十二条 本合同一式4份,其中正本2份,甲、乙方各执1份;副本2份,分别送市房管局、工商局备案。

出 租 方:××××(盖章)　　　　　承 租 方:××××(盖章)
法定代表人:(签名)　　　　　　　　法定代表人:(签名)
单位联系地址:××××　　　　　　单位联系地址:××××
电　　话:××××××　　　　　　电　　话:××××××
委托代理人:×××(签名)　　　　委托代理人:×××(签名)
　　　　　　　　　　　　　　　　　签订日期:××年×月×日

【简析】 这是一篇完整规范的房屋租赁合同样本。

这份合同由标题、约首、正文、约尾组成。第一至第十条为正文,分别写经双方协商约定的各自承担的法律责任、享有的权利、解决争议的方式和有效期。第十一、第十二条分别写未尽事宜的解决方式、执合同者及合同的备案单位。约尾包括双方当事人的名称、法定代表人、联系方式、委托代理人、签约日期。

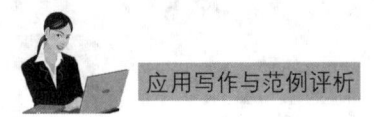

本合同条款具体，内容详细，全面包罗了房屋租赁合同的写作内容。合同的格式规范严谨，语言流畅明晰，措辞周密细致。

第四节 意向书

一、文种述要

（一）概念

意向书是当事人双方或多方之间在对某项事务正式达成协议、签订条约之前，通过初步洽谈而签署的带有原则性、用来表示合作意向的文书。

意向书往往显示了合作双方的诚意和意愿，同时也对双方的合作起着积极的促进作用。它为进一步正式签订协议奠定了基础，是协议书或合同的先导。目前，意向书被广泛应用于各种机构，包括企业之间、社会贸易组织之间、机关之间、国家之间，以及各种机构和个人之间。

（二）特点

意向书与合同、协议有所不同，它不具备法律效力，只有对立约各方的信誉约束力。一般说来，意向书有如下几个特点：

1. 协商性

意向书是合作方初步协商的结果，各方本着友好往来的态度进行平等磋商，从而达成有关协定，从内容到语言表达都具有协商色彩。合作各方在签署后，仍允许协商修改或放弃意向书条款。

2. 导向性

意向书只是对合作的主要事项表示双方基本一致的、比较原则的初步想法，不求一些具体问题分项列款表述，更不涉及具体细则，不像合同那样必须确定合作各方的权利与义务。

3. 临时性

意向书只是表达洽谈的初步成果，它是阶段性产物，只在初步洽谈以后到签订协议或合同这一段时间起作用。一旦签署了协议或合同，最终确定了各方的权利义务关系，其使命即宣告结束。

二、写作结构

（一）标题

一般由协作内容和文种组成，如《毕业生就业意向书》《××原料合资生产意向书》。也可在写作内容前标明协作各方名称，如《××产业公司、××有限公司合作经营朗天酒楼意向书》。还可直接写为"意向书"。

(二) 正文

1. 前言

简要写明签订意向的依据、目的；合作各方当事人名称；各方接触的大致情况以及洽谈后达成的一致意见等。然后用"双方达成如下意向"或"签署意向书如下"等语言过渡转入主体。

2. 主体

这是意向书的中心内容，主要将各方经过初步洽谈后达成的意向内容以分条的方式表述出来。主要包括：合作项目名称，合作的方式，合作的程序，合作各方的职责、利益分配，未尽事宜的解决方式等。

因为意向书不具备按约履行的法律效力，所以主体部分一般不写违约责任，也不规定有效期限。

(三) 落款

即签署部分，署明合作各方单位及代表的名称并签名盖章，完整写明日期。

三、写作要求

意向书作为合同或协议的先导，将会为下一步合作奠定基础，因而在写作时要注意以下几点。

(一) **态度要严肃、谨慎**

意向书虽不具法律效力，但所要达到的意向是各方今后进一步洽谈的客观、基本的依据，所以，应忠实于洽谈内容，本着对洽谈各方负责的原则，严肃认真地签订。同时，为了今后工作的更好开展以及合作各方的友谊常在，意向书文字应努力做到诚恳待人，谦虚谨慎。

(二) **内容要准确、简明**

意向书在签订后还会有进一步的具体合作，但在初步洽谈意见形成后，要对关键核心问题进行准确表述，周全表意，涉及数据及相关说明要简洁明了，使后续合作行为有据可依。内容上要尽可能突出各方协商一致的地方，至于不一致或有分歧的地方可省略不写。

(三) **语言要平和、灵活**

意向书内容不像合同那样带有鲜明的规定性和强制性，而是具有相互协商性质，故语言表述要平和。行文中要多用协商语气，不宜使用"必须"、"应该"、"否则"等词语。同时，要注意留有余地、掌握分寸，多使用"希望"、"初步"、"暂拟定"、"适时"等词语，以体现灵活性。

★ 例文1

开展多方技术经济合作意向书

×××对外开放办公室(甲方)与××市×××有限公司工贸发展部(乙方)，经双方协商同意,确定如下技术经济合作关系。

一、双方合作范围

1. 高科技产品开发。

2. 农副产品深加工与综合利用。

3. 外贸出口。

4. 合办第三产业。

5. "三高农业"项目开发。

6. 技术咨询。

7. 高新技术以及资金等方面的引进合作。

二、合作方式

双方本着互惠互利、利益共享、风险共担的原则,根据具体项目协商采用具体多种合作方式。

三、合作程序

由双方商定在适当时间,组团考察,根据考察结果共同拟订合作项目、方式、内容、步骤。

四、甲乙双方义务

1. 甲方负责提供资源、项目及资料和项目的落实。

2. 乙方负责提供合作开发项目的技术资料,组织有关技术力量,以及协调开发项目的有关关系。协助或代理甲方的产品出口,合作项目产品的出口,甲方所需或双方合作项目所需的设备、技术的引进。

3. 双方确定具体联络人员,进行经常的联络工作。

五、此意向书一式四份,甲乙双方各执两份。

甲方:山东×××对外开放办公室	乙方:香港×××有限公司工贸发展部
代表:×××	代表:×××
联系地址:××××××	联系地址:××××××
电话:××××××××	电话:××××××××

2018年×月×日

【简析】 这是一则技术经济合作意向书。

标题由项目和文种构成。前言写明签订意向书的单位,并用承上启下惯用语导入技术经济合作的各项意向。主体写合作的范围、方式、程序和双方义务等方面的意向性意见,分条列项标出各项内容,文尾写意向书份数、双方代表的签字、联系方式及日期等信息。

全文目标具有导向性,条款表现出原则性,为下一步进行实质性、具体性项目洽谈奠定了基础。

★ **例文 2**

××原料合资生产意向书

20××年×月×日,××市××公司××先生,与××市××厂厂长××、副厂长×

×就双方共同合作生产××原料等事宜,进行了多次洽谈。在此之前,双方在20××年1月,已经进行了初步接触。现将有关意向归纳如下:

一、由××市××公司提供适合××市××厂所需要的××粒子,以降低进口成本,提高××原料的品质。

二、合资经营××原料生产,年产量初步框定为××吨。

三、××原料的生产技术、设备由××公司提供,产品大部分返销出口,以求外汇平衡。

四、双方投资比例初步定为:××市××公司为60%,××市××厂为40%,利润按投资比例分成。

五、该合资生产项目,目标于20××年×月底正式投入生产。

六、双方在20××年×月×日前做好各自可行性研究报告的有关资料。20××年×月由××市××厂编写项目建议书上报上级部门,经批准后,即通知××公司。

七、本意向书一式两份,双方各执一份。于适当时候,双方再进一步商讨,以求可行性研究报告的正式完成。

甲方:××市××公司代表××(签章)
乙方:××公司××厂厂长××(签章)
20××年×月×日

【简析】 这是一份合资生产意向书。

前言简要写明时间、合作各方当事人名称、各方接触的大致情况以及洽谈后达成的一致意见等,后用"现将有关意向归纳如下"过渡转入主体。主体采用条款式,逐条说明甲、乙双方的合作意向,表述的内容不像经济合同那样详细、具体、周密,比较原则化。

全文表意清楚明晰,语言表述平和,都是以相互协商的语气来表述双方达成的具体意向。

★ 例文3

就业意向书

甲方(用人单位):××服装有限公司

乙方(毕业生):×××

丙方(毕业生所在学校):××职业技术学院

甲、乙双方通过供需见面、双向选择,达成如下意向。

一、甲方已如实向乙方介绍本单位情况,以及拟安排乙方工作岗位情况,并通过对乙方的了解、考核,同意录用乙方。乙方已如实向甲方介绍本人的情况,并通过对甲方的了解,愿意到甲方就业并在规定或约定期限内报到。

二、甲方录用乙方的方式为:聘用。

三、甲方为乙方提供的工作条件、劳动保护、劳动报酬及福利应符合国家有关规定。

四、本就业意向书一式三份,甲乙双方和学校各执一份。

甲方:××服装有限公司(章)　　　　乙方签名:××

人事部门签章：××　　　　　　　　联系电话：1318××××

联系电话：××××××××

学校鉴证签章：××职业技术学院（章）

联系电话：××××××××

2015年4月18日

【简析】 这是三方合作意向书。

正文前言、事项、结尾齐全。前言以上下排列形式说明了甲方、乙方、丙方的法定名称，并概括了签订意向书的背景；之后，逐条说明甲方、乙方的意向事项；结尾由三方联合签署。

这种意向书没有规定三方的权利和义务，只是合作意向，不具法定制约力。它与教育部统一印制的《全国普通高等学校毕业生就业协议书》有别。

第五节　广告文案

一、文种述要

（一）概念

广告文案又称广告文，有广义和狭义之分。广义的广告文案是指在广告活动中为广告所撰写的所有文字资料，包括广告策划书、广告预算书、广告调查报告，以及制作中的案头文字写作、脚本创作、音乐编创、美术设计、版式安排等工作。狭义的广告文案则专指广告作品的语言文字部分。本节介绍的是狭义的广告文案写作。

自从人类有了商品生产与商品交换，就有了广告。随着商品生产和科学技术的不断发展，广告的传播方式也在不断丰富和发展，当代广告的传播主要依附在各种大众传播媒体上。它的表情达意，已经综合运用了文字、画面、音乐、音响、造型、数字技术、编排等各种手段，以期形成强烈的艺术效果，从而打动、感染受众，最终达到广告目的。尽管如此，广告的文字写作仍然是其中无法缺少、极其重要的部分。

（二）特点

广告文案作为一种特殊的应用文，具有以下几个特性：

1. 功利性

这是广告文案的最大特点。广告文案创作的首要目的就是向消费者传递一些新的信息，将商品的特色、优点最大限度地传达给人们，让他们留下深刻印象，并促使人们采取购买行动。一切违反这一特征的广告文案，哪怕制作得再精美、再生动，也不是好的作品。

2. 针对性

不同的商品有不同的消费群体,不同的消费群体有不同的消费心理、消费习惯和消费行为。因此,广告文案的拟制往往针对不同的对象,有的放矢地设计和表达广告内容。只有针对性很强的广告,才能吸引公众的注意,从而最终实现广告目的。

3. 简明性

一方面,广告文案与消费者之间是一种被动接受关系,大多数消费者接受广告都是无意识的、不自觉的,简明的广告文案易于消费者在短时间内接受,有利于广告的传播;另一方面,可以节省广告版面或播放时间,以最少的费用收取最好的效果。

（三）种类

广告文案种类繁多,形式多样。依照不同的标准可以作不同的分类。

按照传播媒介的不同,可以分为印刷广告、广播广告、影视广告、互联网广告、户外广告。

按照商品所处的生命周期,可分为开拓期广告、竞争期广告、维持期广告。开拓期广告指新产品入市期间的广告,用来宣传新产品的用途、特点和使用方法,以争夺市场占有率;竞争期广告指产品处于市场成长期和成熟期的广告,用来宣传产品优势,扩大品牌知名度,促进市场占有率;维持期广告指产品处于市场衰退期的广告,用来宣传产品的厂牌、商标等内容,以力保市场占有率。

根据不同的直接目的,可以分为观念广告、促销广告和形象广告。观念广告指的是通过某种消费观念和社会观念的传达,在目标受众心目中建立或改变某种观念,借此促进商品销售的商业广告,或是倡导建立、改变某种观念的公益广告;促销广告是指运用各种途径和方式对产品的质量、性能、特点等进行诉求,以促进消费者消费欲望的广告;形象广告是指不直接促销产品或服务,而是以建立企业或品牌形象为直接目的的广告。

二、写作结构

广告文案属于特殊的应用文,没有统一的格式,其内容排列也比较自由。在一般意义上,一篇结构完整的广告文案通常由标题、正文、标语、附文组成。

（一）标题

广告标题是广告主题或基本内容的集中表现。它有点明主题,引人入胜,诱读正文,加深印象,促使购买的作用。因此,在拟制标题时,应从技术和艺术两个方面考虑。技术上考虑的是如何使广告标题醒目、形象,它要求把标题放在突出位置,字体的大小排列、色彩形状都要精心设计、妥善安排;艺术上考虑的是标题要准确、新颖、生动,构思独到。

广告标题有直接标题、间接标题和复合标题三种形式。

1. 直接标题

直接标题是以简明的语言直接介绍广告所要宣传的事物或情况。如:《家中有万宝,生活更美好》《上海三菱电梯,上上下下的关怀》。

2. 间接标题

间接标题是用含蓄、艺术的手法反映所要推销的商品信息,以吸引消费者的注意和兴趣。如:《一路等候,为您加油》(某高速公路加油站广告)、《寒冷与宁静的联想》(冰箱广告)。

3. 复合标题

这是直接标题与间接标题综合运用的新闻式标题。其特点是兼取直接标题、间接标题二者之长,互为补充。有引题+正题、正题+副题、引题+正题+副题三种形态。如:

哇——他们为什么要惊叫?!(引题)
全新64位数据库服务器(正题)

睡莲牌席梦思(正题)
给您带来金色的梦(副题)

万科城市花园告诉您——(引题)
不要把所有的鸡蛋放在同一个篮子里(正题)
购买富有增值潜力的物业,您明智而深远的选择(副题)

广告标题的表现形式多种多样,具体可采用新闻式、承诺式、询问式、悬念式、建议式、夸耀式等。

(二) 正文

广告正文是广告文案中的主体部分,它是广告标题的延续和细部展开的诉求。这部分或者对标题中提出的商品特色、消费者利益给予解释、说明和证实;或者对广告对象的特点、功能等进行细部介绍;或者详细表现广告对象的背景情况;或者告知受众获得商品或服务的途径和方法等。正文是广告文案传达产品和服务信息、树立广告产品和企业形象、促动消费者产生消费行为的主要诉求力量。其写作方法不拘一格,主要表现形式有以下几类。

1. 简介体

简明扼要地介绍企业的情况、商品的性能特点、服务的风格特色等。这种表现形式的特点是客观、冷静,有条不紊,多用于生产资料和技术服务的广告文案。

2. 新闻体

在特定的广告时间里,用新闻报道的写作笔法传达有关商品和服务的特定信息。其特点是借助广告形式加强广告的新闻性、权威性,增强传播效果。如汉光机械厂复印机的一则广告正文:

"随国家'极地号'南极考察船,历时199天,复印二三万余张,质量始终如一,无故障。"

3. 论说体

针对消费者认购前的心理活动规律,用充实的证据,符合哲理的逻辑思维来宣传商品或服务。其优点是逻辑思辨性强,有很强的说服力。如苏联《消息报》的一则征订广告的正文:

"《消息报》一年的订费可以用来:在莫斯科市场上购买924克猪肉,或在车里亚宾斯克购买1500克蜂蜜,或在各地购买一包美国香烟,或购买一瓶好的白兰地酒。这样的'或者'还可以写上许多,但任何一种'或者'只能一次享用,而您选择《消息报》将可以全年享用。事情就是这样,亲爱的读者!"

4. 文艺体

用散文、诗词、故事、童话、歌曲、曲艺、楹联等文艺形式进行写作。其特点是生动形象,有艺术气息,能够以情动人,颇富感染力。

5. 综合体

即打破文体界限,综合运用多种艺术手法或表达方式,在巧妙构思中达到晓之以理、动之以情的表达效果。如一则房地产公司的楼盘广告正文:

"假如有一天,女儿告诉你:一艘轮船从她的窗前驶过。你不必讶异,生活在观澜国际花园,天天不一样的水景,晨雾茫茫,春江花月。

观澜国际花园,板楼外形呈圆润的弧度,行如月牙,五栋弧板相互错落排列,精妙设计形成一种奇妙的景观——可观昆玉河的月牙板楼。淡黄的月牙板楼,现代而简洁,如音符般跃动。昆玉河水汤汤,西山逶迤起伏,观景长桥连起点点美景,楼仿佛从流动的自然里长出来的一样,一切的一切和谐了。"

这则广告正文既有论说文的特点,又有散文式的描写,而且创意巧妙,人情味浓,是一则成功的广告。

(三) **标语**

广告标语也称广告口号,是指表达企业理念或产品特征的、长期使用的宣传短句。广告标语在某种意义上说,就像企业的商标一样,是企业营销的一个重要标志。广告标语在整个广告文案中具有特殊作用。一个优秀的广告标语,不仅可以强化广告文的宣传主题,而且能使公众相互传咏,进一步扩大广告的影响范围。

广告标语与广告标题都是将产品或企业的特点高度浓缩概括而成,广告标题有时可以作为广告标语,有些广告标语就是直接从广告标题演变而来的。

广告标语与广告标题的区别在于:一是使用目的不同。广告标题配合不同时期产品推销的需要,重在诱导和吸引受众阅读正文;广告标语旨在塑造企业或产品形象,或者引导受众建立一种观念。二是适用范围不同。广告标题多用于对某种具体产品的宣传;广告标语则适用于对企业产品的整体宣传。三是使用时间不同。广告标题是短期使用,根据需要经常更换;广告标语相对固定,具有较长时间的连续性。四是形式要求不同。标语比标题更讲究顺口、流畅、言简意赅、易读易记,更讲究句子的锤炼、词语的推敲和音韵的和谐。

广告标语的表达技巧多样,常见的表现形式有以下几种。

1. 颂扬式

以直接陈述的方法,称赞商品或劳务的特征、优点,从而加深消费者的印象。如:"滴滴香浓,意犹未尽"(麦氏咖啡标语)、"喝了娃哈哈,吃饭就是香"(娃哈哈营养液标语)。

2. 号召式

以宣传鼓动性词句,煽起消费者的欲望,诱导和促使消费者采取购买行动。如:"要将牙病防,洁银帮你忙"(洁银牙膏标语)。

3. 情感式

以充满人情味的词句宣传商品或服务的优点,唤起目标消费者的情感体验。如:"威力洗衣机,献给母亲的爱"(威力洗衣机标语)、"放我的真心在你的手心"(美加净护手霜标语)。

4. 风趣式

以幽默、风趣的笔法强调商品或服务的特征,让消费者在欢笑中接受广告所传递的信息。如:"除了钞票,承印一切"(法国某印刷厂标语)。

写作广告标语要特别注意以下几点:一要简洁流畅。广告标语的目的旨在让消费者对商品、服务或企业有深刻印象,故语词要简短,且要注重节奏和韵律,以达到便于记忆、易于传诵的效果。二要突出个性。应结合广告主题,突出商品、服务或企业的特色,尽量使用形象化语言,使受众加深印象。三要鼓动性强。富于鼓动性,才有号召力,促使目标受众尽快采取消费行动。

(四)附文

附文也称随文,主要承担说明具体事宜的任务,诸如广告主的名称、地址、电话、传真号、邮政编码,广告物的批文、专利号、价格、销售或服务地点等,以便于消费者购货或联系。

需要说明的是,在现今的广告中,很多是结构不完整的。有的只有标题和附文,有的只有标语和正文、附文,有的只有标题和标语。一般说来,一则公众尚未认识的新广告,因追求信息含量,其结构比较完整;而有了声誉的老牌广告,由于其广告对象的性质、性能已被社会熟悉,有时只需广告标题或标语就成。

三、写作要求

广告文案作为一种独特的应用文本,在写作上有以下几点基本要求。

(一)追求客观真实

广告以代表企业、产品或服务宣传其性能,说服和劝诱消费者产生对应性消费为己任。因此,真实性是广告的生命所在、力量所在。追求广告信息的客观真实,这是广告活动的根本原则和基本规范。对此,《中华人民共和国广告法》有着明确规定。要做到真实性,首先必须实事求是地反映商品的特性、功能与价值,不能言过其实;其次,必须追求措辞的准确贴切,清楚明确,不能含糊不清。

(二)注重艺术独创

艺术独创是与众不同的首创,是广告人在广告运作过程中赋予广告作品以独特的吸引力和生命力的艺术力量。由于现代社会同类产品越来越多,同质化倾向愈演愈烈,信息社会的信息发布铺天盖地,一般的表现方式很难引起目标受众的注意,广告文案唯有注重创意表现,做到新颖独特,不落俗套,才能出奇制胜。艺术独创不仅仅体现在表现形式上,

也体现在信息内容上,形式和内容共同造就的独创、发觉现实中内在力量的独创才是真正的独创。

(三)体现有效传播

广告的有效传播,指的是广告经由表达、传播达到广告目的的过程。作为一种以说服和诱导目标消费者产生消费行为的信息传播活动,广告以销售的获得作为自己的最终目的。要做到广告的有效传播,最重要的一点就是紧紧抓住消费者的心理,有的放矢。消费者的心理需求,指的是消费者的兴趣、需要、动机、情感和态度等因素。消费者因不同区域、不同年龄、不同性别、不同文化素质、不同消费水平等的差异,心理素质大不相同。注意研究消费者的心理需求,可以使广告减少盲目性,增强针对性,真正体现有效传播。

范例评析

★ **例文 1**

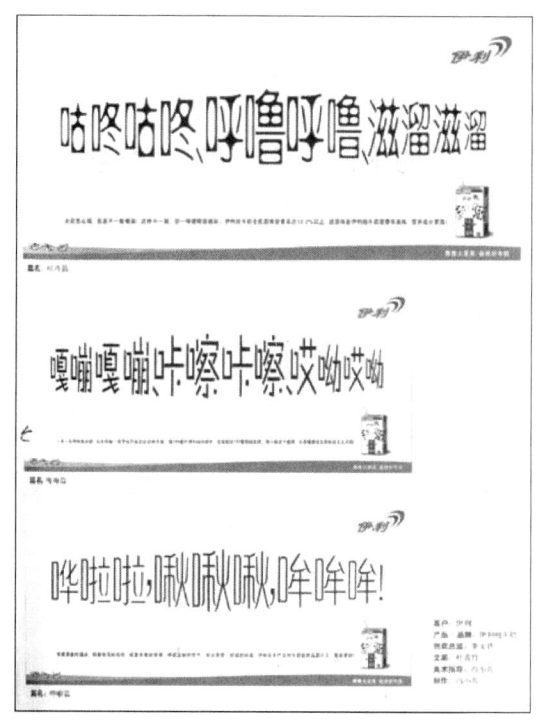

无论怎么喝,总是不一般香浓!这种不一般,你一喝便明显感到。伊利纯牛奶全乳固体含量高达12.2%以上,这意味着伊利纯牛奶更香浓美味,营养成分更高!

青青大草原　自然好牛奶

一天一包伊利纯牛奶,你的骨骼一辈子也不会发出这种声音。每1 100毫升伊利纯牛奶中,含有高达130毫升的乳钙。别小看这个数字,从骨骼表现出来的会大大不同!

青青大草原　自然好牛奶

饮着清澈的溪水,听着悦耳的鸟鸣,吃着丰美的青草,呼吸新鲜的空气。如此自在舒适的环境,伊利乳牛产出的牛奶自然品质不凡,营养更好!

青青大草原　自然好牛奶

【简析】　这是伊利纯牛奶平面广告文案,由三则系列广告构成。

这三则系列广告,除角落里的品牌标识及产品包装外,没有任何图形。画面中心,巧妙地利用汉字字型的精心编排设计,通过一系列的象声词,分别表现人们迫不及待地喝牛奶的声音,因缺钙而导致的骨骼碎裂的声音,以及乳牛在舒适的环境中惬意地吃草哞叫的声音,调动受众的想象和联想,形成视觉冲击力。而广告文案又对画面主体文字作了形象的说明、注释和深化,道出了伊利纯牛奶诱人的浓香、纯真精美的品质和饮用后的效果及其根源,非常有说服力,很能打动消费者。广告口号"青青大草原 自然好牛奶"的反复运用,让人不禁联想翩翩,那美丽的草原孕育出来的牛奶,纯正而自然,口感美味,让人情不自禁要品尝一番,有了购买该产品的渴望。

广告运用文学语言,与背景画面一起,营构了一种韵味无穷的审美空间,产生了独具个性的消费魅力。

★ 例文 2

三毫米的旅程,一颗好葡萄要走十年

三毫米,
瓶壁外面到里面的距离。

不是每颗葡萄,
都有资格踏上这三毫米的旅程。
它必是葡园中的贵族;
占据区区几平方公里的沙砾土地;
坡地的方位像为它精心计量过,
刚好能迎上远道而来的季风。
它小时候,没遇到一场霜冻和冷雨;
旺盛的青春期,碰上十几年最好的太阳;
临近成熟,没有雨水冲淡它酝酿已久的糖份;
甚至山雀也从未打它的主意。
摘了三十五年葡萄的老工人,
耐心地等到糖粉和酸度完全平衡的一刻
才把它摘下;
酒庄里最德高望重的酿酒师,

每个环节都要亲手控制,小心翼翼。
而现在,一切光环都被隔绝在外。
黑暗、潮湿的地窖里,
葡萄要完成最后三毫米的推进。
天堂并非遥不可及,再走
十年而已。

地道好酒　天赋灵犀
(附文略)

【简析】 这是长城葡萄酒的一则平面广告文案。

这则广告采用悬念式标题,让受众充满了好奇:"三毫米的旅程"是什么?三毫米和十年,距离如此短,时间如此长,这种巨大反差,让人迫不及待想在文中找到答案。看完正文才知,三毫米指的是酒瓶的厚度,瓶身三毫米,瓶里瓶外是葡萄不同的状态,从葡萄变成葡萄酒用了十年时间。全篇以葡萄酒为主人公,从不同维度描述了长城葡萄酒的品质、产地、种植位置、生长过程、采摘时间、酿酒师以及酿酒环节的把控,到进入地窖十年才有了现在我们看到的瓶里的长城葡萄酒。让受众知道葡萄酒是怎么酿制出来的,他们对葡萄酒的品质要求有多严格,这个制作流程经历了怎样的漫长过程。广告标语"地道好酒 天赋灵犀"进一步强化了广告的宣传主题。

广告用一幅幅美丽画面生动形象地传达了长城葡萄酒从选材到生产的一系列过程,简洁稳重,大气开阔。最触人心弦的是广告的立意:三毫米的旅程,一颗好葡萄要走十年。就像是在形容长城葡萄酒的老工人,反映出制酒人的真诚与辛勤,提升了长城葡萄酒的境界。

★ **例文3**

(出恐怖气氛的音乐,压低混播)
一个寂静的深夜,
(音乐继续,出低沉缓慢的脚步声)
一条窃贼的阴影。
(音乐继续,出吱呀呀的开门声,室内脚步声)
一双罪恶的黑手,
(音乐继续,出开保险柜声,盗窃纸声)
一鸣惊人的警铃。
(警铃突出三秒,戛然而止)
白:防盗、保险,
请用猎犬牌防盗报警器。
猎犬牌报警器,
保您的文件和财产
防盗,安全!

【简析】 这是一则猎犬防盗报警器的广播广告文案。

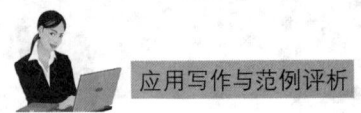

广播广告是由语言、音响和音乐三大要素组合而成的。在这种组合中,语言是主角,处于中心地位,音响、音乐为语言表现服务。广播广告设计,就是要不断寻求语言与音响、音乐这种主配关系的最佳组合。

这条广告只有 50 秒钟,三要素的组合运用天衣无缝、浑然一体。广告前半部分,节目音乐始终烘托渲染恐怖的气氛,混以 4 个排比短句,精辟准确地点出时间、人物、事件、结果,特定环境音响应时出现。这里,语言、音乐、音响运用得和谐贴切。没有音乐语言的渲染就无法造成恐怖的气氛,没有人声语言的描述就点明不了场景事态,没有音响语言的配合就表现不出人物的动态。全文没有动作描写,而低沉缓慢的脚步声,吱呀呀的开门声等特定的音响,填充了人声语言的空白,给听众留下了一个广阔的想象天地,具有夺人的艺术魅力。

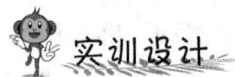

一、选择题(单选或多选)

1. 招标书的重点和核心是( )
   A. 招标项目　　　　　　　　B. 招标条件
   C. 招标程序　　　　　　　　D. 招标过程中的权利义务
2. 合同的前言一般包括签订合同的目的或签订合同的( )
   A. 姓名　　B. 依据　　C. 主要条款　　D. 次要条款
3. 合同的首部包括( )
   A. 双方签订合同的依据　　　B. 双方签订合同的目的
   C. 订立合同双方的名称　　　D. 订立合同双方的名称及代笔人姓名
4. 双方或多方之间在对某项事务正式签订条约之前,通过接触而形成的带有原则性、用来表示合作意向的文书是( )
   A. 经济合同　　B. 投标书　　C. 意向书　　D. 协议书
5. 意向书只是草签的不是某项合作意愿的文书,它不具明确性,只具有( )
   A. 导向性　　B. 模糊性　　C. 临时性　　D. 多样性
6. 广告标题"第一流产品,为足下增光"属于( )
   A. 直接标题　　B. 间接标题　　C. 双式标题　　D. 复合标题
7. 广告标语"雀巢咖啡,味道好极了"是( )
   A. 号召式　　B. 情感式　　C. 赞扬式　　D. 综合式
8. 招标书的特点有( )
   A. 公开性　　B. 效益性　　C. 目的性　　D. 指导性
9. 投标书的特点有( )
   A. 公开性　　B. 竞争性　　C. 针对性　　D. 指导性
10. 意向书的写作中,必须注意( )
    A. 准确表述　　B. 语气平和　　C. 留有余地　　D. 多用肯定句

二、判断题

1. 招标人采用邀请招标方式时,应向两个及以上法人或组织发出邀请招标书。(　　)
2. 招标邀请书不必写明邀请单位的称谓。(　　)
3. 投标书应具有公开性和竞争性特点。(　　)
4. 投标书的前言一般交代投标背景、依据、指导思想、投标意愿等。(　　)
5. 为了方便正文说明,签订合同的双方可以简称为"我方""你方"。(　　)
6. 所有合同都必须有明确的标的。(　　)
7. 意向书是签订合同的先导,可为正式签订合同和协议打下基础。(　　)
8. 意向书的语言应精确周密,以避免法律纠纷。(　　)
9. 开拓期广告用来宣传产品优势,扩大品牌知名度。(　　)
10. 真实性是广告的生命所在。(　　)

三、简答题

1. 简述招标书的概念和特征。
2. 简述招标书正文部分的写作内容。
3. 简述投标书正文部分的写作内容。
4. 合同的主要条款有哪些?
5. 简述合同的写作要求。
6. 简述意向书的概念与特点。
7. 简述意向书的写作要求。
8. 简述广告标题与广告口号的区别。
9. 广告标语的写作要注意哪几方面?
10. 简述广告文案的写作要求。

四、阅读评析题

1. 请按照招标书的写作要求,指出下文存在的问题。

××政府采购中心投标公告

根据《中华人民共和国政府采购法》等有关规定,××政府采购中心受××职业技术学院委托,就电教设备项目进行国内公开招标,邀请有兴趣的合格投标人参加投标。

招标编号:2019050

采购组织类型:政府集中采购。

招标名称及数量:投影仪20台,电动银幕20张,电脑20台。

交货时间:所购设备合同签订后15日内交付。

购买标书时间:2019年7月9日至2019年7月20日。

购买标书地点:××大厦5楼。

投标截止及开标时间:2019年8月15日上午10点。

投标保证金:600元。

电话:××××××××
联系人:李××

××政府采购中心
2019 年 6 月 20 日

2. 请按照投标书的写作要求,指出下文存在的问题。

××公司投标书

女士们、先生们:
  我们认真研究了××××招标文件,对××项目所需货物我们愿意投标,并授权下述签名人××、×××,代表我们提交下列文件正本 1 份,副本 4 份。
  1)投标报价表。
  2)货物清单。
  3)技术差异修订表。
  4)资格审查文件。
  签名人兹宣布同意下列各点:
  1)所附投标报价表所列拟供货物的投标总价为×××美元。
  2)投标人将根据招标文件的规定履行合同的责任和义务。
  3)投标人已详细审查了全部招标文件的内容,包括修改条款和所有供参阅的资料及附件,投标人放弃要求对招标文件作进一步解释的权利。
  4)本投标书自开标之日起 90 天内有效。
  5)如果在开标之后的投标有效期撤标,则投标保证金由贵公司没收。
  6)我们理解你们并不限于接受最低价和你可以接受任何标书。
  投标单位名称:×××公司(公章)
  地址:××市××区××街××号
  电话:××××××××

授权代表:×××
××××年×月×日

3. 分析下面合同中存在的问题,并加以修改。

购销合同

需方:××百货公司
供方:××服装厂
  经双方协商,遵照《合同法》的有关规定,签订本合同,共同遵守执行。
  货物基本情况及销售总额:

品 名	牌 号	规 格	数 量	单 位	单价(元)	金额(元)
羽绒背心	梅花	90 cm 95 cm	5 000 5 000	件	200 210	205 000

  交货期限和地点:2018 年度,供方仓库。

交货方式:需方自提,运费需方自理。
产品质量和验收方法:以双方共同封存样品为准,提货时抽样检查。
结算方式:银行转账,货款在提货前一次性结清。

需方	供方
××百货公司(公章)	××服装厂(公章)
地址:××路××号	地址:××路××号
电话:××××××	电话:××××××
开户银行和账号:××××	开户银行和账号:××××

4. 分析下面这则优秀广告《别乱闯》,请指出该广告好在什么地方。

别乱闯,学一点它们相处的和谐

塞车、塞车、塞车、抢行、抢行、抢行……为什么不学会一些它们之间相处的和谐。在无人看管的路口,随意乱闯红灯,在高峰时段,争先恐后,车子挤在一起,谁也不让谁,道路越修越好,生活越过越甜,为什么我们自律的美德不能越来越高呢? 祥和的轨道是通向我们事业的明天。

五、情景写作题

1. 根据下列材料,为××公司写一份招标书。

××公司拟新建职工食堂一座,该食堂位于××公司职工宿舍西侧,拟采用钢框架结构,总建筑面积1476平方米。要求参加投标的施工单位具有建筑工程施工总承包及钢结构工程专业承包三级及以上资质。招标文件于2019年1月15日下午2:00至2:50于××公司综合楼414室报名购买,2019年1月15日下午3:00时安排勘查现场。评标时间为2019年1月19日上午9:30时于××公司综合楼414室进行。招标文件售价为人民币300元。本次投标另需交纳2 000元投标保证金。

2. 根据上述材料,为××建筑工程公司写一份投标书。

3. 根据下面的内容,拟写一份合同,要求格式正确,结构完整,语言规范。

2019年3月6日,××大学向××灯具公司订购150盏单臂路灯,尺寸为高5米,壁厚4厘米,灰色,要求用硬纸板箱包装。灯具公司负责于2019年5月17日前将路灯运到由××大学指定的安装地点,其包装费和运输费均由灯具公司负担。每盏路灯的价格为2 000元,货款在交货当日现金支付。所供货物必须符合国家标准和现行行业标准,供货时灯具公司需向××大学提供产品出厂合格证和质量认证书。如因不可抗力因素不能如期交货,灯具公司应及时通知××大学,并互相协商修订合同。该合同一式四份,双方各执两份。

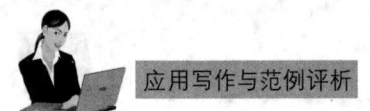

4. 根据下列材料,为该电力公司拟写一份合作意向书,题目自拟,字数要求500字以上,内容可适当扩充。

××电力公司与国外××公司通过协商,欲在中国××市××开发区建立××电力设备有限公司,主要从事各类开关及成套设备生产和销售。此合资企业由两方投资兴建,总投资××万元人民币,××电力公司投资占××%,××公司占××%,预计投产后年产值可达××万元人民币,利润××万元。生产场地和厂房由××电力公司提供,主要生产设备及产品设计、制造工艺、质量检测等技术资料由××公司从国外提供,其应为目前世界先进水平。

5. 根据下列背景资料,为某房地产公司写一份报纸广告文案,要求广告标题、口号、正文、附文格式完整,正文字数不少于150字。

某房地产公司欲在城西的××山下、××河边构筑多层、小高层及商住两用的住宅群,面积约为110亩;该地块紧挨新大学城,交通较为便利,路对面即为一所省一级重点中学。该公司已为×城建筑多处住宅小区,环境设计幽雅,设计理念先进。

第十一章 讲话类文书

本章导读

讲话类文书是在有关会议和礼仪场合发表讲话时使用的文稿,通常用于直接的、面对面的信息传播。讲话质量的高低反映了讲话者素质水平的高低,不仅直接影响讲话者的形象,而且也影响机关组织的形象。写好此类文稿,既是各级领导干部应具备的能力,也是文秘工作者的一项基本功。

与其他应用文相比,讲话类文书具有针对性、口语性、互动性特征。讲话类文书种类较多,主要包括讲话稿、开幕词、闭幕词、欢迎词、欢送词、答谢词、祝贺词、主持词等。其中,讲话稿是就狭义而言,专指领导人在各种会议或活动上发表的带有宣传、指示、总结性讲话的文稿。

通过本章学习,学习者要熟悉此类文书相关文种的文体属性,掌握其写作方法与要领,提高写作此类文书的实际能力与水平,在学练过程中体会以讲话类文书作为工具与不同单位和群体进行信息交流的艺术。

第一节 讲话稿

知识精讲

一、文种述要

(一)概念

讲话稿有广义和狭义之分。广义的讲话稿是所有讲话类文书的统称,狭义的讲话稿专指领导人在各种会议或活动上发表的带有宣传、指示、总结性讲话的文稿。本节所介绍的讲话稿即指狭义的讲话稿。

讲话稿是一种常用的应用文体,其主要功能包括:指导、总结和部署工作;学习、宣传、贯彻中央或上级的指示、方针、政策,以及新的法规、措施;表彰先进,鞭策后进,发动群众,鼓舞士气;讨论和研究工作,提出见解和主张等。

(二) 特点

1. 针对性

讲话稿的内容受会议主题、讲话者和受众等因素决定。在写讲话稿之前，必须要了解会议的主题、性质、议题，讲话的场合、背景，领导者的指示、要求，听众的身份、背景情况等。

2. 口语性

讲话是讲话者与听众面对面的信息传播手段，它不靠文字传递信息，过多的书面语言会成为与听众交流的障碍。因此，讲话稿应当尽量使用通俗的口语，做到朗朗上口、简短明确、亲切感人。

3. 互动性

讲话稿不是单向性的，而是与听众的相互交流。讲话者与听众之间的互动，不仅是信息间的交流，还是情感间的交融。讲话稿要靠明确的思想引领听众，靠真挚的情感感染听众，以此激发听众共鸣，达到互动效果。

(三) 种类

按照会议或活动内容的不同，可把讲话稿分为工作会议类讲话稿，庆祝、纪念会议类讲话稿，表彰会议类讲话稿。

工作会议类讲话稿，是领导在各种会议上发表的对前一阶段工作情况进行归纳总结，对下一阶段的工作目标、任务、重点、措施等进行研究部署的讲话稿。

庆祝、纪念会议类讲话稿，是领导在纪念某一历史事件、历史人物或重大庆典等纪念性会议上所发表的讲话稿。

表彰会议类讲话稿，是领导人在表彰大会上，对先进人物和先进集体的事迹进行表彰，号召大家共同学习先进、弘扬精神等为内容的讲话稿。

二、写作结构

(一) 标题

讲话稿的标题分为两种：

1. 单标题

一般由讲话者、会议或活动名称(或讲话场合)、文种组成，如《×××在全市教育工作会议上的讲话》；也可以省略讲话者，如《在××公司成立15周年庆祝大会上的讲话》。

2. 双标题

由正标题和副标题组成。正标题一般用来概括讲话的主旨或主要内容，副标题则与第一种的构成形式相同。如《学习好宣传好贯彻好新会计准则——××在企业会计准则培训班上的讲话》。

(二) 签署

署名于标题下居中排布，署名上方或下方标明日期。如标题中已写明讲话者，可不署名。署名与日期有时也可标在文末。

(三) 称谓

根据会议的性质、与会者的身份而定。对听众称谓的排列顺序通常是：身份，由高到

低;性别,先女后男。尽可能覆盖全体参加对象。常用称谓有:工作会议使用"各位领导、各位员工"、"同志们"等;专业会议使用"各位代表"、"各位专家学者"等;社交活动场合使用"女士们、先生们"、"朋友们、同志们"等。

(四)正文

1. 开头

讲话稿的开头灵活多样,随语境的不同而不同,要根据不同的会议或活动内容以及特定听众的需求精心设计。常用的开头形式有:开门见山,直奔主题;交代背景,引出话题;作出评价,引出主题;叙述故事,带出观点;抒发情感,感染听众;渲染气氛,奠定基调等。

2. 主体

根据会议内容和发表讲话的目的而定。

工作会议类讲话稿,可以重点阐述如何领会文件指示、会议精神;可以通过分析形势和明确任务,提出搞好工作的意见;可以结合本单位情况,提出贯彻上级指示的意见;可以对前面其他领导人的讲话作补充讲话;也可以围绕会议的中心议题,结合自己分管的工作谈看法等。

庆祝、纪念会议类讲话稿,既要肯定和颂扬历史事件的重大意义和历史人物的丰功伟绩,还要立足当前,面向未来,揭示其现实意义,对继承光荣传统,弘扬革命精神提出具体要求。

表彰会议类讲话稿,既要对受表彰个人和集体的先进事迹进行阐释和肯定,还要对大家进行号召鼓励。

主体部分是作者思维层次、推理水平、表述能力的综合体现,要注意论点明确,脉络清晰、逻辑严密、针对性强。

3. 结尾

结尾用以总结全篇,照应开头,发出号召,或者征询对讲话内容的意见或建议,等等。

三、写作要求

(一)明确对象,有的放矢

领导讲话是面向一定数量的听众发表自己的观点,有听众就要考虑听众的心理,因此,写讲话稿必须明确对象。一方面要了解听众是哪些人,他们的思想状况、文化程度、职业状况怎样。另一方面,还要了解听众的心理、愿望和要求,尤其要了解他们最关心和迫切需要解决的问题。只有掌握了讲话对象的基本情况,才能确定讲什么和怎样讲,才能写出有针对性的讲话稿。这样的讲话才能解决实际问题,达到宣传教育的目的。

(二)中心突出,抓住重点

讲话人要说的话和听众要听的事情很多,如果事无巨细,不分缓急,什么都写到讲话稿里,势必什么事情也说不清楚。因此,领导讲话稿一定要中心明确,并紧紧围绕中心论点来选材、说理或论证,使讲话稿结构完整,脉络清楚,层次分明,中心突出,逻辑性强。这样的讲话才能给听众留下深刻的印象。

(三)生动感人,通俗易懂

领导讲话的重要特征之一是具有鼓动性、说服力和感染力。领导干部是要通过自己讲述的内容来激起听众的注意和思索,从而接受自己的观点。语言方面,不仅要求高度精练和准确,而且要特别讲究生动感人和通俗易懂。要绘声绘色,形象生动,寓教于乐,力求充满感情色彩,在心理上、情绪上与听众息息相通,能引起听众感情的共鸣。同时,要注重把书面用语口语化,概念的东西形象化,做到明白如话。

★ 例文 1

在公司成立十周年庆祝大会上的讲话(节选)

×××

2018 年 1 月 10 日

同志们,朋友们:

十年芳华氤氲,十年风雨兼程。今天,我们怀着无比喜悦和激动的心情,在这里隆重集会,庆祝新钢铁成立十周年。在此,我谨代表公司党政工,向在座的各位表示诚挚的问候!并通过你们向全公司干部职工、家属以及与新钢铁休戚与共的配套企业、协作单位的朋友们致以美好的祝愿!

数易春秋,韶华匆匆;几载耕耘,硕果累累。3 600 多个日日夜夜,我们携手,从筚路蓝缕处走来,历经了创业的艰辛,也饱尝了丰收的喜悦。十年前,肩负着湘钢"做精做强、战略转移"的使命,××新钢铁应运而生。2008 年的今天,第一批来自伟人故里的 78 名"南下干部"踏上阳春这片多情的土地,在当时还是一片荒凉的南山山坳,践行"三高一低",实施"五边工程",运作"招兵买马",开启了艰苦奋斗、可歌可泣的创业历程。先后克服了雨水泛滥成灾、地质结构复杂、资源极度缺乏以及许多无法预知的困难,抢工期、大会战、备生产,最终创造了次年投产、第三年达效的行业奇迹。到今天,通过全体同仁的不懈努力、久久为功,新钢铁从无到有、由弱变强、快速成长,生产水平和盈利能力不断提升,品牌价值与社会影响与日俱增,各项工作取得了喜人的成绩和长足的发展。

　　企业综合实力显著增强。……(略)
　　品牌价值得到充分体现。……(略)
　　企业管理紧跟改革步伐。……(略)
　　党的建设助力企业发展。……(略)
　　职工待遇得到明显改善。……(略)
　　企业社会影响不断扩大。……(略)

十年芳华路,千里锦绣篇。新钢铁十年的成就和辉煌,是上级领导高瞻远瞩、科学谋划的结果,是公司管理团队顺势而为、锐意进取的结果,更是全体新钢铁人团结一心、艰苦奋斗的结果。在此,请允许我代表公司党政工,向所有关心、支持新钢铁建设发展的各级领导和社会各界朋友表示衷心的感谢!向一直以来默默付出、挥洒汗水的广大干部职工表示衷心的感谢和由衷敬意!向与新钢铁携手并进、休戚与共的配套企业、协作单位的辛

勤付出表示衷心的感谢！

新钢铁十年的风雨历程，是一部新钢铁人用心血和汗水凝结成的创业史诗；十年的砥砺奋进，是新钢铁人荣耀终生的永久纪念。十年的践行责任，既为我们创造了不同凡响的辉煌物质成就，更给我们留下了独具特色的宝贵精神财富。

十年的践行启示我们，必须始终坚定发展信念，紧跟时代节拍，这是新钢铁事业成功的强大精神动力。……（略）

十年的践行启示我们，必须始终坚持艰苦奋斗，传承传统文化，这是新钢铁克难制胜的传家之宝。……（略）

十年的践行启示我们，必须始终坚持依靠方针，打造坚强团队，这是新钢铁持续稳定发展的根本保证。……（略）

十年的践行启示我们，必须始终坚持改革创新，培育核心竞争力，这是新钢铁应对危机的必由之路。……（略）

创业艰难百战多，南国烽烟正十年。此时此刻，作为首批来到××团队当中的一员、作为全程亲历企业建设发展的一员，我心中百味杂陈、感慨万千。这是新钢铁的芳华十年，也是我们的芳华十年。我们无法抵挡许多事物的发生和改变，就像无法抵挡时光一样。逝者如斯——比如，他乡已成故乡，故乡变为远方；比如，细纹刻上额前，青丝染了白霜。来者亦如斯——比如，寒冬总会过去，春天终将登场；比如，获评制造百强，入围绿色工厂。靡不有初，鲜克有终。十分庆幸和值得自豪的是，我们没有辜负湘钢父老乡亲的那份重托，没有辜负南来的使命和梦想，我们没有失去最初的信念与坚强。当然，这里并非终点，我们要打造"百年老店"，我们要让新钢铁这艘巨轮行驶得更远。合抱之木生于毫末，千里之行始于足下。我们知道，汗水比泪水更有营养，行动比空想更有力量；我们相信，虽然目标很远，尽管道阻且长，跋涉方能抵达，行者方可无疆。

新时代，新目标，新气象。今天的庆祝大会，既是回首过往，也是再度启航。当前，站在一个新的历史起点，企业迎来十分难得的市场机遇和发展机遇，处于转型升级、阔步向前的关键阶段。公司上下要认真学习贯彻十九大精神，以习近平新时代中国特色社会主义思想武装头脑，既看清形势又把握大势，以供给侧结构性改革为引领，严格执行安全、环保、质量、能耗等各项法规和要求，在"引领华南"的画卷上浓墨重彩，在"升级发展"的征程上再立新功。

做精做强、升级发展，是新钢铁打造"百年老店"的必由之路，是我们伟大使命的必然要求。2017年，新钢铁已经初步擘画了蓝图，将在今后的时间里一步步变为实现。综合考虑内外形势与条件，我们大致将分两个步骤来完成。

第一步：……（略）

第二步：……（略）

雄关漫道真如铁，而今迈步从头越。十年风雨，是经历更是洗礼；宏业远图，是激励更是使命。回首走过的道路是为了更好地踏上征途。今天，我们在此纪念公司成立十周年，而最好的纪念就是，巩固既有发展成果、发扬艰苦奋斗精神，锐意进取、不断拼搏，夺取未来的更大荣光。与此同时，我们还要明白，前景固然多姿多彩，过程必将曲折艰辛。所以，我们必须保持危机感和警惕性，强化责任感和使命感，再度启航、继续前进。

一是要时刻保持"居安思危、居危思存"的危机意识。……（略）
二是要坚决贯彻"低成本、高品质"的企业战略。……（略）
三是要始终履行"创造价值、幸福员工"的企业使命。……（略）

岂知春霁好，万物动芳华。

我们坚信，有上级领导的关怀，有各界朋友的支持，有十年发展的基础，有广大职工的努力，把新钢铁建成华南地区线棒材重要生产基地及引领者的目标必将实现！

我们坚信，在"国家跨入新时代，企业步入新时期"的历史方位上，只要我们把握大势，抢抓机遇，保持战略定力，继续一往无前，就一定能够开创更加辉煌的明天！

我们坚信，在"再度启航"的征途上，只要我们不忘初心，不畏艰险，艰苦奋斗，砥砺奋进，一定能够创造出我们心之向往的幸福生活，一定能够不负我们伟大的使命，不负这个伟大的时代。

最后，衷心祝愿各位身体健康，万事如意！祝广大职工和家属生活美满，家庭幸福！祝所有关心、支持、参与新钢铁建设和发展的同志们生活愉快，工作顺利。

【简析】 这是一篇庆祝会议类讲话稿。这类讲话稿的主要功能是回顾历史和工作奋斗历程，展望未来，提出希望，鼓舞士气。

文稿开宗明义，点明了本次大会的庆祝主题，并向全体与会人员表示问候，向有关方面表示祝愿，突显大会祝贺的气氛，这是庆祝会议类讲话稿的惯用开头模式。主体部分，首先回顾了公司十年来的艰辛创业史，从企业的综合实力、品牌价值、管理水平、党建工作、职工待遇、社会影响等方面总结这十年取得的骄人成绩，并向有关各方的大力支持和辛勤付出表示衷心的感谢，其情感交流体现了讲话稿的互动性特征；其次概括了十年创业史所留下的"宝贵精神财富"，行文上连用四个"十年的践行启示我们"，句式整齐，恢宏大气；再接着联系现实，擘画蓝图，提出了"做精做强、升级发展"的战略目标与两步走的实现步骤，并对全体员工提出了三点具体要求；然后连用三个"我们坚信"，表达必胜的信念，具有鼓舞人心、激励前进的作用；最后以祝颂作结，温暖人心。

语言精约、辞章优美是本文稿的一个突出而鲜明的特征。除了注重段旨句的撮要凝练，全篇讲话自然巧妙地以一系列整齐句式连缀上下文，同时还引用了诸多中国古诗文，运用了排比、顶真、比喻等多种修辞手法，为讲话稿增添了文采和文化含量。

整篇文章主旨明确，思路清晰，文采斐然，情感表达真挚、深切，既具鲜明的庆祝色彩，又有较强的指导意义。

★ 例文2

砺志研读 孜孜探究 生龙活虎（有删减）
——华中农业大学副校长××在研究生表彰奖励大会上的讲话
（2011年×月×日）

各位老师、同学们：

感谢在这个寒冷冬夜来到这个教室的所有人，为了学校研究生教育事业的发展，我们大家一起在相互鼓励和相互搀扶中奋力向前，这就是集体，这就是华农人。在此，我向所有获奖的同学和老师表示祝贺和由衷的敬意。

　　选择这个寒冷的冬夜来开表彰会,挺有意思:在华农,尽管四季分明,但是每一天,我们的感受就如同寒窗苦读。做学问就是这样。大家透过人文楼的"未来之窗",看到的是沃野田畴,地里看上去好像什么也没有,其实我们已经播种了希望和幸福。这是种子,深深地埋在了田野里,明年定会有丰硕的果实。今天这个表彰会,也预示着我们新的收获,预示着今后乃至更长的时间,我们会有更多的收获。

　　下面,我想解析"研究生"这三个字,并由此展开去,谈点自己的感想。

　　"研",大家都知道怎么写,一个"石",一个"开",所谓"金石为开"也。其实最早"研"字右边还不是一个开字,而是"开"字劈成两半:"幵",这个"幵"读 jiān,意为"细磨"、"研磨"。"研"的本意是"研磨",在古代的技术条件下,研磨可以算是深加工、精加工了。再引申就有"详尽"、"详细"、"精细"的意思。因为"研"就意味着钻研、探索,意味着深入的钻研、不懈的探索。与"研"相关的有一个典故,叫"研京练都",说的是晋代的左思,小时候大家并不看好他,用现代的话说,大概他的 IQ 比较低,口齿比较笨拙。但是他下决心要给魏、蜀、吴三国写一篇绝妙文章,于是整整用了十二年的时间,完成了《三都赋》,轰动天下,人们争相传诵,以致一时间"洛阳纸贵"。这篇赋成为中国文学史上千古不朽的名篇。没有十二年的"研"和"练",没有十二年的深入钻研、不懈探索,左思恐怕难以成为晋代首屈一指、建树卓越的大文豪,我们也读不到《三都赋》这样一篇美文。所以,从某种意义上说,我觉得"研"也可通"妍",说明钻研、探索是美丽的、迷人的。

　　"究"这个字更有意思,本来是一个形声字,但我想把它作为一个会意字来解读。上面一个"穴",是指在黑暗的洞穴中摸索前进;下面是一个"九",在汉语中"九"是极大的一个数字,道路漫长,时间久远,达到极大值都有一个长久的意思。所以,《说文解字》中说"究"是"穷"也,穷尽之义;《尔雅》说"究","谋"也,也就是探究、琢磨、思考、谋划。想一想吧,在漆黑的洞穴中,如果只是一味莽撞往里钻,是行不通的。必须要"谋",而且,要有足够的心理准备,来应对这个极有可能是十分艰难的探索。道路是漫长的,时间是久远的,因此,我们的探索也将是漫长的。做学问就是要追根溯源。自然现象也好,人类社会也好,要真正认识它,进而改造它,就要长期探索、深入探索,特别是探索那些原理性的东西。

　　"生",最早是动词。"生"是一个会意字,在甲骨文中,上面是象形的,是指初生的草木;下面是一横,代表土壤。草木从土壤中生长,谓之"生"。刘巘《易义》中有这样一句话,非常有哲理,即"自无出有曰生",这不就是创新吗?古人十分重视"生"的人文价值,《易经》的《系辞传》说:"天地之大德曰生",把创造、创新视为"天地之大德",可见其多么伟大!因此,古代有学者阐释说:"天地之大德曰生,故生化万物者,盛之光华也。""盛之光华",这是多么美丽、灿烂!所以,创造和创新既是大德,也是大美。"生"也用作名词,即学生。"生"代表一种身份,中国古代通常指读书人,也就是知识分子。把"研"、"究"和"生"联起来,其实我们以自己的身份就要不断去学习、追求、创新。

　　我这样的解析,是人文科学的一种研究方法,叫"附会"。语言学家和文字学家可能不同意我的附会和解析,而我这样附会,目的是要借题发挥,表达我对研究生的期望,最终落脚到三句话:砺志研读、孜孜探究、生龙活虎。

一、砺志研读。作为研究生,应该做到在学习中研究,在研究中学习,以探索、研究为己任。现在我们正在建设自主创新型国家,主要的依靠力量就是我们这些研究生。我们华农的研究生不仅要成为主力军,而且要成为领军人物。我们要培养的就是英才,无论到什么地方,研究团队也好,管理团队也好,企业家也好,我们要培养的就是领导,就是领军人物、领袖人物。我们的校训"立己达人",我们今天的学习、研究是为了"立己","立己"是为了"达人",是为了社会,为了民族。这就是"志"。"志"是需要培养的,所以我提出要"励志"。除了"志",还要"读",怎么读?我想倡导"悦读",也就是说要在快乐中读书、学习,在学习中、读书中要得到快乐,产生愉悦感,这是我们读书人的共同追求。我希望学自然科学的同学除了读专业书以外,也要读一些文史哲艺经法的书籍,要拓展知识面;文科的同学则要学习、了解一些自然科学。人类社会的发展,培育了两大精神,也依靠两大精神,这就是人文精神与科学精神,两者相辅相成,互生共融,缺了其中之一都是不完整的。

二、孜孜探究。关于这个问题,我想强调两点。第一点是好的学风。学风实际上可以理解为学术品格,这非常重要。文如其人,因此,学术品格就是人的品格。我们的导师要教学生做好两篇文章,即道德文章和学术文章,为人和为学,二者不可偏废。学风的首要是实事求是。这是做学问的人最基本的品德要求。希望大家牢记:诚信人之本,严谨学之本。第二点是要创新,这是我们今天表彰大会的关键词。创新首先要有创新欲望,要有敢于怀疑、敢于挑战的勇气,也就是要有批判性思维,不唯上,不唯书,不唯洋。批判的思维不是钻牛角尖,而是所谓否定之否定。人类历史就是在否定之否定的过程中螺旋式上升的。曾子云"吾日三省吾身",这种自省就是自我检讨、自我批判;自省的过程就是否定之否定的过程。我希望同学们学好自然辩证法。辩证法是哲学,哲学使人思辨,使你不仅看到表象的东西,还能深入事物的本质。其次,创新要有强烈的好奇心和丰富的想象力。为什么说要读子经史集和其他相关科学的知识,就是因为这样可以丰富你的想象力,使你有更强的好奇心,DNA双螺旋结构的发现是离不开想象力的。爱因斯坦说过,想象力比知识更重要。这是他的体悟。现成的知识总是有限的,而想象力是无穷的。第三,创新要有科学的方法,即科学的路径。我们做学问,已知的要掌握,前沿的要熟悉,动态的要把握,在这个基础上,我们才有可能找到正确的路径。第四,创新要靠集体的智慧。同学之间要多交流,有的学术火花,开始只是很小的火种,几个人一碰撞,可能就会成为星星之火;再扩大,就会形成燎原之势。当代社会任何一件事情,都很强调团队工作,必须靠团队,而且是很大的团队。

三、生龙活虎。这句话有几个含义,包括健康的体魄、活跃的思维和阳光的青春。研究生只有做到体魄健康、思维活跃、心境明亮,才能显得生龙活虎。我希望研究生能为学校营造浓醇的学术氛围做出你们的贡献,能为建设先进的、格调高雅的校园文化做出你们的贡献。现在我们社会的文化极度娱乐化,很容易让人脆弱,让人缺乏意志力,所以,校园文化要有一些严肃的、主旋律的、甚至沉重的东西,让学子们保持崇高、追求崇高,而不仅仅是搞笑的、娱乐的东西。希望我们研究生在这一方面做出贡献。

最后,祝愿在座的各位像冯博士一样,在不久的将来成为一个成功的华农人。新春佳节将至,祝大家合家欢乐,健康、幸福地与华农快乐成长,共同进步!

【简析】 这是一篇表彰会议类讲话稿。这类讲话稿的主要功能是表彰先进,鼓舞干劲。

表彰奖励大会上的讲话,一般容易模式化,即按照"表示祝贺—事迹概括—精神评价—希望要求"的思路行文。这样的篇章结构,尽管逻辑严谨,也会写得言简意赅、很有气势,但容易使人们产生审美疲劳。该例文没有落入传统写作模式的窠臼,而是精心构思文章结构,巧用引申和寓意的手法,集中笔墨进行情感铺陈,曲径通幽,巧妙引出讲话主线中对"研究生"三个字的诠释,最后水到渠成,表达自己的殷切希望,自然清新,蕴意深厚。

表彰奖励大会是在一个寒冷的冬夜召开的。作者借题发挥,从大家顶风冒雪参加会议,引出了自己的祝贺与敬意;从冰封大地和会场的热烈,寓指春的萌动、夏的繁茂、秋的收获,揭示了"做学问"的艰辛与乐趣。参加表彰奖励大会的可能都是学校的研究生,可是很少有人会认真探究过"研究生"这三个字的深刻含义。于是,作者从这三个字的本源意义和引申意义说起,谈到研究生应该如何做人、如何研究学问,应该具有什么样的学术品格和科学精神。作者对"研究生"三个字的解析也没有简单地就字论字,而是重在引申、重在寓意,赋予了其时代色彩和生命张力。

从"研究生"三个字的本义到其思想内涵,从研究生的身份到其应该担负的社会责任,从树立学习、追求、创新的理念到实践学习、追求、创新的路径,讲话通篇贯穿着作者对青年学子拳拳殷切之情,通篇体现着探求精神和创新思维,自然清新,而又充满睿智和哲理。作者独具匠心的写作手法和厚重博大的文化底蕴让人如饮清茶、如沐春风。

第二节　开幕词　闭幕词

一、开幕词

(一)文种述要

开幕词是在重要会议或活动开幕时领导人向全体与会人员所作的致辞,又称开幕辞。

开幕词主要特点有二:

一是宣告性。按照惯例,重要会议或重要活动一般都要由主持人或主要领导人致开幕词,这是一个必不可少的程序,标志着会议或活动的正式开始。

二是引导性。开幕词通常要阐明会议或活动的性质、宗旨、任务、要求和议程安排等,集中体现了大会或活动的指导思想,起着定调的作用,对引导会议或活动朝着既定的正确方向顺利进行,保证会议或活动的圆满成功,有着重要意义。

开幕词按内容可以分为侧重性开幕词和一般性开幕词两种。侧重性开幕词往往对会议召开的历史背景、重大意义或会议的中心议题等,作重点阐述,其他问题一带而过。一

般性开幕词则只对会议的目的、议程、基本精神、来宾等作简要概述。

(二) 写作结构

1. 标题

一般用会议或活动名称加文种构成,如《中国共产党第十九次全国代表大会开幕词》《××公司第三届二次职代会开幕词》;也可由致词人、会议或活动名称、文种组成,如《×××同志在×××会议上的开幕词》;还可用双标题,如《拼搏 奋斗 向前——××公司2019年职工代表大会开幕词》。在会议致辞时,标题不要念出。

2. 签署

同讲话稿。

3. 称谓

因会议内容不同,开幕词的称谓也有所不同,具体同讲话稿。

4. 正文

开头,一般开门见山地宣布会议开幕。也可简介会议或活动的筹备经过和出席人情况、来宾身份等,对会议或活动的举办表示祝贺,对来宾、与会者表示欢迎。

主体,是开幕词的重心所在。通常包括以下内容:阐明会议或活动的形势、背景、目的、意义;提出大会或活动的任务,说明会议主要议程和安排;提出对与会人员的要求、号召和对会议的希望等。对上述内容,可分层表述,根据会议或活动的不同性质和目的,应有所侧重。

结尾,一般用祝颂语结束全文。如"预祝大会取得圆满成功"。

(三) 写作要求

1. 准确把握重点

要把握会议或活动的主要特点,根据会议或活动性质确定重点内容,只对会议或活动的主题和有关重要问题作必要说明,做到详略得当。

2. 语言热情洋溢

开幕词的语言要明快热情,富有感情色彩,多选用鼓舞人心的词语和肯定有力的句式,力求富于号召性和鼓动性,以激励和鼓舞与会人员。

3. 篇幅短小精悍

开幕词要简明精练,短小精悍,最忌长篇累牍,言不及义。

二、闭幕词

(一) 文种述要

闭幕词是在重要会议或活动行将结束时领导人所作的致辞,又称闭幕辞。

闭幕词与开幕词一样,具有宣告性特点。开幕词宣告会议开幕,闭幕词宣告会议闭幕。同时它还具有以下两个特点:

一是总结性。闭幕词通常要对会议或活动作出正确的评估和总结,肯定会议或活动所取得的成果,强调会议或活动的重要意义和深远影响。如果说开幕词要对大会起"提神"作用,闭幕词就要对大会起小结、评价作用。

二是号召性。因为闭幕词要激励与会者为实现会议提出的各项任务而奋斗,增强他们贯彻会议精神的决心和信心,故行文中充满激情,富有号召性和鼓动性。

(二) 写作结构

闭幕词的结构与开幕词大体相同,其中标题,只需将"开幕词"换成"闭幕词"即可,签署、称谓的写作与开幕词也完全一样,只是正文的内容有所区别。

1. 开头

一般说明会议或活动在有关方面的关怀努力下结束。

2. 主体

主要是对大会进行概括总结。可以简要叙述会议议程的进行情况,对会议的收获、成绩和效果做出评价,对会议组织者和与会全体同志的努力予以肯定等。同时向与会人员提出贯彻大会精神的要求和希望。

3. 结尾

通常是用对与会者的希望和祝愿作结,也可直接宣布会议结束。如"现在我宣布,××会议胜利闭幕!"

(三) 写作要求

闭幕词的写作要求基本同开幕词。

★ 例文1

中国共产党××公司第四次代表大会开幕词

(2019年4月16日)

×××

各位领导、各位代表、同志们:

在全国上下深入学习贯彻2019年全国两会精神之际,中共××公司第四次代表大会今天隆重召开了。这是全公司各级党组织和广大党员政治生活中的一件大事,必将对企业改革发展产生重要而深远的影响。首先,我代表大会主席团,向莅临大会的上级领导表示热烈的欢迎!向出席大会的老领导、离退休老同志致以崇高的敬意!向各位代表,并通过你们向广大党员、干部和员工致以诚挚的问候!

在2014年3月召开的上次党代会上,我们确立了打造行业领域最强最优企业的发展目标。这一奋斗目标不仅寄托着企业广大员工的梦想和希望,也得到了上级领导和社会各界的关注和支持。五年来,在上级党委的正确领导下,在各位老领导、离退休老同志的关心支持下,在全公司各级党组织、广大党员干部和员工的共同努力下,我们抢抓机遇,攻坚克难,在扩大市场份额、推行精细化管理、改革体制机制、增强核心竞争力、维护企业稳定等方面取得了长足进步,企业综合实力和社会声誉得到了大幅提升,为企业今后发展打下了更加坚实的基础。在此,我代表大会主席团,向长期以来支持、关心企业发展的上级领导、各位老领导、离退休老同志表示衷心的感谢！向辛勤耕耘、默默奉献的全公司广大党员和员工表示崇高的敬意！

未来五年，是大力实施企业创新驱动发展战略、全面建设全国一流企业的关键时期，也是进一步增强企业核心竞争力、加快企业转型升级的攻坚时期。展望未来，我们既迎来了难得的机遇，也面临着严峻的挑战。在新的发展机遇和挑战面前，开好这次大会，对于我们谋划企业新的发展目标和主要任务，充分发挥企业党组织的政治核心作用和广大党员的先锋模范作用，推动企业各项事业向前发展，具有十分重要的意义。

希望各位代表不辜负全公司广大党员的重托，认真履行好自己的光荣职责，正确行使好自己的民主权利，认真审议好大会的"两委"工作报告，民主选举好公司新一届党委会和纪律检查委员会，努力把这次大会开成一次承前启后、继往开来的大会，凝心聚力、振奋精神的大会。

预祝大会圆满成功！

【简析】 这是一篇基层组织党代会开幕词。

例文开篇宣布大会开幕，阐明了大会召开的政治意义，并向有关各方表示欢迎或致敬；紧接着，简要概括了五年来公司取得的主要成绩，"在上级党委的正确领导下，在各位老领导、离退休老同志的关心支持下，在全公司各级党组织、广大党员干部和员工的共同努力下"的语言表达体现了很强的听众意识，相关致谢增强了双方的情感沟通；其后，在指出未来五年机遇与挑战的基础上，阐明了本次大会召开的重要意义；最后，对各位代表提出希望；结尾以祝颂语作结。

这篇开幕词短小精悍，要言不烦，格调庄重，符合场景。

★ 例文 2

××大学 2019 年春季田径运动会开幕词

(2019 年 4 月 12 日)

×××

老师们、同学们：

大家上午好！

阳春三月，春风送暖，杨柳吐绿；激情校园，青春奔放，拼搏奋进。在这万物一新的季节里，我们迎来了一年一度的体育盛会——春季田径运动会。今年是新中国成立 70 周年，也是学校建校 90 周年，今年的春运会注定有着特殊的意义。在此，我代表学校对本届春运会的胜利开幕表示热烈的祝贺！

体育是社会发展和人类进步的重要标志，是综合国力和社会文明程度的重要体现。习近平总书记指出，"发展体育事业不仅是实现中国梦的重要内容，还将为中华民族伟大复兴提供凝心聚气的强大精神力量。"加强体育是党的教育方针的重要内容，是学校教育中不可或缺的有机组成部分。学校历来高度重视体育教育，广大师生也一直有着热爱体育、酷爱运动的优良传统。近年来，在全校师生的共同努力下，学校体育工作也取得了明显的进步，学生体质健康测试合格率逐年上升，高水平男子足球队在××市男子足球超级组比赛中连续十年摘得冠军。

今天的入场式表演精彩纷呈,充满创意和青春正能量,展现了同学们朝气蓬勃、阳光自信、健康向上的精神风貌。一位网友感慨道:"有一种期待叫做×大开春运会,因为它历来受人瞩目。"毫无悬念,你们今天的精彩展示必将再次刷爆我们的朋友圈。同样,在最近举办的庆祝90周年校庆教职工足球联赛中,老师们也表现得异常神勇、精彩激烈,场上是对手,每球必拼;场下是朋友,互助共进,把"顽强拼搏、团结合作"的体育精神诠释得淋漓尽致。

体育的本质是人格的教育,事关同学们的身心健康成长,是实现全面发展的根基。学校正在全面推进"三全育人"改革试点,我们将坚持"以体育人",加快推进各类体育场馆设施建设,广泛开展普及性体育活动,持续深化体育教育教学改革,大力营造校园体育文化,努力为老师和同学们参与体育锻炼创造更好的条件和环境。与此同时,我也希望大家养成体育锻炼的习惯,主动走向操场,在体育锻炼中享受乐趣、增强体质、健全人格、锤炼意志。

老师们、同学们,每年的春运会早已成为全校师生挥洒激情人生、感悟拼搏意义、分享运动快乐的精彩舞台。希望大家在"公开、公平、公正"的比赛环境中,勇于在规则的约束下去赢,敢于体面且有尊严地输,赛出风格、赛出佳绩、赛出友谊,充分展现我们×大人顽强拼搏、勇于挑战的精神风采,大力弘扬"更高、更快、更强"的奥林匹克精神,以奋斗者的姿态,抢抓机遇、团结拼搏,主动树一流、积极争一流、努力创一流,共同建设好发展好我们的××大学,以更加优异的成绩迎接90周年校庆,向新中国成立70周年献礼!

最后,预祝全体运动员取得优异成绩!祝本届运动会圆满成功!

【简析】 这是××大学运动会开幕式上的领导致辞。

例文在一声问好之后的第一段向运动会的开幕表示祝贺。开篇两组对句的运用渲染情境氛围,为全篇定下昂扬的情感基调;两件时事背景的点明衬托出运动会召开的特殊意义。第二段阐明了体育工作的重要意义,总结和肯定了学校近年来在体育工作中所取得的成绩。第三段对运动会入场式表演以及近期举办的庆祝90周年校庆教职工足球联赛中师生所展现的蓬勃向上的体育精神给予热情赞颂,既使文稿"接地气",又增强了情感的沟通力。接下去两段在阐释学校"以体育人"的体育教改目标的基础上,对广大师生提出了殷切希望。最后,以良好的祝愿结束讲话。

全文明快热烈,个性鲜明,富有时代气息。

★ 例文3

中国共产党××公司第四次代表大会闭幕词

(2019年4月16日)

×××

各位代表、同志们:

在上级党委的关怀、指导下,经过全体代表和工作人员的共同努力,中共××公司第四次代表大会圆满完成了预定的各项议程,即将胜利闭幕了。

本次大会开得很成功,既是一次继往开来、统一思想、凝聚人心、团结进取的大会,也是一次动员全公司广大员工为建设全国一流企业而努力奋斗的誓师大会,对于进一步动员全公司广大员工,以更加奋发有为的精神状态,向着新的发展目标阔步前进,在新的起

点上开创企业改革发展新局面,必将产生重大而深远的影响。

会议期间,代表们以高度的责任感和使命感,认真审议并通过了党委工作报告和纪委工作报告,选举产生了中共××公司第四届委员会和纪律检查委员会,为大会的圆满成功付出了辛勤努力,充分展示了企业党代表的时代风采。在此,我代表大会主席团,向各位代表和与会的全体同志表示衷心的感谢!

这次大会全面总结了企业五年来的工作成绩和基本经验,实事求是地分析了企业面临的机遇和挑战,提出了建设全国一流企业的发展目标,明确了今后五年的工作思路、主要任务和重点工作。这些目标任务,符合企业做强做优的根本要求,反映了广大员工的共同心声。我们一定要坚定实现新目标的信心和决心,统一认识,统一思想,统一行动,把握主题主线,狠抓工作落实。各级党组织要采取多种形式,认真抓好这次党代会精神的学习宣传和贯彻落实,把党代会提出的目标任务转化为全体员工的共同追求和自觉行动。各位党代表是企业各个岗位上的先进分子和骨干力量,希望大家带头宣传、贯彻、落实党代会精神,以更加饱满的热情、更加昂扬的斗志、更加扎实的工作,积极投身企业改革发展的伟大实践中,在各自的岗位上再创佳绩,再立新功。我们要以学习贯彻党代会精神为强大动力,圆满完成各项目标任务,为实现企业创新驱动发展战略的良好开局奠定坚实的基础。

各位代表、同志们,新使命催人奋进,新征途任重道远。我们相信,有上级党委的坚强领导,有历届公司党委打下的坚实基础,有企业的优良传统和广大员工的顽强拼搏,公司第四次党代会描绘的宏伟蓝图一定会变成现实,企业的明天一定会更加美好!

【简析】 这是一篇基层党代会闭幕词。

例文前言部分宣告大会完成了预定各项议程,即将落下帷幕。主体部分首先阐明本次大会成功召开的重要意义;接着回顾大会议程的进行情况,肯定代表们的使命意识,并向各位代表及与会的全体同志表示感谢;最后总结大会取得的成绩,并就实现今后五年的奋斗目标对全体代表提出希望和要求。结尾部分表达必胜的信念。

这篇闭幕词思路清晰,内容周详,具有号召性和鼓动性。

★ 例文 4

××大学 2019 年春季田径运动会闭幕词

老师们、同学们:

人间四月春意浓,春风无限好扬帆。经过两天紧张而又激烈的角逐,我校 2019 年春季运动会圆满完成了预定的各项赛程,即将落下帷幕。在此,我谨代表学校向在本届运动会中取得优异成绩的运动员和代表队表示热烈的祝贺!向积极参加本届运动会的全体运动员、裁判员表示诚挚的问候!向为本届运动会付出辛勤努力的全体工作人员表示衷心的感谢!

一年一度的大学生田径运动会,是学校贯彻落实党的教育方针、全面促进素质教育的重要体现,既是对学校田径运动水平的全面检阅,也是全校师生综合素质的集中展示。两天的时间里,来自全校 18 个二级学院的 1 680 名体育健儿共进行了 29 项项目的比赛,各项比赛井然有序,精彩激烈,运动场上始终洋溢着竞争、拼搏、团结、友爱的良好氛围。

此次运动会的成功举办,充分体现了学校长期致力于加强素质教育、促进学生全面发展的教育理念,进一步凝练了大学精神,弘扬了校训校风,完美展现了当代×大学子团结奋进、敢为人先的风采。运动会期间,各学院高度重视、精心组织,广大师生积极参与、热情高涨,参赛健儿团结协作、公平竞争,全体裁判员和工作人员公正评判、忠于职守,取得了比赛成绩和精神文明的双丰收,充分展示了良好的体育道德风尚和拼搏进取的精神风貌。

老师们、同学们,2019年春季田径运动会即将结束,但奥林匹克"更高、更快、更强"的奋斗精神永不结束。希望大家以此次运动会为契机,把赛场上表现出来的坚韧不拔的意志、顽强拼搏的作风、团结互助的精神继续保持并投入到学习和工作中去,以昂扬的斗志、崭新的姿态和饱满的激情,为早日建成特色鲜明、部分学科具有国际影响力的高水平大学作出新的更大的贡献!

现在,我宣布:××大学2019年春季田径运动会胜利闭幕!

【简析】 这是××大学运动会闭幕词。

前言部分宣告大会即将落下帷幕,表达祝贺与感谢之情,对句"人间四月春意浓,春风无限好扬帆"渲染了情感基调;主体部分首先简要说明运动会的举办盛况,接着对运动会的收获与成绩给予高度评价,并对有关各方的组织和参与情况给予充分肯定,最后对广大师生提出殷切希望。结尾郑重宣布运动会闭幕。

全文结构缜密,行文简洁,节奏明快,格调高昂。

第三节　欢迎词　欢送词

知识精讲

一、欢迎词

(一) 文种述要

欢迎词指在迎宾仪式上或在会议开始时对宾客的到来表示欢迎而使用的一种文稿,也称欢迎辞。

欢迎词的特点有:

一是欢愉性。致欢迎词应当有一种愉快的心情,言词用语要富有激情并体现出致词人的真诚。只有这样才能给客人一种宾至如归之感,为下一步各种活动的完满举办打下良好基础。

二是口语性。欢迎词是当面向宾客口头表达的,所以口语化是欢迎词文字上的必然要求,在用词用语上要运用生活化的语言,既简洁又富有生活情趣。

根据社交的公关性质,欢迎词可分为私人交往欢迎词和公务往来欢迎词两类。私人

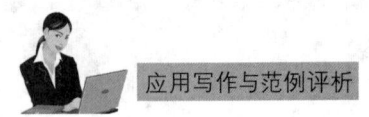

交往欢迎词一般是在个人举行较大型的宴会、聚会、讨论会等非官方场合使用的欢迎稿，具有很大的即时性、现场性。公务往来欢迎词一般在较庄重的公共事务中使用，文字措辞上的要求比前者要正式和严格。

（二）写作结构

欢迎词的基本结构包括标题、签署、称谓、正文四个部分。

1. 标题

一是单行标题。一般由致词人、会议或活动名称（或致辞场合）、文种组成。也可省略致词人，或直接写文种名称。

二是双行标题。正题用来概括致辞的主题或主要内容，副题用以说明致词人、致辞场合与文种。如《门——××学院2019级新生开学典礼欢迎词》。

2. 签署

同开幕词、闭幕词。

3. 称谓

由于是用于对外交往，欢迎词的称呼比开幕词、闭幕词更具有感情色彩，更需热情有礼。称呼要用尊称，感情要真挚，在姓名前用"尊敬的"、"敬爱的"等敬语表示亲切，姓名后冠以职务或"先生"、"女士"。

4. 正文

开头，以简洁的语言对宾客表示热烈的欢迎。

主体，介绍活动举办情况，表明欢迎情由，阐明共同立场，说明交往意义，展望美好未来。对初次来访者，可简单介绍单位情况以增进了解。对长期友好单位或老朋友，可追忆彼此的交往以增进情谊。

结尾，再次表示欢迎之意，并表达对今后合作的展望和美好祝愿。

（三）写作要求

1. 切合对象

在各个社会组织的对外交往中，所迎接的宾客可以是多方面的，如上级领导、检查团、考察团等。来访的目的不同，欢迎的情由也应不同。欢迎词要有针对性，看对象说话，表达不同的情谊。

2. 感情真挚

欢迎词是出于礼仪的需要而使用的，因此要十分注意礼貌。措辞应出于真心实意，语言要热情、友好、诚恳、真挚，给来宾一种宾至如归之感。

3. 简短精悍

一般欢迎词都是一种礼节性的外交或公关辞令，宜言简意赅，控制篇幅，不必长篇大论。

二、欢送词

（一）文种述要

欢送词指在送别宾客的仪式上或会议结束时对宾客的离去表示欢送而使用的一种文稿，也称欢送辞。

欢送词的特点有：

一是惜别性。欢送词要表达对宾客远行时的感受，依依惜别之情要溢于言表。但格调也不可过于低沉，尤其是公共事务的交往更应把握好分别时所用言辞的分寸。

二是口语性。遣词造句要运用生活化的语言，使送别既富有生活情趣又自然得体。

（二）写作结构

欢送词的基本结构也包括标题、签署、称谓、正文四个部分。其中，标题、签署、称谓的写法与欢迎词相同，只是正文的内容有所区别。

1. 开头

以简洁的语言对欢送对象表示热烈的欢送。

2. 主体

因欢送对象的不同，表述的内容有所不同。

用于欢送合作交流代表团的欢送词，要回顾和阐述双方在合作或访问期间在哪些问题和项目上达成了一致的立场，取得了哪些突破性进展，陈述本次合作交流给双方所带来的益处，阐述其深远的历史意义。

用于欢送来访专家、学者的欢送词，可以回顾彼此相处时建立的友谊，对他们的帮助、指导表示谢意，对他们的学术水平、技能水平予以肯定。

用于欢送学生毕业、军人退伍、工作人员调离岗位的欢送词，可以回顾相处时在学习、训练、工作中所取得的成绩和建立的友谊，并表达依依惜别之情。

对于私人欢送词，应注意表达双方在共事合作期间彼此友谊的加深、增进，以及分别之后的想念之情。

3. 结尾

突出对宾客的惜别之情，表达对客人再次来访的期待。有时根据对象也可提出一些希望。

（三）写作要求

欢送词的写作要求同欢迎词。

范例评析

★ **例文1**

在赏荷月启动仪式上的欢迎词

（2019年×月×日　×××）

尊敬的×××副书记，

尊敬的各位领导、各位嘉宾，女士们、先生们、朋友们：

今天，我们满怀喜悦，相聚在"青荷盖绿水，芙蓉披红鲜"的东湖风景区，隆重举行2019中国·淮阳龙湖赏荷旅游月启动仪式，这是我县人民生活中的一件大事、喜事和盛事！在此，我谨代表淮阳县委、县人大、县政府、县政协及全县百万人民，向各位领导和所有嘉宾的到来表示热烈的欢迎和衷心的感谢！

　　淮阳古称宛丘，历史源远流长，文化资源丰富，名胜古迹众多，是举世公认的"羲皇圣地、万姓之根、华夏龙源、陈氏祖庭、北方水都"。近年来，我县深入贯彻落实省委、省政府"实现两大跨越"以及市委、市政府"加快三个转变"的战略部署，以创建中国旅游强县为载体，把文化旅游产业放在重要位置上来谋划、部署，集全民之智，举全县之力，抢抓机遇，多措并举，有力促进了文化旅游产业的快速发展。

　　最近，×××书记对我县大力发展文化旅游产业的做法给予充分肯定并作出重要批示，今天，他又在百忙之中出席赏荷旅游月活动启动仪式，使我们备感亲切和温暖，深受鼓舞和鞭策。我县的文化旅游产业还处在起步阶段，需要进一步完善和提高。我们决不辜负各级领导的期望和重托，一定要把领导的关心和支持转化为实现我县经济社会又好又快发展的强大精神动力，转化为当前和今后一个时期县委、县政府推进经济社会发展的具体决策和部署，转化为文化旅游产业快速发展的丰硕成果，向各级领导和全县人民交上一份满意的答卷。

　　以荷为媒，以荷会友。举办集生态、休闲、娱乐、文化于一体的龙湖赏荷旅游月活动，是展现厚重淮阳、生态龙湖、魅力荷花的文化平台，是广交天下朋友、共建和谐文化的旅游盛会。龙湖赏荷月期间，我们将为广大游客奉献一系列旅游文化套餐，诚邀社会各界朋友和广大游客来龙湖赏荷旅游，共度梦幻与现实交融、生态与文化伴生、凝重与灵动辉映的美好夏日！

　　淮阳龙湖欢迎您！

　　淮阳人民欢迎您！

　　祝各位领导、嘉宾和朋友们乘兴而来，愉快而归！

　　【简析】　这是一篇欢迎词。

　　文章开宗明义，交代活动主题，并向莅临会议的领导和嘉宾表示欢迎和感谢，对风景区"青荷盖绿水，芙蓉披红鲜"之修饰形容为欢迎词增添了不少亮色。接着简要介绍主办地淮阳的历史与文化以及近年来文化旅游产业的发展状况，并表达进一步完善和提高县文化旅游产业的决心和信心，三个"转化为"的连用坚定有力。因本次活动有上级重要领导出席，故本部分的写作重点突出了领导的关心和支持，体现出"看对象说话"的鲜明针对性。其后点明举办龙湖赏荷旅游月活动的重要意义，并向社会各界朋友和广大游客发出诚挚邀约。最后连用两个"欢迎"，并表达真诚祝愿，情义满满，让人倍感亲切与温暖。

　　例文文字舒展，真挚和愉悦是贯穿全篇的主基调。"喜事"、"盛事"、"热烈"、"温暖"、"以荷为媒，以荷会友"、"生态龙湖、魅力荷花"、"梦幻与现实交融、生态与文化伴生、凝重与灵动辉映"等恰到好处的语言，准确传递了主办方的欢迎和喜悦之情。

　★ 例文2

上级领导视察工作欢迎词

××市地方税务局

20××年×月×日

各位领导、各位来宾：

　　大家上午好！

在这金秋送爽、丹桂飘香的美好季节,我们非常高兴地迎来了省人大××领导一行来我局视察。我代表市地税局向省人大领导一行表示热烈欢迎和衷心感谢!

省人大领导一行的到来,表明省人大对我市地税工作的关心和重视,是对我市地税工作的大力支持和帮助,必将推动地税事业更好、更快地发展,为开创地税工作新局面起到积极的促进作用。

我局始终把学习实践科学发展观作为地税工作的动力,始终以服务地方经济建设为根本,以能力建设为核心,强科学发展意识,立科学发展对策,求科学发展实效,建科学发展机制,坚持地税工作为当地经济发展服务,地税干部为纳税人服务,地税机关为基层服务,着力提升依法治税水平、税源管理水平、队伍建设水平,全力打造高效和谐的服务型地税队伍。全市地税事业实现了又好又快的发展,各项工作均迈上了新台阶。

上半年,我们努力克服金融危机和政策性减收等不利因素的影响,全市共组织入库地方税收844亿元,同比增收111亿元,增长151%,收入总量超过6年(81亿元)全年收入34亿元,再创历史新高。全市地方税收增幅高于全省地方税收平均增幅(89%)6个百分点,高于全市财政总收入增幅(-3%)181个百分点,保持了地税收入平稳增长,为我市经济社会又好又快发展提供了有力的财力保障。

各项工作实现重大突破,得到了全社会的肯定。今年以来全市地税系统共获得市级以上集体荣誉30多项,其中国家级荣誉3项,省级荣誉1项,市级荣誉多项。市地税局荣获"全国精神文明建设先进单位"、"全国'五五'普法中期先进集体"、"全省先进基层党组织"、"新余市十佳职业道德建设先进单位"等称号,市局办税服务厅获"全国女职工建功立业标兵岗",局领导班子以优异成绩获得全市"十佳领导班子"和"十佳领导干部"荣誉。

恳请各位领导对我市地税工作提出宝贵意见,督促和帮助我们更好地改进作风,给予更多的关心和指导,以推动我市地税工作又好又快发展!

最后,祝各位领导在××视察工作期间工作顺利、身体健康、万事如意!

谢谢大家!

【简析】 这是一篇欢迎上级领导视察工作的欢迎词。

例文首先对上级领导一行莅临视察工作表示欢迎,其次阐明了此次视察工作的重要意义,接着浓墨重彩地介绍了××市地方税务局今年以来的工作成绩与所获得的荣誉,最后表明希望对方给予关心和指导的诚意,并以祝颂语作结。

例文叙说周详,表述得体,语言热情。因为是欢迎上级领导视察工作,故在内容上重在对本单位的业绩介绍,体现出鲜明的针对性。

★ 例文3

欢送词

各位朋友:

大家好!

又见澧水河,就到了我们要说再见的时候。短短的几天,我知道大家已经喜欢上了张

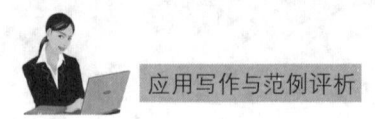

家界,从大家的眼睛里面看到了对张家界的不舍,这令我想起了多年前一位青年才俊在康桥畔的吟唱:"轻轻的我走了,正如我轻轻的来,我轻轻的挥手,作别西天的云彩。"是的,就让我们带着这份美丽的不舍作别张家界吧。

几天中,我们先后游览了黄石寨、天子山、十里画廊、黄龙洞、宝峰湖以及茅岩河漂流。还记得吗?我们一路歌声,一路欢笑,忘不了啊,我们走进石英砂岩大峰林时的惊喜,诧异于大自然的神奇造化;忘不了黄石寨的雄奇和险峻,当然,还有崖壁上顽强生长的青松;忘不了金鞭溪的清秀与幽静,还有路边知名的不知名的正在吐蕊的小花;忘不了天子山绮丽的峰林吗,它们拔地而起精神抖擞,展现着与山里人一般的精气神。亦忘不了十里画廊的行走,徜徉于山水画卷之间,重要的是还有一位矍铄的老人陪伴。还记得吗?黄龙洞中气势磅礴的钟乳石,宝峰湖里山水交织的如梦如幻,更有茅岩河中惊险刺激的冲浪。是啊,所有的这些都让我们沉醉其中,并享受着其中带给我们的欢乐。

其实啊,让我们大家心中不舍的不仅是如此,来到张家界,我们更多体味到了一种柔软如水的生活。今天在现代生活中劳顿的人们,越来越希望寻找到一个心灵的驿站,而在这里,张家界给了你。在山水间行走,有山水的明镜照亮我们的内心,喝一口山泉,洗去我们心中许多的倦顿。以至于我们很多的团友看到一缕如丝的炊烟,亦或明亮湛蓝的天空都有了深深的感动。是啊,这种恬静的生活离开我们太久太久了。所以,亲爱的朋友,在你累了倦了的时候,再来张家界吧,再来感受一下清爽的风,体味一次月朗星稀的夜宿。

最后,我要感谢大家,正因为大家的光临,给了张家界一个舞台,使我们张家界有机会向大家展示自己无穷的魅力。我还要感谢大家几天来对我们工作的支持和理解,这样我们的旅途才会如此多彩。送君千里,终有一别。请大家把微笑留下,带走我们张家界人的深情厚谊,祝大家在以后的生活中万事如意,一切都好。朋友们,再见!

【简析】 这是一篇富有诗情画意的旅游活动欢送词。

例文前言表达对游客的惜别之情,《再别康桥》诗句的恰当引用渲染了离情别绪。主体部分,以"还记得吗"、"忘不了"等排比对偶句式回顾了旅游活动。结尾再次表示惜别之情,表达感谢、祝愿,以欢送游客。

例文行文很注重与游客的交流,由此造成致辞人与受众的感情互动,从而营造了适合告别的温馨氛围。

★ 例文4

在××市欢送援藏干部会上的致辞

(2019年7月3日　×××)

同志们:

再过两个小时,大家就要告别山清水秀的故乡,告别熟练自如的岗位,告别朝夕相处的亲友,踏上西去的征程,开始为期三年的援藏工作了。

大家踏上的是一条光荣之路。西藏位于我国西南部青藏高原，西南与印度、尼泊尔、锡金、不丹、缅甸等国家为邻，东北与云南、四川、青海、新疆等省区相接，是一个藏族、汉族、门巴族、珞巴族、回族、纳西族、怒族等多民族聚居的地方。自古至今，西藏的政治地位就十分突出。为了加强内地与西藏地区的联系，为了融洽汉族与藏族同胞的感情，早在一千三百多年前的唐朝，唐太宗、唐中宗就分别把自己的女儿文成公主、金成公主嫁给了吐蕃王松赞干布和弃隶缩赞。据史书统计，在公元634—846年的两百余年间，双方使臣往来191次，有力地促进了内地与西藏之间的政治、经济、文化交流。新中国成立后，党和政府不仅用和平方式解放了西藏，而且长期以来在人力、物力上给予西藏巨大支持，使百万农奴走上了社会主义的康庄大道。然而，以美国为首的西方敌对势力，时刻不忘利用达赖喇嘛制造事端，企图把西藏从我们祖国的大家庭中分裂出去。因此，加强对西藏工作的援助，加快西藏两个文明建设的步伐，加深汉藏人民之间的感情，对于繁荣西藏经济、促进民族团结和巩固国家统一，具有极其重要的现实意义和十分深远的历史意义。担负这一繁重任务的各位援藏干部，是党和政府精心挑选的光荣使者。

大家踏上的是一条艰苦之路。踏上西藏的土地，家乡那一马平川的盆地，那清澈见底的河流，那青翠欲滴的田野，那四季宜人的气候，顷刻将会被刺破青天的高原、深不可测的山谷、寸草不生的沙漠、十分稀薄的空气所代替，环境的艰苦世人皆知；踏上西藏的土地，牦牛肉将取代家乡品种齐全的青菜，青稞酒将取代家乡名目繁多的佳酿……生活的清苦不言而喻；踏上西藏的土地，说话没有家乡语言顺，做事没有家乡套路熟，起居没有家乡条件好，工作的辛苦可想而知；踏上西藏的土地，头上没有家乡父母的关爱，身边没有家乡妻子的呵护，膝下没有家乡儿女的笑语，四周没有家乡朋友的环绕，感情的孤苦无以复加。我们要求大家一定要发扬特别能忍耐、特别能吃苦、特别能奉献、特别能战斗的精神，战胜一切艰难困苦，出色地完成援藏任务。

大家踏上的是一条希望之路。随着援藏工作的不断加强，西藏的各项事业将会得到迅速发展。我们高兴地看到，在全国各地的大力支持下，经过一批批援藏干部的努力，一座座高楼拔地而起，一幢幢厂房耸入云天，一条条大道伸向远方。西藏的明天充满希望，我们充分相信，广大援藏干部在顽强的拼搏中，一定会得到全面的锻炼和提高，在雪域高原谱写一曲新的篇章，各位的明天充满希望。

同志们，出色地完成援藏任务，平安地返回××，这是各级领导的殷切希望，这是全市人民的真心期盼，这是广大亲友的强烈期待。我们衷心地希望所有援藏干部，要恪尽职守，不负重托，为实现既定目标而努力奋斗！到那时，我们将会摆出"醉杀洞庭秋"的"巴陵无限酒"，热烈欢迎各位勇士凯旋！我们一定邀请"清赏浩无边"的"××楼上月"，共同祝贺全体亲友团圆！

谢谢大家！

【简析】 这是欢送词。

例文开篇从援藏干部的角度入手，通过三个"告别"，讲出他们心中的不舍感受，真情动人，能够引起听众共鸣。主体部分依然从援藏干部的角度讲述。第二段主旨句用"光荣"一词营造起听众心中的自豪感，并从地理位置、政治地位、政治作用等角度阐明了西藏

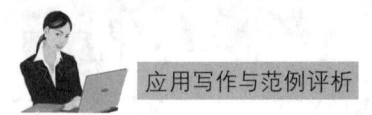

的重要作用,并强调说明党对此次援藏干部挑选的重视。第三段通过段首的"艰苦"一词,将听众关注的目光引向现实,又通过家乡与西藏的种种对比,具体说明了援藏者此次任务的艰辛,也体现了讲话者对于他们的深切关怀和期望,贴近听众内心,充满亲和力与感染力。第四段主旨句用"希望"一词重新调动积极乐观的气氛,并带领大家展望西藏和援藏者自身充满希望的美好未来,鼓舞士气。结尾段从领导、全市人民、亲友三个角度充分表达了真挚的欢送之情和强烈的期待回归之情,最后通过引用充满诗人浪漫情怀的诗句,向大家进行邀约,豪情万丈,令人充满期待。

这篇欢送词结构严谨,开篇言"告别",结尾言"迎归",相互照应,浑然一体。主体部分三个自然段分别用"光荣"、"艰苦"、"希望"三词领起下文,简要鲜明。文章的语言也是文采飞扬,多处引经据典,运用排比、对偶、对比等文学手法,使得语言抑扬顿挫,朗朗上口,充满文学美感与豪情,能极大引起听众的共鸣。

第四节　答谢词　祝贺词

一、答谢词

(一) 文种述要

答谢词是指在庄重的礼仪场合宾客对主人热情的欢迎、款待或帮助表达谢意的讲话文稿,也称答谢辞。

依据不同的致谢缘由和致谢内容,答谢词可划分为两个基本类型:

一是谢遇型答谢词。这是用来答谢别人的招待的致辞,它既可用于欢迎仪式、会见仪式上与欢迎词相应;也可用于欢送仪式、告别仪式上与欢送词相应。

二是谢恩型答谢词。这是用来答谢别人的帮助的致辞,它常用于捐赠仪式或某种送别仪式上。

(二) 写作结构

答谢词的基本结构包括标题、签署、称谓、正文四个部分。其中,标题、签署、称谓的写法与欢迎词、欢送词相同,正文部分的写法如下。

1. 开头

说明致词人身份,对会议或活动主办者表达感谢之情。

2. 主体

谢遇型答谢词是用来答谢对方招待的,其"客情"来自双方交往,故应借题发挥,在双方关系上做文章。可回顾交往历史,展望未来发展趋势;可集中倾诉情愫,畅叙友谊;还可表达某种共同的信念。

谢恩型答谢词是用来答谢对方帮助的，故应以"致谢缘由"为写作重点，叙写对方雪中送炭式的义举及其发生的背景与来由。

3. 结尾

再次表示答谢之意。谢恩型答谢词还可表达决心、信心。

（三）写作要求

答谢词的写作要求同欢迎词、欢送词。

二、祝贺词

（一）文种述要

祝贺词是指在各种喜庆场合使用的一种表示祝愿或庆贺的讲话文稿。祝贺词使用广泛，可用于工程的开工典礼、展览会剪彩仪式、个人的任职寿诞等，也可用于重要节日、活动日、纪念日的庆祝活动等。

祝贺词有祝词和贺词之分，两者在某些场合可以互用，但二者所包含的意义不尽相同。

祝词通常是对正在开始做而尚未有结果的事情表示祝愿。如会议开幕祝词、开业典礼祝词、开工祝词等。

贺词通常是对已有结果或取得成功的事情表示庆贺。如节日贺词、竣工贺词、任职寿诞贺词、婚礼贺词等。

（二）写作结构

祝贺词的基本结构包括标题、签署、称谓、正文四个部分。其中，标题、署名、称谓的写法与其他致辞文书相同，正文部分的写法如下。

1. 开头

向受致单位或个人表示祝贺、感谢或问候。

2. 主体

对受致方取得的成就作出评价，指出其意义，赞颂对方付出的努力。有的祝贺词视对象可提出希望要求。

3. 结尾

再次表达祝愿和庆贺之意。

（三）写作要求

1. 切合对象

要针对祝贺对象的性质、特点，选择恰如其分的内容表述与措辞，体现针对性。

2. 热情洋溢

祝贺词的要旨在于"祝贺"，故要通过热情洋溢的语言将致词人的祝贺之情充分表达出来，做到既庄重又热烈。

3. 简短精悍

这是对致词类讲话稿的基本要求，也是优秀致词类讲话稿的共同特征。

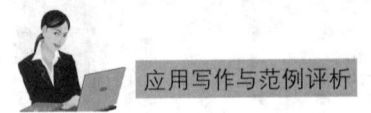

范例评析

★ 例文 1

×××局长在欢送宴会上的答谢词

20××年×月×日

尊敬的×××局长，尊敬的×××书记，各位同仁：

首先，请允许我们××县水利考察团全体成员，对×××局长、×××书记以及××市水利局的盛情接待表示衷心的感谢。

我们一行五人代表××县水利局首次来贵地访问。此次来访时间虽短，但收获颇大。仅三天时间，我们对贵市的水利行业有了比较全面的了解，对贵市在水利事业的改革和发展中的好经验、好做法感受颇深，与贵市水利系统建立了友好的合作关系。这一切，都得益于主人的真诚合作和大力支持。对此，我们表示衷心的感谢！

水利是国民经济的基础产业，蒸蒸日上，前景广阔。贵市水利事业发展的观念先进，改革力度大，措施有力，成效显著，为我县水利改革发展提供了好经验、好榜样。我们相信，在贵市各位同仁的关心指导和大力帮助下，我县水利改革和建设必将取得积极的进展。

最后我代表××县水利考察团再次向××市水利系统的各位同仁表示衷心感谢，并祝××市的水利事业再创奇迹，并且欢迎各位同仁方便的时候到××县去作客，去传经送宝。

最后，我提议：为我们共同的事业，为我们事业更加辉煌的明天，干杯！

【简析】 这是答谢词。×××局长代表××县水利考察团向主人的盛情接待表示感谢而致辞，属于谢遇型答谢词。

例文前言表示感谢；主体部分首先阐述了此次考察的收获，肯定了对方的大力支持并表示感谢，接着赞颂了对方水利事业的发展成绩，并展望了合作前景；结尾再次表示感谢，寄以祝愿，并发出邀约；最后以祝酒的形式作结。

全文充溢着对对方的感激之情，一脉贯通，文笔严谨、得体。

★ 例文 2

在接受捐赠仪式上的答谢词

×××小学校长　×××

2018年×月×日

尊敬的×××的各位爱心人士、各位领导、媒体朋友、各位老师、亲爱的同学们：

大家好！

在这个春光明媚、草长莺飞的美好日子里，×××2018爱心暖童心公益活动走进了我们×××小学，给我们送来了甘甜的矿泉水。首先我代表×××小学近230名师生向关心农村学校、关心农村学生的××食品有限责任公司表示诚挚的敬意和衷心的感谢！

×××持续高温，降雨稀少。我们处在高寒山区，更是严重缺水。出现了人畜饮水困难、农作物枯萎、水库干涸、河流断流的情况,给人民群众的生产生活造成了极大影响。我们学校的用水也有很大困难,自来水时断时续,给学校开展正常的教育教学活动造成了影响。旱灾无情人有情。在大旱面前,你们积极响应省委、省政府号召,发扬中华民族一方有难,八方支援的光荣传统,伸出无私援助之手,踊跃加入"抗旱救灾捐款捐物"活动中。这样的善举,充分体现了心系教育、情系农村孩子的高尚情怀,令我们敬佩和感动。

上善若水,大爱无疆。你们的爱心,像一阵春风,滋润着我校全体师生的心田。

对于我们的受助学生来说,今天是一个值得纪念的日子。请你们牢记社会各界对你们的一片关心和希望,"滴水之恩当涌泉相报"。你们要用优异的成绩来报答社会各界对你们的关爱。

最后,让我们再次以热烈的掌声,向×××的朋友们,表示由衷的感谢。

谢谢大家!

【简析】 这是××小学接受公司捐赠的答谢词,属于谢恩型答谢词。

与例文1的回顾与展望不同,该例文在开篇表达谢意之后,主体部分将笔墨着力于"致谢缘由",集中叙述了旱灾给山区人民和学校造成的困难,以及××食品有限责任公司的无私援助,充分肯定了这种善举的重要意义,并对受助学生提出了希望和要求。最后再次表示感谢。

全文以"谢恩"为重点,体现了鲜明的针对性。感情真诚,评誉得当,符合答谢词的要义。

★ 例文3

在××建设集团2018年会上的致辞

×××

2019年2月4日

尊敬的××董事长,尊敬的各位领导、各位嘉宾,××集团全体同仁:

非常荣幸,应邀参加××建设集团2018年会暨2019新春联欢会,与大家一起,共同见证××建设集团发展史上极不平凡的年度。首先,我谨代表××市城乡建设委员会,对××年度盛会的召开以及2018年取得的辉煌业绩表示热烈的祝贺!对全体××同仁为我市建筑业乃至全省经济社会发展所作出的突出贡献表示衷心的感谢!

回首往昔,××建设集团走出大别山、走进×城的时候,经济总量、业内排名、社会影响都不算大,在短短数年的发展中,××建设集团创造了诸多第一,成为×城民企第一特(特级资质),成功问鼎金杯(鲁班奖)第一人,跻身×城建筑业第一方阵。刚刚过去的2018年,××建设集团更是创下了骄人业绩,产值突破100亿元,成功进军轨道交通工程行列,可喜可贺、可圈可点、来之不易、弥足珍贵。这些成绩的取得,靠的是集团领导层的引领带动,得益于全体××人的奋勇拼搏,离不开省住建厅、各级政府以及社会各有关方面的大力支持。

2018年,也是我市建筑业大发展、大丰收的一年,全市建筑业总产值突破4 000亿元,入库税收71.77亿元,6项工程夺得17、18年度"鲁班奖"。这其中,有××的付出、××的奉献、××的风采。

东风吹散梅梢雪,一夜挽回天下春。2019年春天的钟声已经敲响,春天的脚步悄然来临,春天的气息愈发浓郁。我们深信,××人伴随着明媚春光,一定会继续披荆斩棘、乘风破浪;我们坚信,××集团沐浴着党的十九大春风,也一定会继续勇往直前、再创辉煌!

最后,祝愿年会取得圆满成功!祝愿各位领导、各位嘉宾、各位同仁身体健康、工作顺利、生活愉快!

【简析】 这是一篇祝词。××市城乡建设委员会领导应邀出席××建设集团2018年会暨2019新春联欢会,并致辞表示庆祝。

例文开篇向受致单位表示祝贺和感谢;主体部分热情赞颂了对方取得的骄人业绩,以及为全市建筑业的发展所作出的重要贡献,最后以"春"作喻,展望××建设集团的美好未来。"东风吹散梅梢雪,一夜挽回天下春"、"春天的钟声"、"春天的脚步"、"春天的气息"、"明媚春光"、"十九大春风"等语句语词的运用,为文稿增添了诗性意趣。结尾以祝颂作结,首尾呼应。

这篇祝词聚焦"祝贺"主旨,结构谨严,热情洋溢,表述得体。

★ **例文 4**

××文化活动中心落成庆典致辞

各位领导、各位嘉宾、乡亲们:

大家上午好!

律回春晖渐,万象始更新。今天的××文化广场,鼓乐齐鸣,同奏和谐曲;彩旗飘扬,齐迎盛世春。在此,我向××文化活动中心的落成表示热烈的祝贺!向关心支持文化活动中心建设的各位领导、各界人士表示衷心的感谢!向为工程建设付出辛勤劳动的同志们致以崇高的敬意!

××文化活动中心是在深入学习党的十九大精神的热潮中落成的,它遴龙脉之地,吸天地精华,纳八方祥瑞。楼台金碧辉煌、高低错落有致,广场平坦开阔、四周绿树成荫。它的落成既美化了村容村貌、改善了人居环境、丰富了村民文化生活、提升了村民生活品味,也标志着××新农村建设又迈上了一个新的台阶。自此,××村民有了一座共同的精神家园。这是××全体村民众志成城、优良族风的展现,也是××湾文化发展史上的重要里程碑。

近年来,××村各项建设快速发展,村庄变得越来越美,村民们的日子也越过越有滋润。这里村风文明,村民勤劳淳朴;一贯尊文重教,历代人才辈出。它美丽、安详,散发着浓浓文化气息,犹如镶嵌在××湖大地上的一颗耀眼明珠。村庄先后获得文明村、新农村建设标兵村等荣誉。我真诚希望××在这片文化底蕴深厚的沃土上,充分发挥文化活动中心的公共文化服务功能,着力三个"打造",实现三个"一流":一是打造成一流的活动阵地,二是打造成一流的文化阵地,三是打造成一流的宣传阵地。以丰富多彩的文化生活感染人、陶冶人、鼓舞人、塑造人,增强村庄的凝聚力、向心力,营造出温馨和谐的人文环境。

最后,祝××兴旺发达,英才辈出!祝全体来宾身体健康,万事如意!

【简析】 这是一篇贺词。由讲话人在××文化活动中心落成庆典活动上致辞表示庆贺。

例文开篇对××文化活动中心的落成表示祝贺,对相关各方表示感谢和敬意。古诗词的引用与对句的凝练渲染烘托了热烈喜庆的氛围。接着对活动中心的内外环境进行了高度赞誉,着重阐明活动中心的落成对于××村文化建设的重要意义。然后宕开笔墨,对××村的各项建设、文化底蕴以及近年来所取得的成绩进行热情颂扬,并对今后的进一步发展提出真诚希望。最后,以祝颂作结。

全文一脉贯通,谨严老到,文约义丰,体现出匠意与功力。

第五节　主持词

一、文种述要

（一）概念

主持词是主持人在主持会议或活动时使用的串词稿,又称主持稿。

主持词常用于会议与仪式、宴会、庆典、演出、集会、竞赛等公务活动,也用于私人社交场合。随着现代科技的发展,电视台、电台等传播媒介对主持词的使用更频繁。

主持词作用突出,它能够串联会议或活动的各项环节,介绍发言人或出场人身份,引导推进会议,控制活动进程,确保主题集中,营造台上台下的融洽氛围。

（二）特点

主持词的特点有：

1. 注重交流

主持人不是面向稿件的播音员,而是要与受众交流,因此主持词必须顾及现场受众,对不同受众应当有不同的交流内容与方式。

2. 风格鲜明

不同主持词具有不同的风格,比如：法定性代表大会的主持词宜庄重、严谨；婚庆活动的主持词宜活泼、幽默；文艺演出活动的主持词宜热烈、奔放；典礼仪式的主持词宜文雅、欢快等。

（三）种类

按内容划分,主持词可分为公务活动主持词、文艺演出主持词、综合节目主持词、亲友活动主持词等。

二、写作结构

主持词由标题、签署、称谓、正文组成。标题、签署、称谓同于前述致辞文稿的写法,以下介绍主持词正文内容的写法。

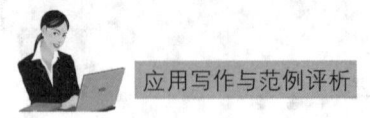

1. 前言

主持词的前言即开场白,开场要精彩,以渲染情境氛围。在不专门安排开幕词的会议或活动中,主持人的开场白起着开幕词的作用。

主要内容:宣布会议或活动开始,简要说明会议或活动的背景、议题、议程、与会人员情况,欢迎并感谢来宾等。

2. 主体

主持词的主体部分主要是宣布会议议程或活动程序。

每项程序结束后,主持人都可作简短小结,使前后议程之间能自然衔接,给人以持续感。可以阐明讲话或演出的意义,向讲话者、演出者表示感谢,或提出下一步贯彻讲话精神的要求等。

3. 结尾

总体概括会议或活动的成果,对与会者提出希望、表达祝愿、表示感谢等。主持词要巧于结尾,将会议或活动内容推向高潮。

三、写作要求

(一) 清楚议程,认真策划

写主持词之前,一定要清楚地知道会议或活动的背景和每一项议程,并认真分析议程之间的相互关系,按照便于顺利进行、提高整体效果和符合逻辑的原则,合理确定议程顺序。在此基础上,策划考虑如何写开场白、如何形成高潮、如何结尾。

(二) 注意条理,衔接得当

注重条理是主持词的必然要求。没有条理,主持词将失去它存在的价值,也无法将整个会议或活动串起来。同时还必须串得自然流畅,衔接得当,这就需要精心遣词。如在选择连接词、转折词时,要恰到好处;同一词汇不要多次出现,同一意思要选择不同的词汇来表达,力求达到殊途同归的效果。

(三) 善于应变,体现特色

主持词种类繁多,不同内容的主持词风格和格调不同。因此,在撰写主持词的过程中,从结构到内容乃至遣词造句、语言风格、讲话口气等,都要服从并服务于整个会议或活动的主题,与之协调一致。要突出每篇主持词的个性和特色,不能千篇一律。

★ 例文 1

××市共青团第×次代表大会开幕式主持词

(2019 年 × 月 × 日)

×××

各位代表、同志们:

根据大会日程安排,××市共青团第×次代表大会现在举行开幕式,主要议程是听取

××市共青团第×届执行委员会工作报告。

参加今天大会的市委领导有：(略)

今天专程来到大会的省团委领导有：(略)

市委和省团委领导亲临大会，充分体现了他们对我市共青团建设的高度重视，是对全体代表、全市×××万共青团员和广大青年的极大鼓舞和鞭策。让我们以热烈的掌声对各位领导的到来表示衷心的感谢！今天在主席台就座的还有：(略)在此，一并表示诚挚的谢意！同时向大会发来贺电、贺信、赠送贺礼的有：(略)共计××家单位。让我们对以上单位的祝贺与支持表示衷心的感谢！

本次大会应到正式代表×××名，因病、因事请假××名，实到×××名，符合法定人数。

现在宣布，××市共青团第×次代表大会开幕！

请全体起立，唱国歌。

(唱国歌完毕)

请坐下。

现在进行大会第二项议程，请×××同志致开幕词。

(×××同志致辞完毕，鼓掌，稍停)

接下来进行大会第三项议程，请×××同志代表××市共青团第×届执行委员会向大会作工作报告。

(×××同志报告完毕，鼓掌，稍停)

现在进行大会第四项议程，让我们以热烈的掌声欢迎市委书记×××同志作重要讲话。

(×××同志讲话完毕，鼓掌，稍停)

市委书记的讲话，高屋建瓴，立意深远，充分体现了市委对共青团建设的高度重视和对全市团员青年的亲切关怀，对于全面贯彻落实科学发展观，实现全市共青团建设的新跨越具有重要的指导意义。我们要认真学习，深刻领会，以更加饱满的热情投身于中国特色社会主义建设事业之中去，为把我市建设成和谐、美丽、繁荣的新都市而奋斗。

今天大会的议程已全部进行完毕。会后，请各代表团按照大会日程安排，对市团委第×届执委会的工作报告进行认真审议。

休会。

【简析】 这是法定代表大会主持词。

例文第一段至"现在宣布，××市共青团第×次代表大会开幕"属于开场白，宣布会议开始，交代会议议程，介绍出席大会的领导及向大会发来贺电、贺信、赠送贺礼的单位，并表示感谢，说明了出席代表人数，宣布会议开幕。这部分起到了开幕词的作用。主体部分主持四项议程，并对市委书记的讲话做了精要点评，对与会代表提出希望。最后宣布议程完毕，提请审议工作报告。

例文写法规范，结构清晰，语言干练、严谨，充溢了庄严肃穆的氛围基调，鲜明体现了法定代表大会主持词的风格特色。

★ 例文2

××乡第七届农民文化节主持词(节选)

尊敬的各位领导、各位来宾、父老乡亲们：

文化是农村腾飞的翅膀,文化是农民致富的脊梁。为宣传党的十九大精神,纪念改革开放四十周年,庆祝第一届"中国农民丰收节"的到来,由××市文广新局和××乡政府主办,××乡红旗村承办的××乡第七届农民文化节活动就要开幕了。

首先,请允许我向大家介绍出席开幕式的各位领导和嘉宾：

……(略)

让我们以热烈的掌声对他们的到来表示衷心的感谢和热烈的欢迎!

现在有请××乡人民政府党委副书记×××致开幕词。

感谢领导的精彩致辞。这是一场农民艺术的盛会,更是新农村文化建设成就的展演,我们的农民朋友们把美丽的田野变成艺术的大舞台,歌唱着自己的新生活。让我们在金秋的喜悦中,拥抱小康社会的时代梦想;让我们用欢歌笑语放飞幸福,用金锣银鼓寄托豪情! 下面,文艺演出正式开始!

1. 中国的美是婉约美,中国的美是豪迈美,请欣赏双丰村文化大院选送的舞蹈《中国美》,让我们跟着舞者一起走进美丽中国。表演者：×××等

2. 让快乐萦绕心房,让运动引领时尚,让健康伴随我们一生,让喜悦充盈今天的广场。下面请欣赏三句半《快乐广场》。表演者：×××等

3. 绿草青青,牛羊遍野;白云朵朵,花海无边。那里有广阔的天空,那里有无际的草原。下面请欣赏舞蹈《原香草》。表演者：×××等

4. 在这激情四溢的时刻,有一位美丽的姑娘将舞动其窈窕身姿,为我们带来一段美丽的印度舞! 让我们用掌声欢迎她精彩的表演! 请欣赏舞蹈《下个新娘不是我》。表演者：×××

我们××乡农民文化节活动,也得到了××市民间文艺家协会的关注,民间文艺家协会的党支部书记×××同志今天带领他们的团队来到了活动现场,让我们以热烈的掌声对民间文艺家协会的到来表示热烈的欢迎和衷心的感谢! 下面有请民间文艺家协会党支部书记为大会致辞。

感谢×书记,下面有请文艺家协会的×××为我们带来歌曲《老农老农》。

感谢民间文艺家协会为我们带来的精彩演出,也祝愿民间文艺家协会能够继续传承文化、弘扬艺术、关注民生,祝愿协会越办越好,更上层楼。

5. 有一种舞蹈,舞动的是健康的活力,舞动的是自信的魅力,它是乡村和谐的润滑剂,是城乡文明的催化剂,它,就是广场舞。下面请欣赏双丰村文化大院为我们带来的广场舞《最炫民族风》。表演者：×××等

6. 二人转一直深受我们东北人的喜爱,几乎人人都能唱上一两句,它的唱腔高亢粗犷,唱词诙谐风趣,朗朗上口。下面请欣赏由半拉山村文化大院×××、×××带来的二

人转表演《秀八仙》,掌声有请!

7. 咱们××人真是多才多艺呀,不仅把二人转唱得惟妙惟肖,也能把少数民族的舞蹈跳得韵味十足。下面请欣赏由长泡村文化大院×××为我们带来的新疆舞《美丽的神话》。

8. 青春多绚丽,中年更精彩。看,她们舞姿婀娜,既有传统精髓,又融入时代血脉。从她们那一张张喜悦的笑脸上,我们看到了她们对生活的热爱。接下来请欣赏扇子舞《老妹你真美》。表演者:×××等

各位领导、各位来宾,父老乡亲们:

快乐的时光总是显得短暂,美好的回忆却能永远珍藏。回首过往,我们坚持与时俱进、开拓创新;展望未来,我们期盼繁荣昌盛、文明富强。让我们在××乡党委、政府的带领下,继续解放思想,只争朝夕,奋力拼搏,用喜人的业绩助推××经济,打造××文化,开创××美好的未来!万马正奔腾、鲲鹏正翱翔,崭新的目标、不懈的追求,××,这座鸡鸣闻四县的鱼米之乡,必将继往开来,再创辉煌!

文艺演出到此结束,谢谢大家!

【简析】 这是文艺演出活动主持词。

例文开场白部分交代了活动的举办目的、主办承办单位,宣布活动即将开始,介绍了出席开幕式的领导和嘉宾,并表示热烈欢迎;主体部分首先请领导致开幕词,接着用热情洋溢的语言宣布文艺演出开始,之后依次报告节目的内容、名称与表演单位,其间穿插安排民间文艺家协会领导致辞;最后议论抒情,展望美好未来,宣布文艺演出结束。

这是一篇诗化、散文化的主持词。文章调动了叙述、描写、抒情、议论、说明等表达方式,注重营造场境效应,使读者无不为之感染,无不为之兴奋。语言优美,节奏明快,突出体现了演出活动热烈、奔放的主色调。

一、选择题(单选或多选)

1. 讲话稿要看人说话,考虑听众的接受能力,这体现了讲话稿的( )
   A. 逻辑性　　　　B. 针对性　　　　C. 严密性　　　　D. 科学性
2. 讲话是一种口头语言艺术,所以它要求讲话稿的语言( )
   A. 通俗明白　　　B. 逻辑严密　　　C. 庄重典雅　　　D. 学术性强
3. 下列说法表述错误的是( )
   A. 开幕词是在会议开始时,由会议主持人或主要领导人向大会所作的开场白。
   B. 开幕词是人际交往表达美好愿望的重要工具。
   C. 开幕词有对上级的关怀、来宾的支持表示尊敬和感谢的意思。
   D. 在会议或活动现场宣读开幕词,一般不念标题、署名和日期。
4. 关于开幕词、闭幕词的叙述,正确的是( )
   A. 在会议致开幕词或闭幕词时,致词人应念标题和落款。

B. 开幕词、闭幕词具有宣告性、引导性特征。

C. 开幕词、闭幕词是会议必不可少的程序。

D. 开幕词、闭幕词的语言要求热情明快,富有号召性和鼓动性。

5. 具有总结性、号召性的讲话类文书是(　　)

  A. 开幕词　　　B. 闭幕词　　　C. 欢迎词　　　D. 欢送词

6. 下列说法错误的是(　　)

  A. 主人对宾客或会议代表的到来表示热烈欢迎的讲话稿叫欢迎词。

  B. 在送别宾客的仪式上,主人对宾客的离去表示惜别的讲话稿叫欢送词。

  C. 欢迎词和欢送词在公务活动和私人交往中都可使用。

  D. 欢迎词和欢送词具有欢愉性、口语性特征。

7. 答谢词是(　　)

  A. 迎接宾客仪式上主人致辞　　　　B. 迎送宾客仪式上客人致辞

  C. 欢送宾客仪式上主人致辞　　　　D. 欢送宾客仪式上主、宾双方致辞

8. 下列属于广义的讲话稿的有(　　)

  A. 开幕词　　　B. 祝酒词　　　C. 大会发言　　　D. 大会报告

9. 讲话稿的主要特点是(　　)

  A. 超前性　　　B. 针对性　　　C. 互动性　　　D. 口语性

10. 关于讲话类文书的正文叙述正确的是(　　)

  A. 正文要自然表达自己的真情实意。

  B. 客气礼貌的欢迎、欢送、祝贺、答谢都是正文可写的内容。

  C. 表示良好的祝愿或继续合作的意愿是正文的第一部分内容。

  D. 回顾往昔友好的合作以及取得的成绩也能写进正文。

二、判断题

1. 讲话稿要做到一切从听众出发,要根据听众的年龄、职业、文化背景、心理状态等确定讲什么和怎样讲。(　　)

2. 讲话稿不是单向性的,而是与听众的相互交流。(　　)

3. 侧重性开幕词只对会议的目的、议程、基本精神、来宾等简要概述。(　　)

4. 开幕词集中体现了大会或活动的指导思想,具有引导、定调作用。(　　)

5. 闭幕词主要是对大会进行小结和评价,它不具宣告性。(　　)

6. 欢迎词的称呼比开幕词、闭幕词更具有感情色彩。(　　)

7. 欢送词的正文可写征询意见、欢迎批评等内容。(　　)

8. 答谢词既可用于欢迎仪式、会见仪式上与欢迎词相应,也可用于欢送仪式、告别仪式上与欢送词相应。(　　)

9. 祝词与贺词有别,祝词是在事后表示祝愿,贺词是在事前表示祝贺。(　　)

10. 不同主持词具有不同的风格,法定性代表大会的主持词宜庄重、严谨。(　　)

三、简答题

1. 简述讲话稿的概念与特征。

2. 简述讲话稿的写作要求。

3. 简述开幕词、闭幕词的写作要求。
4. 简述欢迎词、欢送词的写作要求。
5. 答谢词分为哪两类？其主体部分写作内容各有何区别？
6. 简述主持词的写作要求。

四、阅读评析题

1. 下面是某公司总经理在年底总结表彰大会上的讲话稿，阅读例文并回答文后的问题。

在 2018 年度集团总结表彰大会的讲话

（2018 年 1 月 5 日）

各位领导、各位员工：

今天，集团公司在这里隆重集会，表彰在 2018 年度工作中表现突出的"优秀经理""集团级优秀员工"和"公司级优秀员工"。首先，我代表董事长×××先生及集团公司领导班子全体成员向获得表彰的经理和员工们表示热烈的祝贺！向大家一年来在各自的工作岗位上取得的优异成绩表示热烈的祝贺！同时，我还要向奋战在集团公司各个部门、各个工作岗位上的全体员工对集团公司的发展所作出的贡献表示衷心的感谢！

过去的一年，在集团公司的发展历史上是具有里程碑意义的一年，是集团公司实现跨越式发展的一年，是集团全体员工经受考验的一年。在这一年里，以"××花园"一期胜利建成交用为标志的集团各项业务得到了长足发展；以"磨炼意志、锻炼队伍、培养人才、创造业绩"为目的的企业员工队伍建设取得了阶段性成果；以"树立正气、提倡奉献、发展企业、回报社会"为目标的企业文化建设得到了全体员工的共识。这些成绩的取得，凝聚着在座各位的辛劳、汗水和心血。

2018 年，集团涌现出了一大批表现突出、成绩斐然的优秀员工。今天，我们在这里隆重表彰的"优秀经理""集团级优秀员工"和"公司级优秀员工"是经过各单位全体同仁层层推荐、民主评议评选出来的。他们的出色工作，为我们树立了榜样。我想，我们集团公司各项事业之所以能够取得如此优异的成绩，正是得力于我们集团有一个严格按照市场规律运作的运行机制；得力于我们有一批团结一致、勇挑重担的管理骨干；得力于我们有一支兢兢业业、埋头实干的员工队伍。这是我们集团在激烈的市场竞争中蓬勃发展、不断壮大的基础。这些正熔铸成我们的企业精神，正形成我们独特的企业文化。

今年，面对严酷的市场竞争和国家对房地产宏观调控政策的不断落实，我们将经受更多、更严格的考验。因此，我们必须以百倍的努力，扎实的工作，在激烈的市场竞争中立于不败之地。2019 年，我们要继续完成好"××花园"二期开发建设任务；要继续加强企业文化建设，加强企业制度建设和内部管理。目前，要认真回顾、反思集团公司发展过程中的教训，总结经验，弥补不足。我们相信，只要我们团结一致，按照集团公司的整体部署，厘清思路，开拓进取，精益求精，扎实工作，2019 年的工作任务一定能够顺利完成。

谢谢大家！

问题：

(1) 这篇总结表彰讲话稿的各部分分别突出表达了什么观点？

(2) 例文主要通过哪些表现手法增强讲话稿的"可听性"，达到"激励、鼓动"的目的？

2. 下文属于何种讲话类文书？其存在的主要问题是什么？请加以改正。

伴随着嘹亮的钟声，我们满怀胜利的喜悦和奋进的豪情，迎来了新的一年。我们谨向全体集团员工致以新年的问候和祝福！向一直关心、支持集团建设与发展的社会各界朋友们，致以最亲切的慰问和最诚挚的祝福！祝大家身体健康、家庭幸福、事业进步、诸事如意！

  刚刚过去的2018年，全体员工在"合作共进、众创辉煌"的精神激励下，敬业爱岗，真抓实干，锐意进取，奋力拼搏，为全面完成年度各项经济指标和工作任务，付出了辛勤的劳动，作出了巨大的贡献。在此，特向大家表示崇高的敬意和衷心的感谢！

  过去的一年是非同寻常的一年，富有挑战的一年。在过去的一年中，我们在党的十九届三中全会精神指导下，在集团的正确领导下，认真贯彻习近平新时代中国特色社会主义思想，正确把握市场形势，及时调整内部方略，克服了由于行业政策调整和燃油价格上涨等带来的困难和压力，稳住了阵脚，实现了年初制订的预期目标，完成了计划的十项主要工作。这些成绩的取得，来之不易。立于2019年之端，回顾过去，我们心潮澎湃、激情荡漾；展望未来，我们信心百倍，豪情满怀。历史的重任，时代的召唤，集团的远大目标和美好前景，对具有强烈现实使命感和社会责任感的全体员工来说，都是一项任重道远的重大课题。我们坚信，只要我们以党的十九大精神为指针，努力实践习近平新时代中国特色社会主义思想，充分发扬我们特别能战斗的顽强作风，求真务实，与时俱进，开拓创新，艰苦奋斗，就一定能够圆满完成2019年的各项经营目标和工作任务，就一定能够将集团建设成为具有强大竞争力的现代化企业集团。

  站在新的一年的起点上，我们就是站在一条雪白的起跑线上。"雄关漫道真如铁，而今迈步从头越。"当此之际，每一个人都感受到肩上沉重的历史责任，同时也感受到我们怀有共同的希望和力量。只要我们共同振奋精神、珍惜光阴，瞄准我们伟大的目标不懈努力，我们就能实现我们的伟大梦想，我们的事业必将海纳百川、山高水长。

  衷心祝愿大家新年快乐！

  3. 以下是一篇升学宴的答谢词，请指出其中结构混乱、表述不清和用语不当的地方。

<h2 style="text-align:center">答谢词</h2>

各位先生、各位女士：

  大家中午好！

  金秋八月，乡里我家喜迎八方宾朋；秋风送爽，众亲戚好友齐贺金榜佳话。在如此美好、如此喜庆的日子里，大家抛开百忙的工作，接受我家诚挚的邀请，冒着酷暑前来祝贺我考上××大学的升学宴会，今天的宴会大厅，因为有你们的光临而蓬荜生辉，我和我的全家因你们的如约而至深感激动。此时此刻，我的心里充满了感激，感谢各位专程远道而来，谢谢你们！

  今天，在座的还有我很多同学，一日同学，百日朋友，那是割不断的情，那是分不开的缘。但无论人生浮沉与贫富贵贱如何变化，同学们的友情始终是纯朴真挚的，而且就像我们桌上的美酒一样，越久就越香越浓。

  今天，我很荣幸请来我的恩师，是他们的悉心教育，授业解惑，才会使我有今天的成绩。俗话说："名师出高徒"，尽管我不是高徒，但你们却是名师。因此，师恩难以言尽，千言万语汇成一个字——教。教是真情，是感激，永藏在心底。我要把内心最忠诚的谢意送给你们！

  今天，我还要特别感谢在我的成长中悉心呵护和照料我的父母，这份深情使我刻骨铭心。天下没有父母不疼爱自己孩子的，虽然你们平时的工作都很繁忙，但是你们所有的付出都是为了我，你们在背后默默地支持着我，关心着我，鼓励着我，无论你们的爱是鼓励还是批评的方式，你们都无时无刻不让我感受到你们就是我身后最坚实的后盾，在这里我想说一声："爸爸妈妈，你们辛苦了！""我永远地爱你们！"

  今天，有父母的亲朋好友同聚，衷心感谢你们的关心和爱护，你们的到来是我和我父母的骄傲。有道是："朋友就是财富，朋友就是力量。"我为我父母有你们这些朋友而自豪，谢谢你们的到来。

  今天，我要感谢的人还有很多，虽然我不能一一言谢，但我会对所有的鼓励与期待，所有的亲情，所有的友情，所有的关心和帮助，都会念念不忘，我的父母也会念念不忘。

学海无涯,知识无边。我会以大学生活为新的人生起点,勤奋学习,刻苦钻研,争取早日成为国家建设的栋梁之材,因为只有这样,才不会辜负老师和同学、各位亲朋好友对我和我全家的关爱。最后,祝大家身体健康,万事如意,阖家欢乐。

谢谢!

五、情景写作题

1. 模拟召开主题班会,每人扮演班长角色,写一篇讲话稿。

2. ××公司拟举办首届文化节,请你代公司经理拟写开幕词、闭幕词各一份。

提示:

(1) 改革、发展是不变的追求,公司从无到有经历了艰难的路程。

(2) 本届文化节的主题是"团结、拼搏、超越、发展"。

3. 根据以下材料,请你为仪式分别写一份欢迎词、欢送词,并代对方写一篇答谢词。

韩国××大学定于20××年×月×日组织××级国际市场营销班的全体同学到你校进行为期一个月的交流活动。这是你校和韩国高校之间的第一次合作,韩国大学生主要希望通过这次活动,促进彼此之间的思想交流。他们将感受你校丰富多彩的校园生活和中国文化,同时学习汉语、中国文化等课程,并与你校学生一起开展科研训练,从而达到相互学习、相互提高的目的。两校领导都很重视这次活动。为此,你校准备了十分隆重的欢迎和欢送仪式,在仪式上,双方代表都要作礼仪性发言。

4. 2019年3月20日是讯通药业有限公司成立20周年庆典之日,请以该公司同行的名义写一篇祝词,热烈祝贺讯通药业有限公司20年来取得的成绩以及为社会作出的重要贡献。

5. 根据下列材料,写一份主持词,要求文章具有现场感,结构规范,语言活泼。

旧的一年即将过去,××公司拟举行一场颁奖晚宴。参会人有公司董事长与高层管理人员、公司员工、来宾等。宴会主要程序有董事长致辞、奖励公司业绩突出的精英、颁奖、获奖代表发言等活动。

参考文献

1. 丁晓昌主编.应用写作[M].南京:南京师范大学出版社,2002.
2. 严爱慈主编.新编应用文写作[M].广州:广东高等教育出版社,2006.
3. 程芳银等主编.新编应用文写作教程[M].北京:外语教学与研究出版社,2008.
4. 杨霞主编.公文写作规范与例文解析[M].北京:北京大学出版社,2009.
5. 郭冬编著.实用写作范例评点[M].北京:高等教育出版社,2009.
6. 欧阳静,高小艳主编.现代应用文实训[M].北京:北京师范大学出版社,2011.
7. 郝全梅主编.秘书应用写作[M].上海:华东师范大学出版社,2012.
8. 王大江主编.新编现代实用文写作实训[M].天津:天津大学出版社,2012.
9. 宁东岭主编.应用文写作实训教程[M].北京:科学出版社,2015.
10. 张江艳主编.应用写作案例与训练[M].北京:北京师范大学出版社,2015.
11. 王莫楠,张玲主编.应用文写作实训教程[M].北京:中国铁道出版社,2016.
12. 应用写作杂志社编.应用写作[M].2000年第1期至2016年第12期.